Familie – Leben – Pandemie

Familie – Leben – Pandemie: Worte und Welten chinesischer Wanderarbeiterinnen

Ein Projekt von Jing Y., herausgegeben von Antonie Angerer, Ryanne Flock, Michael Malzer, Elena Meyer-Clement und der Heinrich-Böll-Stiftung

Familie – Leben – Pandemie: Worte und Welten chinesischer Wanderarbeiterinnen

Ein Projekt von Jing Y., herausgegeben von Antonie Angerer, Ryanne Flock, Michael Malzer, Elena Meyer-Clement und der Heinrich-Böll-Stiftung

1. Auflage Berlin 2022

© für diese Ausgabe: Heinrich-Böll-Stiftung

Die Originalausgabe erschien 2021 unter dem Titel „流动女工专辑-住在亲情里的疫情" bei 51Personae (Hg. Chen Yun), Shanghai, zweite Auflage 2022.

Illustrationen von Traumregen, Xiaoxi, Zou Shunqin, Huimin

Projektleitung der deutschen Fassung: Antonie Angerer, Ryanne Flock, Michael Malzer, Elena Meyer-Clement

Aus dem Chinesischen von Antonie Angerer, Chang Xiaojie, Mia Hallmanns, Lisa Heinrich, Philipp C. D. Immel, Sara Landa, Michael Malzer, Elena Meyer-Clement, Jonathan Michel, Petra Müller

Gestaltung: Grafikladen, Berlin

Druck: Kern GmbH, Bexbach

ISBN 978-3-86928-253-4

Bestelladresse: Heinrich-Böll-Stiftung, Schumannstr. 8, 10117 Berlin

www.boell.de

Inhalt

Vorwort

Mit diesem Sammelband richten wir den Blick auf das Leben und den Kampf um Selbstbestimmung und Gerechtigkeit von Wanderarbeiterinnen in China. Obwohl die Texte der Autorinnen zur besonderen Zeit der Corona-Pandemie verfasst wurden, machen sie in erster Linie Pathologien der modernen chinesischen Gesellschaft sichtbar, die wenig mit dem Virus und viel mit institutionalisierter Ungerechtigkeit zu tun haben. Die autobiografischen Erfahrungsberichte aus den Jahren von Chinas „Zero-Covid"-Politik (2020 bis 2022), mit langen Lockdowns und innerchinesischen Reisebeschränkungen, verdeutlichen dies in ausdrucksstarker und oftmals höchst bedrückender Weise.

Die chinesischen Verfasserinnen beschreiben, wie sie immer wieder im Laufe ihres Lebens versuchen, den fatalen gesellschaftlichen und administrativen Hierarchien – von Geschlechtern, Geburtsorten oder Einkommensgruppen – zu entkommen. Diese Bemühungen sind häufig aussichtslos. Und die Schnelligkeit, mit der Wanderarbeiterinnen im gegenwärtigen China ihre selbstbestimmte Handlungsfähigkeit verlieren können, ist ohne Erbarmen, denn geprägt durch toxisch-patriarchale Familienverhältnisse oder politisch-administrative Benachteiligungen, die teilweise schon seit mehreren Generationen ihre Lebenswelt einschränken.

Die einleitenden Kapitel und das Nachwort geben einen Überblick über den historischen Kontext und das Projekt „Writing·Mothers" der Künstlerin Jing Y. Es ist ihrer Initiative und den Übersetzer*innen zu verdanken, dass es in eindringlicher Weise gelungen ist, die Lebenswelten der Autorinnen für eine internationale Leserschaft erfahrbar zu machen. Dabei zeigt dieses Buchprojekt nicht nur, wie sich soziale Unterschiede, etwa zwischen urbanen und ländlich sozialisierten Chines*innen, in Krisensituationen unterschiedlich auswirken, sondern auch, warum es zwischen ungleichen Gruppen so oft an Mitgefühl oder Solidarität fehlt. Der Band beweist dennoch, dass das parallele Erleben einer globalen Krise durchaus eine besonders empathische Verbindung zwischen einer europäischen Leserschaft und chinesischen Wanderarbeiterinnen möglich macht. So wie beispielsweise Yang Mo in ihrem Kapitel den Beginn der Pandemie eindrucksvoll schildert, können sich wohl auch in Europa noch viele Menschen an ihre ersten Eindrücke der Pandemie und ihre Sorgen über mögliche

Konsequenzen für die eigene Lebensplanung erinnern. Solch eine zumindest stellenweise geteilte Erlebnisgrundlage lässt die kontextspezifischen Herausforderungen der Verfasserinnen anschaulich werden. Beispielsweise lässt sich nachvollziehen, warum das Spannungsverhältnis zwischen privaten Frustrationsbeschreibungen und den kontrastierenden Erfolgsnarrativen der chinesischen Parteistaatspropaganda für manche Wanderarbeiterinnen sich erst durch den schriftstellerischen Prozess auflösen lässt.

Die Möglichkeit, sich mit Hilfe dieses Bandes sehr detailliert in die Lebenswege der Wanderarbeiterinnen bzw. der Verfasserinnen einzulesen, steht damit in direktem Kontrast zu einer in China häufig medial zelebrierten – aber höchst zynischen – „Sichtbarkeit" für Wanderarbeitende als Personen, die sich beispielhaft für die Nation aufopfern. In ihrer Einleitung für diesen Sammelband kritisiert Jing Y. diesen propagandistischen „Kult des Leidens" daher mit großer Deutlichkeit. Allerdings kehrte die Frage der (Un)Sichtbarkeit von Chinas ärmerer Bevölkerung im Rahmen der Pandemie jüngst mit großer Aktualität und Dringlichkeit zurück: Während dieses Vorwort verfasst wird, signalisiert der Parteistaat, dass harte Lockdowns und Reisebeschränkungen nunmehr plötzlich der Vergangenheit angehören sollen. Zum Dezember 2022 hat sich die Führung der Kommunistischen Partei Chinas von der „Zero-Covid"-Politik abgewendet, vermutlich auch wegen der breiten Proteste im ganzen Land. Die Pandemie ist in China in eine neue Phase eingetreten, und eine erste große Erkrankungswelle zieht durch das Land. Neue Formen der Unsichtbarkeit zeigen sich in fehlenden Statistiken über Todesfälle und der Zensur von Leidensgeschichten aus den überfüllten Krankenhäusern. Einige der Erkenntnisse dieses Buches, beispielsweise bezüglich des gesellschaftlichen Ausschlusses, den Wanderarbeitende an ihren Arbeitsorten erleben müssen, erhalten so eine deprimierende Aktualisierung – insbesondere mit Blick auf den fehlenden Zugang zu städtischer Infrastruktur. Ich hoffe, dass die Autorinnen alle wohlbehalten durch die laufende Infektionswelle kommen – und sich auch in Zukunft dem Schreiben zuwenden werden. Ihnen und Jing Y gebührt großer Dank für die eindrucksvollen Beiträge.

Berlin, Dezember 2022
Dr. Imme Scholz
Vorstand der Heinrich-Böll-Stiftung

Migration und (Im-)Mobilität in China: Eine Einleitung

Von Ryanne Flock und Elena Meyer-Clement

Die Covid-19-Pandemie ist ein globales Ereignis. Weltweit verbinden uns die Gefahren, Ängste und Sorgen, die sie mit sich bringt, ebenso wie die Erfahrungen mit neuen Beschränkungen und Lockdowns. Die von chinesischen Wanderarbeiterinnen und ihren Angehörigen selbst verfassten Texte in diesem Band (zur Entstehung siehe den nachfolgenden Beitrag) geben uns aber auch die seltene Gelegenheit, einen Einblick in eine Welt zu erhalten, in der die Pandemie sich lediglich einreiht in eine Vielzahl existentieller Sorgen und nur eine weitere Hürde mehr für die räumliche und gesellschaftliche Mobilität einer ganzen Bevölkerungsgruppe darstellt. Um zu verstehen, warum dies so ist und vor welchem Hintergrund die Texte dieses Bandes entstanden sind, gibt diese Einleitung eine kurze Einführung in die Geschichte von Wanderarbeiterinnen und Wanderarbeitern in China und greift dabei auch viele Themen auf, welche die Autorinnen in ihren Texten dann aus einer ganz persönlichen Perspektive beleuchten.

Staatliche Beschränkungen der Mobilität gehören für viele Chinesinnen und Chinesen schon seit der Mao-Zeit (1949-1976) zum Alltag. In der kommunistischen Planwirtschaft unter Mao Zedong bestimmte der Staat über die Verteilung der Ressourcen im Land, und dazu gehörten nach Ansicht der Parteiführung auch die Menschen und ihre Arbeitskraft. 1958 führte die Regierung in Beijing die Haushaltsregistrierung ein, die auch als „**Hukou**"-System bezeichnet wird. Nach sowjetischem Vorbild wurden alle Familien an ihrem Heimatort registriert. Außerdem wurde eine Einteilung in ländliche (oder „agrarische") und städtische („nicht-agrarische") Bevölkerung unternommen. Ziel dieser Spaltung der Bevölkerung war es zum einen, die Migration in die Städte zu unterbinden, wo geregelte Arbeitsbeziehungen und soziale Versorgung der arbeitenden Bevölkerung sichergestellt werden sollten – und somit auch die Anerkennung der noch neuen Führung der Kommunistischen Partei durch die Bevölkerung. Zum anderen strebte die Parteiführung danach, möglichst viele Arbeitskräfte in der Landwirtschaft in Kommunen zu organisieren. Dadurch sollte nicht nur die Versorgung der Städte sicher-gestellt, sondern auch genügend Überschuss erwirtschaftet werden, um China schnellstmöglich zu industrialisieren.

In Städten registrierte Haushalte hatten Anspruch auf einen festen Arbeitsplatz, auf Essensrationen, subventionierten Wohnraum und Zugang zu Schulen, Kranken- und Altersversorgung. Die Haushaltsregistrierung wurde über die Mutter vererbt und war nur in Ausnahmefällen änder-bar. Ein offizieller Umzug vom Dorf in die Stadt wurde fast unmöglich. Die staatliche Kontrolle über die Mobilität der Bevölkerung ging aber noch über das **Hukou**-System hinaus. Gerade in Zeiten großer politi-scher Kampagnen sandte die Regierung vor allem Jugendliche, aber auch Intellektuelle und Parteikader „hinauf in die Berge, und hinab in die Felder", wie es in einem bekannten Slogan aus der Zeit heißt. So sollten die Städte weiter entlastet werden und das Land Zugang zu Bildung und moderner Technik erhalten. Gerade während der hochideologischen Phase der Kulturrevolution (1966-1976), als viele Millionen Jugendliche in die Dörfer geschickt wurden, sollten die städtischen Jugendlichen aber auch von den „Massen" lernen, um Dekadenz unter der neuen Elite zu verhindern. Für viele dieser „Landverschickten" gab es über Jahre oder gar Jahrzehnte keine Möglichkeit, in die Stadt und zu ihren Verwandten zurückzukehren. Diese Erfahrungen spielen auch für einige der Autorinnen in diesem Band eine große Rolle.

In den 1980er-Jahren kam der Umbruch. Die neue Führungsriege unter Deng Xiaoping leitete eine „**Reform- und Öffnungspolitik**" ein, die bis vor kurzem noch den Kurs des Landes bestimmte. Die Kommu-nen wurden aufgelöst, und neue, mehr oder weniger offizielle Märkte entstanden. Schrittweise wurden die harten Migrationsbeschränkungen aufgeweicht. Viel schneller noch traten jedoch der Arbeitskräfteüberschuss in der Landwirtschaft und die Unterschiede in den Lebensbedingungen zwischen Stadt und Land zu Tage. Gleichzeitig boten sich den Landbe-wohnern neue lukrative Arbeitsplätze in den Städten, vor allem an der Ostküste des Landes, wo sich immer mehr Städte ausländischen Inves-titionen und neuen Handelsbeziehungen öffnen durften. Das Ergebnis war eine schnell anwachsende Migrationsbewegung von den ländlichen Gebieten in die Städte, die bis heute anhält. Der beginnende Exodus aus dem Land ab Ende der 1970er-Jahre war einer der Hauptgründe für die

Reformer unter Deng Xiaoping, das **Hukou**-System letztendlich beizu-
behalten, auch wenn es über die Jahrzehnte zunehmend ad absurdum
geführt wurde. Die letzte Volkszählung im Jahre 2020 zum Beispiel ergab
bei einer Einwohnerzahl Chinas von 1,4 Milliarden Menschen mehr als
375 Millionen Binnenmigrantinnen und -migranten, also Personen, die
seit länger als einem halben Jahr nicht mehr am Ort ihrer Registrierung
wohnten. Von der Größenordnung waren das etwa 26 Prozent der Ge-
samtbevölkerung Chinas oder mehr Menschen, als aktuell in der gesamten
Eurozone leben (342 Millionen im Jahr 2022).

Binnen- oder auch **Wanderarbeitende** fanden und finden meist
schlecht bezahlte Jobs in Fabriken, im Bau- und im Dienstleistungsgewerbe. Die Autorinnen dieses Bandes arbeiten zum Beispiel als
Kindermädchen in Haushalten der Mittel- und Oberschicht in der
Hauptstadt Beijing oder stehen an den Fließbändern in den Fabriken
der südchinesischen Sonderwirtschaftszone Shenzhen. Die Städte nutzen
die Migrantinnen und Migranten als günstige Arbeitskräfte. Die rasante
Entwicklung Chinas als „Werkbank" der Welt, die riesigen Infrastruktur-
projekte der letzten Jahrzehnte und der schwindelerregende Städtebau
wurden durch ihren Einsatz überhaupt erst möglich. Wanderarbeitende
übernehmen in den Städten auch die Jobs, welche die Stadtbevölkerung
wegen der Gefahren und schlechten Arbeitsbedingungen versucht zu
vermeiden. Trotz und auch wegen, ihrer Bedeutung für die städtische
Wirtschaft heißen die Stadtregierungen sie meist nicht willkommen.
Wohnungs-, Schul- und Gesundheitspolitik wurden lange nur für
Personen mit einer lokalen, städtischen Registrierung gemacht, und
trotz einiger Reformversuche in den letzten Jahrzehnten ist der Zugang
von Wanderarbeitenden zu den immer besser werdenden öffentlichen
Gütern und Dienstleistungen der Großstädte weiterhin stark eingeschränkt. Konkret bedeutet das auch für die Autorinnen dieses Bandes:
wer in die Stadt zieht, bekommt in den öffentlichen Kindergärten
und Schulen keinen Platz für die Kinder und hat Schwierigkeiten
eine günstige Wohnung zu finden. Viele der Autorinnen leben in sogenannten „städtischen Dörfern" – Stadtgebieten, die nicht von den
Stadtregierungen, sondern den ehemals dort ansässigen Dorfgemein-
den verwaltet werden - oder anderen Orten, wo es günstige, einfache
Zimmer oder kleine Wohnungen gibt.

Die aktuelle Regierung unter Partei- und Staatschef Xi Jinping schaffte zwar endlich die Unterscheidung zwischen ländlicher und städtischer Haushaltsregistrierung ab und hat begonnen die Hürden des **Hukou**-Systems für die meisten Städte abzubauen. Sie schuf aber gleichzeitig ein neues, national gesteuertes Kontrollsystem. Dieses kommt in modernem Gewand, mit ID-Karten und einem Punktesystem für die Niederlassung in den Großstädten, wie wir es auch etwa aus Australien kennen. Durch seine Unterscheidung von harten Zugangsbeschränkungen für Großstädte und die Öffnung von Kleinstädten bleibt jedoch auch das neue System letztlich ein Mittel der staatlichen Steuerung der Mobilität der Bevölkerung: Großstädte erlauben die Niederlassung nur von jungen, gut ausgebildeten oder wohlhabenden Menschen, während die mittleren und kleineren Städte mehr und mehr Migrantinnen und Migranten eine offizielle Registrierung ermöglichen sollen. Die umherziehenden oder auch längst in Städten sesshaft gewordenen Menschen vom Land selber, die bereits seit Jahrzehnten ihr Leben ohne offizielle Unterstützung gestalten und nicht unerheblich zum Wohlstand der Städte beitragen, werden dabei nicht nach ihren Lebensvorstellungen gefragt. Nach wie vor bieten für sie die größten Städte auch die meisten Arbeitsplätze und die größten Chancen für ein neues Leben, und nach wie vor werden sie hier an den Rand der Gesellschaft gedrängt. Für die Autorinnen ist der Wandel in der Politik also kaum spürbar und das Hukou-System bleibt faktische Realität. Nach wie vor müssen sie ein unberechenbares und risikobehaftetes Leben meistern.

Für die Familien bedeutet diese Form des Lebens häufig eine Auseinandersetzung mit so substantiellen Fragen wie: Wer soll wo leben? Wer kann wo genug verdienen? Und wer kann wo versorgt werden? Von 1980 bis 2015 gab es in China die **Ein-Kind-Politik**, doch auf dem Land waren oft mehr Kinder erlaubt, und so sind auch die Autorinnen dieses Bandes oftmals in größere Familienstrukturen eingebunden und haben mehrere Kinder. Unter den Bedingungen einer Migration ohne soziale Absicherungen werden diese meist auseinandergerissen, und die räumliche Trennung von Eltern, Kindern und Großeltern ist in chinesischen Familien vom Land Normalität. Insbesondere das Phänomen der „zurückgebliebenen Kinder" hat traurige Berühmtheit erlangt. UNICEF schätzte 2018, dass über 100 Millionen chinesische Kinder direkt oder indirekt von Migration betroffen sind. Aufgrund der harten Arbeitsbedingungen der Eltern und der beschränkten Zugänge zu den städtischen Bildungs- und Gesundheitssystemen wachsen viele Kinder entweder unter schwierigsten Bedingungen in den Städten oder in den Dörfern bei nur einem Elternteil, bei Großeltern oder anderen Verwandten, und oftmals ohne viel Betreuung und Zuneigung auf. Die psychischen Belastungen für alle Familienmitglieder sind auch in den Beiträgen des vorliegenden Bandes deutlich zu spüren.

Gleichzeitig sollte nicht vergessen werden, dass die Migration gerade für Frauen aus ländlichen Kontexten auch neue Freiheiten fernab traditioneller Hierarchien und Abhängigkeiten bedeutet. Die Betonung der männlichen Linie und eines männlichen Erben ist in vielen ländlichen Familien noch gang und gäbe. Traditionell ist die Familie des Sohnes für die Versorgung der Eltern und der Ahnen zuständig, und Frauen wechseln nach der Heirat in die Familie des Mannes. Diese Präferenz der Söhne und Wertschätzung der Männer ist in vielen der hiesigen Beiträge herauszulesen. So ist das Leben in den Städten für die Autorinnen zwar oftmals hart und einsam, doch es schafft auch Momente einer neuen, unabhängigen Lebensgestaltung. Gleichzeitig führen die unterschiedlichen Vorstellungen von Zusammenleben und die unterschiedliche Bedeutung, die dem Bewahren traditioneller Normen und Werte beigemessen wird, zu regelmäßigen Konflikten zwischen den Generationen, Familien und Geschlechtern. Die Autorinnen sind gefangen in diesen Konflikten und Widersprüchen und müssen immer wieder ihre Position behaupten.

Der kulturelle und sozioökonomische Wandel zeigt sich auch innerhalb der großen Gruppe der Wanderarbeitenden. Allgemein spricht man in China von verschiedenen Generationen: Die erste Generation, die zu Beginn der Reformperiode die Felder verließ und die Bezeichnung **Wanderarbeitende** erhielt, war vor allem männlich und blieb meist auf die ländliche Heimat orientiert. Insgesamt gesehen kehrten die ersten Wanderarbeitenden häufiger zurück als spätere Migrantinnen und Migranten. Sie schickten so viel Geld wie möglich nach Hause und planten letztlich, sich dort ein Leben aufzubauen. Dies änderte sich mit neuen Arbeitsplätzen im Dienstleistungsgewerbe und der fortschreitenden **Urbanisierung**, die auch mit dem Verschwinden vieler Dörfer einherging. So ist die Generation der nach 1980 geborenen Wanderarbeitenden mindestens genauso weiblich wie männlich und erfährt schon viel jünger das Stadtleben. Viele sind Kinder von Migrantinnen und Migranten, die nichts mehr in den alten Strukturen auf dem Land hält. Diese Generation, der auch viele Autorinnen (und ihre Kinder) dieses Bandes angehören, versucht viel häufiger, sich ein Leben in der Stadt aufzubauen. Dies beinhaltet den Aufbau neuer Freundeskreise und die Versuche, Familien- und Arbeitsleben in einer Stadt zusammenzubringen. Doch gerade die staatliche Verhinderung des Ankommens in den Städten fördert auch die innere Zerrissenheit der Autorinnen zwischen der alten und neuen Heimat und das notwendige Jonglieren mit den unterschiedlichen Erwartungen der verschiedenen Welten.

Der Kontakt zwischen Stadt und Land und innerhalb der Familien hat sich mit den in China weit verbreiteten Messenger-Diensten und sozialen Medien vereinfacht und verändert. Beziehungen werden durch Kurznachrichten und Videoanrufe gepflegt und geprägt. Livestreams sind zur neuen Möglichkeit der Selbstdarstellung und Selbstfindung gerade von Migrantinnen und Migranten geworden und versprechen darüber hinaus neue Einkommensquellen. Wie die Künstlerin Jing Y. in ihrem nachfolgenden Text erklärt, waren auch für dieses Buch Gruppen- und Einzelgespräche auf der in China gängigen Kommunikationsplattform **WeChat** nicht nur während der Pandemie eine wichtige Hilfe, um über die großen Entfernungen die Autorinnen beim Schreiben zu begleiten.

Es gibt in China mittlerweile eine ganze Reihe von Organisationen und Aktive, die versuchen Arbeiterinnen und Arbeitern, insbesondere aus ländlichen Regionen, zu unterstützen, und ein paar von ihnen spielen auch in den vorliegenden Texten eine Rolle. Die Position solcher Gruppen und Organisationen bleibt allerdings oft fragil, und unter der aktuellen Führung hat es besonders rigorose Vorstöße gegeben, zivilgesellschaftliches Engagement unter verstärkte staatliche Aufsicht und Kontrolle zu bringen. Zugang zu der spannenden Arbeit von Jing Y. erhielten wir durch die Verbindung unseres Forschungsprojekts „Soziale Welten: Chinas Städte als Orte von Welterzeugung" zu BEIJING22. Dieses in Beijing ansässige Kunstprojekt (kuratiert von Antonie Angerer, Anna-Viktoria Eschbach und Jannis Schulze) verfolgte die Veränderungen in Chinas Hauptstadt während der Vorbereitungen auf die Olympischen Spiele 2022 und brachte dabei chinesische und nicht-chinesische Künstlerinnen und

Künstler zusammen. In diesem Zusammenhang hielt auch Jing Y. einen ihrer ersten Schreibkurse für Wanderarbeitende ab. Mittlerweile hat sie bereits eine Vielzahl an Schreibkursen in Chinas Großstädten angeboten und hilft damit Wanderarbeitenden vom Land, ihre Stimme zu finden und zu veröffentlichen. Natürlich sind die Autorinnen auf die eine oder andere Weise geprägt von den großen staatlichen Erzählungen von Reform und Modernisierung und den in diesen als notwendig dargestellten Entbehrungen der Gesellschaft im Allgemeinen und ländlicher Bevölkerung und Wanderarbeitenden im Besonderen. Sie ignorieren aber auch manche staatlichen Vorgaben der Geschichtserzählung und loten Zwischentöne aus, die zuweilen in China politisch sensibel sind. Im Original ist das Buch daher im Selbstverlag und in kleiner Stückzahl erschienen. Umso wertvoller sind die Beiträge, die einen einmaligen Einblick in die aktuelle Welt der chinesischen Wanderarbeiterinnen unter pandemischen Bedingungen aus ihrer eigenen Perspektive bieten. Wir freuen uns sehr, die Möglichkeit erhalten zu haben, auch deutschen Leserinnen und Lesern Zugang zu dieser Welt zu eröffnen.

Das Projekt „Familie – Leben – Pandemie"

Von Jing Y.
Übersetzerin: Ryanne Flock

Das Buch, das Sie gerade lesen, ist die fünfte Veröffentlichung des Projekts „Writing · Mothers". Seit 2017 bringe ich in diesem Rahmen pro Jahr etwa einen Sammelband heraus, der sich kritisch mit dem Familienleben in China beschäftigt. Der vorliegende Band unterscheidet sich deutlich von den bisherigen, da er sich auf eine bestimmte Personengruppe bezieht – auf Frauen, die für die Arbeit vom Land in die Städte wandern.

Solche Frauen, die als Kindermädchen sowie Haushaltshilfen in Chinas urbanen Zentren tätig sind, traten als neue Freundinnen in mein Leben und meine Arbeit. Durch sie ist dieses Buch entstanden. Zunächst hatte ich sie in meine Chat-Gruppe „Writing · Mothers" auf **WeChat** gebracht, wo ich mit Frauen aus den Städten – zumeist Büroangestellte und Selbständige – per Textnachricht diskutiere und Nachrichten analysiere. Das war zuvor eine wichtige Grundlage für den Austausch innerhalb des Projekts gewesen. Doch nach einiger Zeit der Beobachtung und des Ausprobierens stellte ich fest, dass das mit den Wanderarbeiterinnen zu keinem Ergebnis führte. Denn diese Freundinnen waren es nicht gewohnt, in der App zu schreiben oder zu debattieren. Sie nutzten die App in der Regel für Sprachnachrichten oder gingen zur Video-Plattform Douyin (**TikTok**), um sich auszutauschen oder Informationen zu beziehen. In anderen Worten: Frauen vom Land, die von Job zu Job ziehen, und Frauen aus der Stadt, die ein geregeltes Einkommen haben, benutzen nicht dieselben Werkzeuge, interessieren sich selten für die gleichen Themen und wählen sehr unterschiedliche Formen, um sich auszudrücken. Deshalb startete ich 2019 das Projekt „Sweat!Stop!Rewrite!", das sich textlich und visuell mit Wanderarbeiterinnen beschäftigt. Wir blieben täglich in Kontakt, ich bot Schreibkurse und -übungen an, hielt Vorträge und Lesungen, organisierte Diskussionsrunden und Workshops. Außerdem arbeitete ich mit sozialen Organisationen zusammen, die die Frauen bestens kannten, ohne dass ich jedoch die Unabhängigkeit meines Projekts aufgab. Im Laufe der Zeit gewann ich so einen Einblick in das Schreiben der Arbeiterinnen und die Lebensrealität, die hinter ihren Worten stand. Das war meine Ausgangsbasis für den vorliegenden Band.

Aber was mich wirklich dazu veranlasste, dieses Buch zusammenzustellen, war eine der Autorinnen – meine Freundin mit dem Künstlernamen Traumregen –, die ebenfalls als Haushaltshilfe ihr Geld verdient. Im August 2020 kannte ich sie bereits drei Jahre, hatte sie zu mehreren Kunstprojekten eingeladen und konnte sie endlich davon überzeugen, die ersten beiden Bände von „Writing·Mothers" zu lesen. Ich erinnere mich noch sehr genau daran, dass sie sagte: „Ich verstehe den Inhalt nicht. Wenn ich eine so gebildete Mutter gehabt hätte, wie die Autorinnen in diesem Buch, und ich mit meinen Eltern dauerhaft in der Stadt hätte leben können, dann wäre ich verdammt glücklich und hätte das Gefühl, das beste aller Leben zu leben. Ich würde mich nicht wie sie beschweren." Ihre Worte repräsentieren ungeschönt den Zustand der gegenwärtigen chinesischen Gesellschaft: Die eine soziale Gruppe versteht das Leid der anderen nicht, geschweige denn die Zusammenhänge ihrer jeweiligen Notlage. Ich fragte mich, was ich tun kann mit einem Projekt, das versucht verschiedene soziale Klassen zusammenzubringen? Auf Anregung meiner Verlegerin Chen Yun begann ich, über eine Veröffentlichung nachzudenken, die die familiären Beziehungen von Wanderarbeiterinnen reflektiert und die „Writing·Mothers" der Landbevölkerung miteinbezieht.

Der vorliegende Band teilt sich in fünf separate Kapitel, die sich jeweils auf eine Hauptfigur konzentrieren. Bei der Überarbeitung der Texte wurde mir wieder die Kluft zwischen den beiden Frauengruppen klar: In den vorherigen Büchern aus der Reihe „Writing·Mothers" waren „Kulturrevolution", „der Sprung in die freie Wirtschaft", „neue Wege betreten", „Universitätsleben", „öffentlicher Dienst" wichtige Stichworte. Im neuen Band hingegen hieß es „Präferenz des Männlichen", „Schulabbruch und frühe Heirat", **zurückgelassene Kinder**, „häusliche Gewalt", „Dörfer ohne Schulen" und „die Stadt, in der man nicht sesshaft werden kann". Ging es in den vorangegangenen Bänden um die Schwierigkeiten städtischer Einzelkinder, in die Welt hinauszugehen, Gemeinschaft zu finden und den moralischen Fesseln der Familie zu entkommen, konzentriert sich dieser Band eher auf den Weg des Überlebens und damit das Recht auf Geburt, Aufenthalt und Bildung. Zuvor standen starke und zugleich verletzliche, ängstliche Mütter sowie ihr Leben zwischen Erinnerungs-Klubs zur Kulturrevolution und Wellness-Studios im Mittelpunkt. Hauptthemen waren die Komplexität des Mutterseins an sich (und Fragen der erfolgsorientierten Bildung der Kinder) sowie die fragil-verschlungenen Familienbeziehungen. Dies verliert nun an Bedeutung. Stattdessen werden „ich will zur Schule" und „ich will zu meinen Eltern" zu den drängendsten Forderungen. Während die Kinder der Mittelschicht ihre Mütter verlassen möchten, zieht es Kinder aus ärmeren, mobilen Familien zu ihren Müttern hin. Ging es zuvor um die kulturelle und geistige Unterdrückung der Gebildeten, fällt das Schlaglicht nun auf die wirtschaftliche Ausbeutung und physische Unterjochung der Arbeiterklasse. Nur Scheidung und Familienplanung gehören zu den wenigen Themen, die beide Gruppen betreffen, aber sie unterscheiden sich in ihren Erscheinungsformen. Man kann mit Lu Xun sagen, „die Menschen können sich über Leid und Glück nicht austauschen".

In diesem Buch wird der Begriff „Wanderarbeiterinnen" verwendet, um einige unserer Autorinnen zu beschreiben, während ähnliche, im Chinesischen übliche Bezeichnungen wie „Basisfrauen", „Arbeitsmigrantinnen", „Arbeiterinnen vom Land", „neue Arbeiterinnen", „Unterschicht" auch in Frage kämen. Ich verwende in diesem Buch das Wort „wandern" anstelle von „migrieren". Denn meiner Erfahrung nach bedeutet Migration, dass man an einem anderen Ort legal, vollständig und in Würde zur „Bürgerin" wird, während keiner unserer Autorinnen dieses Recht genießt. Sie alle haben ihren Geburtsort verlassen, um ihren Lebensunterhalt zu verdienen, sie sind also mobil. Aber es ist ihnen nicht gelungen, die an ihrem neuen Wohnort geltenden Rechte auf Bildung, Aufenthalt und Altersversorgung zu erlangen, so dass sie noch keine „Migrantinnen" sind. Darüber hinaus stellt sich die Frage, welchen Status die Autorinnen in diesem Band über die Zeit einnehmen: Ist Yanzi, die eine Art Fachhochschulabschluss hat und nicht mehr am Fließband steht, keine Arbeiterin? Kann Shi Hong-li, wenn sie in die Landwirtschaft zurückkehrt, nicht mehr als mobile Kinderbetreuerin bezeichnet werden? Beim Begriff „Wanderarbeiterin" geht es in diesem Buch eher um die persönliche Identität und die allgemeine Erfahrung der Autorin. Gleichzeitig habe ich in Gesprächen mit Arbeiterorganisationen erfahren, dass manche ihrer Mitglieder den Begriff „Unterschicht" lieber vermeiden würden. Diese Überlegungen um

Zugehörigkeit spiegeln sich auch in diesem Buch wider. Drei Autoren und Autorinnen dieses Buches – Xiaoqi, Miaozi und Huang Xiaona – gehören nicht zur Arbeiterschicht, aber sie bieten uns als Beobachterinnen und Betroffene interessante und vielfältige Einsichten. Jedes Kapitel versucht dabei bestmöglich, die Komplexität der Ereignisse und Geschichten abzubilden, während die Auswahl der Texte insgesamt die Vielschichtigkeit und Aufgeschlossenheit gegenüber dem jeweiligen Thema, aber auch die gelegentlichen Fehler in den dynamischen Kommunikationsprozessen zeigen soll (z.B. zwischen Yang Mo und ihrem Sohn oder zwischen Miaozi und Traumregen). Im letzten Kapitel analysiert Xiaona als Sozialarbeiterin die Beziehungen der Arbeiterinnen zu ihren Familien und bietet uns eine Insiderperspektive auf häufige Probleme und den Umgang innerhalb dieser sozialen Gruppe. Eine solche redaktionelle Auswahl soll auch zeigen: Wie wir diese Gruppe und ihren Status bezeichnen ist zweitrangig und nur ein Hilfsmittel. Wichtiger ist, dass wir Raum schaffen für Mehrdeutigkeit, Vielschichtigkeit und Mitgefühl.

2020 war das Jahr der Pandemie und das Jahr, in dem die Arbeiterinnen und ich einander am häufigsten schrieben. Als kurz vor dem chinesischen **Neujahrsfest** Städte und Provinzen unerwartet in den Lockdown versetzt wurden und nur wenige Menschen Straßen und Bahnhöfe bevölkerten, waren Online-Schreibkurse auf einmal besonders gefragt. Einerseits war ein Großteil der klassischen Medienberichte völlig unfähig, mit den Erfahrungen der Menschen und ihrem Bedürfnis nach Information Schritt zu halten. Andererseits führte die zusätzliche Zeit im Internet, in der man nicht vor die Tür treten durfte, dazu, dass die Menschen verängstigt nach Verbindungen zueinander suchten. Plötzlich wurde mir klar, dass das 2017 begonnene „Writing·Mothers"-Projekt mit der Idee, Fremde zum Schreiben über ihre Wirklichkeit zusammenzubringen, sich als eine Art „epidemischer Kommunikationsmodus" entpuppte: Es war nur noch nicht so weit gewesen, dass eine Pandemie tatsächlich das Leben der Menschen und der Gesellschaft bedroht hatte.

Alle Aufsätze in diesem Buch wurden verfasst, als Covid-19 den Alltag in China bestimmte. Angesichts dessen hätten das Pandemiegeschehen und die betroffenen Schicksale der Arbeiterinnen Hauptthema sein können. Letztendlich habe ich mich jedoch dafür entschieden, die pandemische Lage als Metapher, Blickwinkel und Kontext zu nutzen. Denn gemäß meiner Erfahrung (im Umgang mit den Autorinnen, durch unsere Korrespondenz und vor allem durch meine Besuche bei ihnen) ist für viele Wanderarbeiterinnen ein Leben in Armut und Depression eine ständige „Krankheit". Als die globale Katastrophe zuschlug, wurde ihr Alltag zwar beeinträchtigt und erschwert, aber der Unterschied zu ihrem früheren Leben war gering. Im Vergleich zu gebildeten Frauen aus den Städten ist es für Arbeiterinnen darüber hinaus weniger möglich, sich vom Ballast negativer Familienbeziehungen zu befreien. Daher bildet die Pandemie in diesem Buch den Ausgangspunkt, um die Aufmerksamkeit auf die verschiedenen „Krankheitszustände" zu lenken, die so lange im Bereich der „Familie" begraben lagen.

Dieses Buch möchte die Lebenswege von Menschen aufzeigen, die in der Gesellschaft sonst eine eher passive Position einnehmen. Die Leserinnen und Leser sollen die Details und die Logik ihrer Erfahrungen und Entscheidungen besser nachvollziehen können. Gleichzeitig möchte ich meine Sicht auf China-spezifische Diskurse erläutern, die der deutschen Leserschaft weniger vertraut sein könnten. Ich glaube zum Beispiel nicht, dass Wanderarbeiterinnen und andere aus den unteren Gesellschaftsschichten einfach „unsichtbar" sind. In einem Land wie China, wo politische Herrschaft weiterhin das Banner des Sozialismus schwingt, muss es von Zeit zu Zeit Geschichten der Arbeiterklasse geben, um die nationale Narration zu beseelen (insbesondere, wenn die Kluft zwischen Arm und Reich immer deutlicher wird). Diese Geschichten feiern zwar das arbeitende Volk, aber ihre Logik geht mit einem „Kult des Leidens" einher. Wer mit der gleichen Erfahrung versucht, seine Rechte einzufordern, riskiert die Verhaftung. Wenn man aber schweigt und es erträgt, wird man vielleicht kurz vor dem Tod als Nationalheld gefeiert. Das ist das Erzählmodell des Staates über das Unglück der Unterschicht, während soziale Organisationen eine weitere Narration anbieten: Sie heben die Identität der Wanderarbeiterinnen, ihre kulturelle Unabhängigkeit und ihre aktuelle Notsituation hervor. Sie lullen sie ein in ein exklusives Gemeinschaftsgefühl und pampern sie mit einem falschen Stolz. Selbst die wenigen unabhängigen Medien, die es noch gibt, und die heterogenen sozialen Medien lieben solche „Klassengeschichten", denn sie erzeugen schließlich hohe Aufmerksamkeit. Untere Gesellschaftsschichten wie z.B. Wanderarbeiterinnen werden in China daher zwar „gesehen", aber – und das ist das Problem – über ihre Komplexität wird nicht diskutiert. Es kommt also nicht allein darauf an, dass, sondern wie man über sie schreibt und so die Probleme anspricht.

Ich bin eine entschiedene Gegnerin dieses Leidenskults und hege große Zweifel an der tatsächlichen kulturellen Unabhängigkeit der Arbeiterinnen oder daran, mithilfe von Identitätspolitik eine bestimmte Realität vorzugaukeln. Aber ich kann dieses Faible der hiesigen Autorinnen nicht wirklich ändern, denn ihre Geschichten und ihre Sprache sind Schauplatz vieler Machtkämpfe. Neben meinem Schreibprojekt nehmen einige zum Beispiel auch an Schulungen teil, die in der Nachbarschaft von der Kommunistischen Partei organisiert werden, oder an kommerziellen Kursen zu populärer Literatur. Ihre Texte spiegeln das Tauziehen der verschiedenen Erzählperspektiven wider. Das Buch enthält dabei auch Abbildungen, die erlauben, das kreative Potenzial der Autorinnen zu verstehen. Hierbei ist der Kontrast zu den Texten interessant: Ausdruck ihrer selbst sind eher diese Illustrationen als das geschriebene Wort, da der Schreibstil oft in den Schulen diszipliniert, standardisiert und „kontaminiert" wurde. Man kann Zeichnungen daher als optimistisches Bild der Möglichkeiten betrachten.

Ich durfte höhere Bildung genießen und in einem begleiteten Schreibprozess betone ich die Wichtigkeit von kritischem und komplexem Denken. Welche Texte entstehen durch diese Methode? Auch wenn die Autorinnen vor allem über sich selbst schreiben, so unterscheiden sich die Beiträge in diesem Band dennoch von den üblichen Lebensgeschichten, die in vielen WeChat-Publikationen und Sachbüchern zu finden sind: Es sind Texte, die im gegenseitigen Austausch verfeinert und im regelmäßigen Engagement konkretisiert wurden. Sie möchten der Leserschaft einen Ausgangspunkt für das eigene Handeln bieten. Das geschriebene Wort tritt als Medium auf, Probleme zu entdecken und zu lösen. Ich hoffe, die Leserschaft zum Nachdenken über „Erzählungen der Unterschicht" anregen zu können. Wie viele verschiedene „Erzählungen der Unterschicht" gibt es? Reichen sie aus, um die Komplexität dieser Bevölkerungsgruppe darzustellen, und was können wir tun, um neue Perspektiven einzubringen? Wie erklären wir uns die Unterschiede innerhalb der Gruppe? Zum Beispiel das konträre Frauenbild von Yanzis Schwiegermutter und ihrer Mutter: Teilen sie nicht einen ähnlichen sozialen Hintergrund? Oder die gleichzeitige Offenheit und Ablehnung Traumregens gegenüber Miaozi: In ihren Augen müssen Frauen nicht heiraten, aber den Kinderwunsch einer Alleinstehenden kann sie nicht akzeptieren? Wie hoch ist die Wahrscheinlichkeit, dass Traumregen den in der Gesellschaft üblichen Weg, andere auszubremsen, verlässt, während sie selbst unter der Unfreiheit leidet?

Während ich diese Einleitung schreibe, ist die Originalausgabe dieses Buches in China bereits seit einem Jahr „auf dem Markt". Deshalb möchte ich kurz über die Resonanz sprechen, die wir erhalten haben: Als das Buch gedruckt werden sollte, wurden wir von der Druckerei zunächst zurückgewiesen (weil im Buch das Wort „Kulturrevolution" auftaucht). Da es sich um eine Veröffentlichung ohne ISBN-Nummer handelt, haben wir erstmal achthundert Exemplare gedruckt. Unsere Vertriebskanäle waren äußerst begrenzt und bestanden vor allem aus Buchmessen, unabhängigen Buchhandlungen und Bestellungen über E-Mail. Nach einem Jahr stellten wir jedoch überrascht fest, dass das Werk ausverkauft war. Da ich es normalerweise in meinen Schreibkursen verwende und versuche, eine enge Beziehung zu unseren Leserinnen und Lesern aufrechtzuerhalten (zum Beispiel über WeChat), habe ich viel direktes Feedback bekommen.

Die auffälligste Rückmeldung war: Viele, die einer höheren sozialen Schicht angehörten, konnten sich sehr gut in die Familiengeschichten einfühlen. Unabhängig vom sozialen Status oder der finanziellen Situation waren ihre Notlagen, in ihren Augen, ungefähr dieselben (selbst die historischen Erfahrungen). Dieses Feedback hat mich ein wenig überrascht, aber natürlich auch zum Nachdenken angeregt. Einige, die das Buch kauften, zeigten Mitgefühl und Fürsorge gegenüber sozial Schwächeren. Aber im letzten Jahr erlebte ich auch, wie der Zusammenhalt auseinanderbrach. Eine ehemalige Leserin begann zum Beispiel einen ernsthaften Streit mit mir, da sie in Bezug auf Pandemiepolitik, Ukraine-Krieg und Leihmutterschaft andere Meinungen hatte. Das ging bis hin zu Cybergewalt. Ein anderes Mal wurden wir von der Assistentin eines Universitätsprofessors kontaktiert, um unsere Texte in ihre neue, mit offizieller ISSN-Nummer versehenen Frauenzeitschrift aufzunehmen. Aber als wir vorschlugen, bei diesem Druck auch auf das Projekt zu verweisen und ihm die gebührende Anerkennung zukommen zu lassen, meldete sie sich nicht mehr.

Seit der Veröffentlichung des Buches haben sich bei unseren Projektteilnehmerinnen einige Veränderungen ergeben – teils als direkte, teils als indirekte Folge der Publikation. Die angenehmste Überraschung war Xiaoxi (die Illustratorin). Ich zeigte das Buch und ihre Zeichnungen einem Freund von mir, der zu dieser Zeit eine alternative Berufsschule leitete. Er bot sofort an, Xiaoxi als Schülerin aufzunehmen, und gemeinsam konnten wir das Geld für ihre Studiengebühren aufbringen. Sie absolvierte eine zweijährige Ausbildung zur Architektin und arbeitet nun in einem Architekturbüro, was ihr auf materieller und kultureller Ebene ein vollkommen neues Schicksal bescherte. Eher indirekt war die Veränderung von Traumregen, die eines Tages zu mir kam und sagte, dass sie endlich die Gefühle der Autorinnen in den ersten beiden Bänden von „Writing·Mothers" nachvollziehen könne. Ich fragte sie, woher dieser Sinneswandel käme. Sie erzählte, dass sie letztens von einer pensionierten Universitätsprofessorin in Beijing angeheuert worden war, die sehr herrisch und ignorant gewesen sei. Ihrer Meinung nach war alles, was Traumregen über die Situation in den ländlichen Gebieten erzählte, falsch. Denn unter der Obhut der Kommunistischen Partei könne das Leben unmöglich so miserabel sein. An den Worten und Taten ihrer Arbeitgeberin sowie deren Verhalten gegenüber anderen erkannte Traumregen, dass nicht alle „Gebildeten" beneidenswert und wohltätig sind. Sie verstand nun auch, dass „gebildete Eltern" vielleicht auch nicht immer gute Eltern sind.

Nach den mehr als fünf Jahren im Projekt „Writing·Mothers" bin ich der Meinung, dass ein bestimmter Diskurs über das „einfache Volk" in der chinesischen Gesellschaft Fuß gefasst hat. Der Einzelne verwendet den Begriff auf zwei Weisen: Erstens, „ich kann nichts machen" (als Ausrede oder aus Hilflosigkeit). Zweitens – sollte es eine Ausrede sein – heißt es, „aber ich kann mein kleines Leben leben". Die Hilflosen hingegen argumentieren, „ich warte auf eine gute Regierung oder jemand Besonderes, der die Probleme meines kleinen Lebens löst". Kurz gesagt, es gibt immer ein „kleines Leben" zu leben, und so werden die Pflichten und Rechte als Land- oder Stadtbürgerin in einer zivilisierten Welt aufgegeben.

Und was sind dann die Werte des einfachen Volkes, dem es angeblich lediglich um Existenzsicherung geht? Bedeutet Existenz des Körpers keine Fragen des Geistes zu klären? Muss jedes Gespräch über Demokratie in dem Argument enden, dass man Demokratie nicht essen kann? Ich habe mich intensiv mit der Idee des „Überlebens" in China befasst. Bis auf wenige Ausnahmen geht es dabei nicht um Grundbedürfnisse wie Nahrung oder

Kleidung (die Regierung verkündete der Welt im Jahr 2021, dass China nun eine Wohlstandsgesellschaft sei), sondern um die endlosen, selbst auferlegten sozialen Standards: Für die einen sind es Schönheitsoperationen, der Vergleich im Freundeskreis oder die Frage, auf welche Schule ein Kind geht; für die anderen geht es um den Brautpreis für einen Sohn, die Geldgeschenke für ein Enkelkind, das Darlehen für den Bau eines Hauses in der Heimatstadt oder die Spielschulden eines Familienmitglieds. Dabei übersehen alle die grundlegendste Frage: Entspringt das Verständnis von „Überleben" nicht eigentlich dem „Geist", der „Mentalität"?

In den Projekten „Writing·Mothers" und „Sweat!Stop!Rewrite!" haben die Arbeiterinnen entdeckt, zu was sie fähig sind, anstatt zu denken „das ist nur etwas für gebildete Menschen". Wichtiger noch ist die Erkenntnis, dass die Erfüllung der eigenen Träume nicht darauf warten kann, dass die ganze Familie geheiratet, Kinder bekommen und Haus und Auto gekauft hat. Die Praxis zeigt: Erst wenn sie aus dem Rahmen treten, den die Mehrheitsgesellschaft mit ihren Normen setzt, und sie nicht mehr an die alte Leier von Geist vs. Materie glauben, erst dann erhalten sie den emotionalen Freiraum und die Kraft, sich ihrer Umgebung zu widersetzen.

Im letzten Kapitel dieses Bandes ist Xiaonas Vater der Meinung, „dass wir heute in besseren Zeiten leben als früher", während Xiaona überzeugt ist: „Ja, wir scheinen in besseren Zeiten zu leben, aber zu viele Beispiele führen mir vor Augen, dass zahlreiche Menschen sich in unserer Gesellschaft immer noch kriechend vorwärtsbewegen". Xiaonas Vater riet uns, nicht immer nur die dunklen Seiten der Gesellschaft zu sehen, während Xiaona meint: „Wenn Arbeiterinnen, obwohl sie wissen, dass sie auf dem Boden kriechen, trotzdem weiterhin mühsam das Licht im Leben suchen; wenn sie den Schmerz, den sie erfahren haben, herausschreien, damit mehr Menschen ihn hören; dann sehe ich Schönheit – die Schönheit, der Dunkelheit ins Auge zu blicken." Das chinesische Entwicklungsmodell der letzten Jahrzehnte drehte sich im Wesentlichen um einen Kompromiss: Der Staat verspricht und schenkt dem Volk materiellen Wohlstand als Gegenleistung für dessen stille Gleichgültigkeit gegenüber dem politischen System und dem sozialen Wandel. Die jeweiligen Ansichten Xiaonas und ihres Vaters sind genaugenommen ein Beispiel, wie unterschiedlich die Ergebnisse dieser Abmachung beurteilt werden. Und ausgehend von ihren unterschiedlichen Einschätzungen, gehen die Vorschläge auseinander, wie mit dieser „dunklen Seite" umzugehen ist. Ich befürworte Xiaonas Ansatz, mehr „Spielraum für die Vorstellungskraft" zu schaffen.

Mein Ziel ist es, durch Schreiben und Zeichnen aus dem „einfachen Volk" „Bürgerinnen und Bürger" zu machen, auch wenn mir das oft nicht gelingt. Ich möchte nicht nur, dass Frauen aus der unteren Gesellschaftsschicht die Möglichkeit haben, sich für unterschiedliche Praktiken der Ästhetik zu öffnen und diese zu erlernen, sondern auch, dass ihre Arbeit die Ästhetik der Mehrheitsgesellschaft herausfordert.

Obwohl dieses Buch nicht mit direkter Unterstützung oder unter dem Einfluss irgendeiner Institution fertiggestellt wurde, hat das Projekt immer von der Hilfe und dem Engagement vieler Menschen profitiert. Ich möchte Anna-Viktoria Eschbach und Antonie Angerer, den Gründerinnen des Projekts BEIJING 22, sowie den Gründerinnen zweier lokaler Servicezentren für Arbeitende in Beijing und Shenzhen (Wohlfahrtsorganisationen auf Graswurzelebene) danken. Darüber hinaus geht mein Dank an Wang Jing, die Kuratorin des Residenzprogramms in Shenzhen, die Forscherin Lu Sipei, die das Projekt unermüdlich unterstützt hat, sowie die Wissenschaftlerinnen Yuchieh Li und Li Pengfei. Natürlich bin ich auch Chen Yun, meiner Kooperationspartnerin bei der Veröffentlichung von „Writing·Mothers" sehr dankbar für ihr Vertrauen, ihre Großzügigkeit, ihren Ratschlägen und Ermutigungen. Mein besonderer Dank geht außerdem an die Teilnehmerinnen und Teilnehmer dieses Projekts für ihre Ehrlichkeit und ihr Engagement. Für Herausgabe dieses Buches auf Deutsch möchte ich dem „Soziale Welten"-Team an der Universität Würzburg danken, darunter insbesondere Antonie Angerer, Ryanne Flock und Elena Meyer-Clement (Kopenhagen). Mit großem Engagement haben sie die Übersetzung dieses Buches organisiert und konnten die weitere Unterstützung der Heinrich-Böll-Stiftung gewinnen – auch an diese geht mein herzlichster Dank. Last but not least: Ich danke allen Übersetzerinnen und Übersetzern, die mit so viel Leidenschaft die Texte vom Chinesischen ins Deutsche gebracht haben, und möchte sie an dieser Stelle noch einmal namentlich nennen (in alphabetischer Reihenfolge): Antonie Angerer, Xiaojie Chang, Ryanne Flock, Mia Hallmans, Lisa Heinrich, Philipp C. D. Immel, Sara Landa, Michael Malzer, Jonathan Michel, Elena Meyer-Clement, Petra Müller. Vielen Dank euch allen!

Informationen zum besseren Verständnis

Allgemein
Im Text hervorgehobene Begriffe werden im Glossar am Ende des Buches näher erläutert.

Chinesische Orts- und Personennamen
Im Text werden chinesische Namen durch die in China gebräuchliche lateinische Umschrift Pinyin dargestellt. Jede Silbe entspricht einem chinesischen Schriftzeichen. Dies gilt auch für diejenigen Städtenamen, für die es im deutschen Sprachgebrauch teils noch andere Umschriften gibt, wie etwa Beijing (Peking) oder Guangzhou (Kanton). In China beginnen Personennamen mit dem Nachnamen (meist einsilbig), und dann folgt der Vorname (ein- oder zweisilbig). Manche Namen sind Spitznamen, wie Xiaoqi (wörtlich „klein" Qi), und stehen somit ohne Nachnamen.

Maßeinheiten
China benutzt wie auch Deutschland weitgehend das metrische System für Maßeinheiten (also Kilogramm, Meter usw.). Ein paar traditionelle Einheiten haben sich jedoch bis heute im Sprachgebrauch gehalten. So ist ein Li 里 eine traditionelle Längeneinheit, die mittlerweile mit 500 Metern definiert wird. Ein Mu 亩 entspricht ca. 666 m² bzw. 0,067 Hektar an Fläche. Ein Dou 斗 entspricht einem Volumen von 10 Litern, ein Jin 斤 entspricht 500 Gramm Gewicht bzw. dem deutschen „Pfund".

Währung
Die chinesische Währung ist die Volkswährung (Renminbi 人民币; abgekürzt RMB). Ihre Grundeinheit ist ein Yuan 元, welcher (Stand Oktober 2022) etwa 14 Euro-Cent wert ist. Ein Yuan besteht aus 10 Jiao 角, welche jeweils wieder aus 10 Fen 分 bestehen. Letztere Einheit ist allerdings aufgrund ihres selbst im chinesischen Kontext minimalen Wertes kaum mehr in Gebrauch. Die höchste im Umlauf befindliche Banknote hat mit 100 Yuan (14 Euro) keinen hohen Wert, was Bargeldzahlungen höherer Beträge unpraktisch macht. Mittlerweile finden aber fast alle Geldtransaktionen im Alltag durch mobiles Bezahlen per Smartphone-App statt, so dass viele Menschen komplett ohne Bargeld auskommen.

1 Yang Mo und ihr Sohn

Mein mieses Leben

Autorin: Yang Mo
Schreibmentorin: Jing Y.
Übersetzerin: Sara Landa

Wenn mich jemand fragt: Bist du glücklich mit deinem Leben – was soll ich dann darauf antworten?

Für eine verheiratete Frau mittleren Alters sind Dinge wie Einkommen, Liebe und Familie von großer Bedeutung. Aber ich bin eine Frau ohne geregeltes Einkommen, ohne stabile Familienverhältnisse und in einer Ehe, in der die Liebe längst Risse bekommen hat: Ich kann nicht behaupten, dass ich glücklich bin.

Aber meine Kindheit war glücklich: Papa und Mama arbeiteten als Lehrer auf dem Land, und ich war damals noch ihr einziges Kind. Ich erinnere mich genau, wie ich jeden Abend zu den Geschichten vom „Braven Lämmchen" und der „Wolfgroßmutter" ruhig einschlief. Und jeden Morgen, sobald die Glocke auf dem Schulgelände zum Aufstehen läutete, ging ich mit Mama und ihren Schülern zur Gemeinschaftsgymnastik.

„Ich bin eine Sonnenblume; erstrahle unter dem Glanz der Sonne. Die Partei ist die Sonne; ich lausche dem Vorsitzenden Mao mit Wonne" – selbst aus der damaligen Radioübertragung auf dem Schulgelände konnten Lehrer und Schüler meine Kinderstimme heraushören.

Zu jener Zeit hing ich am Rockzipfel meiner Mutter, folgte ihr, wenn sie Musikstunden gab oder mit den Schülern ein Stück einübte. Ihre Schüler neckten mich in den Unterrichtspausen, und ich spielte mit ihnen quer über den Schulhof Jagen und Fangen. Manchmal quetschte ich mich sogar mit ihnen an die Schultische. Die anderen Lehrer lobten mich damals immer, ich würde sicher einmal etwas Besonderes werden. Und ich war überglücklich. Mama war aus dem Abschlussjahrgang 1966, das heißt, gemeinsam mit ihren Mitschülern ging sie nach Beijing, wo sie vom Vorsitzenden Mao auf dem Tian'anmen-Platz empfangen und ermuntert wurden, in den Dörfern mitanzupacken. Sie tanzte in den „Treuetänzen", sang Modellopern, spielte Tiemei in der „Roten Laterne"[1] und war in der

---

1 Modellopern und Massentanzveranstaltungen spielten eine zentrale Rolle in der Propaganda der Kulturrevolution ab 1966. „Die Legende der roten Laterne" ist eine der berühmtesten Modell-

Gegend ziemlich berühmt. Nach dem Abschluss der oberen Mittelschule blieb ihr keine andere Wahl, als ins Dorf zurückzukehren. Doch aufgrund ihrer guten Schulbildung versprach der Dorfvorsteher, wenn sie beim Aufführungswettbewerb gewann, würde er sie als Aushilfskraft in der Dorfschule einsetzen. Während sie als Lehrerin arbeitete und sehnlichst darauf wartete, an die Universität gehen zu können, heiratete sie meinen Papa. Er war zwei Jahre älter als sie, hatte gerade seinen Abschluss an der Pädagogischen Hochschule gemacht und war staatlich anerkannter Lehrer. Nach der Hochzeit gingen sie mit einem Entwicklungsprogramm der Regierung in eine abgelegene Berggegend. Papa wurde Rektor und sie sprang als temporäre Lehrkraft ein. Auch wenn das Leben in den Bergen hart war, widmeten sie sich doch gemeinsam mit Freude und Hingabe dem Unterrichten.

Später, nachdem erst der eine, dann der andere Bruder geboren worden war, wurde ich zu meinen Großeltern väterlicherseits geschickt. Als dann die Verantwortung für Agrarboden an die Haushalte übertragen wurde,[2] versuchte Papa gierig, Land und Nahrung zu sichern. Hinzu kam, dass Oma und Opa alt wurden und Pflege brauchten. Daher entsandte er die lediglich als Aushilfslehrerin arbeitende Mama mit gebieterischem Ton ins Heimatdorf, um die Felder zu bestellen und sich um seine Eltern zu kümmern. Von dem Moment fing die Tragödie unserer Familie an.

Auf den 0,4 Hektar Land, die sie eigenverantwortlich bestellte, gab es Unkraut, das höher wuchs als das Getreide. Mama hatte von morgens bis abends alle Hände voll zu tun – den Boden harken, düngen, bewässern, Insektengift versprühen. Und obwohl sie ackerte, bis ihre Hände von Schwielen übersät waren, war der Ertrag begrenzt. Im Dorf kochte man über offenem Feuer, dessen Rauch meiner Mutter die Tränen in die Augen trieb, doch nach einer halben Ewigkeit war das Essen noch nicht gar. Papa aber blieb in dieser Zeit in den Bergen, und weil immer mehr Schüler aus seinen Klassen es schafften, in die Fachoberschulen zu kommen, genoss er bald einen hervorragenden Ruf. Langsam begann er, auf Mama herabzusehen, während sich ihr Hass auf seine gebieterische Art steigerte. Sie stritten und schlugen sich und ließen sich 1985 schließlich scheiden.

---

opern. Die junge Protagonistin Li Tiemei kämpft darin gegen die Japaner und für die Revolution in den 1940er Jahren (Anm. d. Übers.).

2   Zu dieser Politik siehe im Glossar: „Reform und Öffnung".

Nach der Scheidung suchte sich meine Mutter, um ihre Träume zu verwirklichen, meinen Stiefvater – einen Arbeiter aus der Großstadt. Er versprach ihr, er würde mich und meine kleinen Brüder nach der Hochzeit wie seine eigenen Kinder behandeln. Weil seine frühere Frau ihm keine Kinder geboren hatte, hatte er sich scheiden lassen. In seinem Haushalt lebte noch ein Adoptivkind, um das sich seine Mutter kümmerte. So bildeten also zwei Familien mit insgesamt sechs Personen eine neue Familie, mit Mitgliedern aller Altersstufen. Wir waren nicht von klein auf miteinander groß geworden, und es war ziemlich aufreibend, sich aneinander zu gewöhnen. Jedes Mal, wenn meine Mutter sich ungerecht behandelt fühlte, fing mein Stiefvater an, auf unseren leiblichen Vater zu schimpfen. Auch mich und meine Brüder schrie er dann an und sagte, wir wären schlecht erzogen. Je älter meine Brüder wurden, desto größer wurde auch ihr Appetit. Damals bekamen die Stadtbewohner Lebensmittel nach einem staatlichen System zugeteilt und jeder mit entsprechendem **Hukou** erhielt pro Monat eine Ration von nur 27 Pfund. Aber Mutter und meine Brüder hatten keinen städtischen Hukou, so dass sie auf den Markt gehen und Lebensmittel zu hohen Preisen kaufen mussten. Manchmal konnten sie aber auch gar nichts bekommen. Die Mutter meines Stiefvaters arbeitete nicht, und Mama hatte keine regelmäßige Arbeit, so dass die ganze Familie vom Lohn des Stiefvaters abhing. Schließlich meinte er, die Brüder seien noch klein und könnten weiter die Schule besuchen. Aber ich sei ein Mädchen, früher oder später würde ich sowieso einer anderen Familie gehören, und so ließ er mich nicht weiter zum Unterricht gehen. Er schickte mich und Mama zum Jobben in ein Restaurant. Damals war ich erst 14 Jahre alt.

Eines Tages traf Mama eine Kollegin aus ihrer Zeit als Lehrerin – Frau Huang, die wieder in die **Mittelschule** der Stadt T zurückgeschickt worden war. Als sie nach mir fragte, betonte Frau Huang, wie sehr sie meine Lage bedauere. Beide meinten, ich solle unbedingt die untere Mittelschule beenden. Frau Huang könne mir helfen, an die Schule zu kommen, der sie zugeteilt worden war. Ein halbes Jahr, nachdem ich die Schule abgebrochen hatte, kehrte ich also wieder in den Unterricht zurück. Mein Stiefvater war darüber überhaupt nicht glücklich: Wir hatten uns seinen Anordnungen widersetzt, und ich kostete die Familie wieder

Geld. Seitdem hackte er ständig auf mir herum: Am Abend schaltete er das Licht aus und ließ mich nicht die Hausaufgaben machen; am Tag meiner Mittelstufenprüfung fing er mit mir einen riesigen Streit an; bei der Vorauswahl für die weiterführende Stufe versteckte er sogar meinen Hukou-Pass. Inmitten dieser verzweifelten Lage stieß ich auf ein Jobangebot und ging so im Jahre 1989 in die Fabrik.

Dass ich damals ohne Beziehungen und Hilfe in einer Textilfabrik unterkam, war ein Glücksfall. Aber ich wurde ausgerechnet der turbulentesten und lautesten Abteilung zugeteilt. Die Werkstatt war ein geschlossener Bereich und das „Klack Klack" beim Hin- und Herschlagen der tausenden Webschiffchen war ohrenbetäubend. Der Krach übertraf die erlaubte Dezibelzahl. Die Weberinnen in ihren weißen Schürzen und Hauben bedienten abwechselnd die Maschinen, und wenn sie sich etwas mitteilen wollten, mussten sie sich ins Ohr brüllen. Die staatlichen Textilbetriebe hatten damals ein „Vier-Gruppen-drei-Schichten"-System. Bei Tag und Nacht wurden die Schichten gewechselt, um zu garantieren, dass die Maschinen nie stillstanden. Die Weberinnen einer jeden Schicht mussten zwischen 24 und 36 Maschinen bedienen, ganze 9 Stunden hin- und herlaufen und legten zusammengenommen etwa eine Strecke von 40 km zurück. Und bei dieser Intensität hatte man nicht einmal eine halbe Stunde Essenspause ... und ich wurde von der körperlich anstrengenden Arbeit krank: Das erste Mal musste der Blinddarm operiert werden, das zweite Mal hatte ich nach einer schweren Erkältung mit hohem Fieber Wasser in der Lunge. So wurde ich schließlich statt zur Modellarbeiterin zur Patientin der Werkstatt.

Bei uns zu Hause fehlte das Gespräch miteinander, und in der Schule hatte ich damals zu meinen Mitschülern kaum Kontakt gesucht, um keine Gelegenheit zum Lernen zu verpassen. Umso anstrengender empfand ich – von ängstlicher und eigenwilliger Natur – die zwischenmenschlichen Beziehungen in der Werkstatt. Müde kehrte ich nach der Schicht in den Acht-Personen-Schlafsaal zurück, legte mich hin und schlief gleich ein. Aber oft hatte sich mein Körper noch gar nicht erholt, wenn ich vom schrillen Alarm der Fabrik geweckt wurde, und mich hastig aufraffte, um die nächste Schicht anzutreten. Das Wochenende zu Hause war das einzige Fenster zur Außenwelt und eine Möglichkeit der Erholung. Aber ich wollte nicht wieder nach Hause zurück.

Illustration: Huimin

Als ich klein war, sagte Mama immer zu mir: Wissen kann das Schicksal ändern! Aber jetzt quälten mich unablässig der Widerspruch zwischen Ideal und Wirklichkeit, das Gefühl der Verlorenheit, wenn ich in die Zukunft blickte, und die armselige Lage unserer Familie. In dem Moment, als ich die Schultore hinter mir ließ, hatte ich gedacht, ich könnte mein Leben ändern, sobald ich erwachsen bin. Aber jetzt stand ich vor meinem Leben mit einem Gefühl der Ohnmacht …

Als ich sah, dass die Frauen um mich herum eine nach der anderen weggingen, verstand ich: Nun bin ich in das Alter gekommen, in dem man sich übers Heiraten Gedanken machen muss. Außerdem meinte der Stiefvater, man könne die Arbeitssituation nur durch die Heirat in eine gute Familie ändern. Es gab zwar immer wieder jemand, der mit Heiratsabsichten zu uns kam. Aber sobald ich meinen Stellenwechsel zur Bedingung machte, schüttelte derjenige den Kopf und verschwand.

Damals pflegte man bei der Partnerwahl zu sagen: „Wenn du eine Frau suchst, nimm dir keine Weberin; wenn du einen Mann suchst, nimm dir keinen Geologen". Das sollte heißen, diese zwei Berufstypen konnten keine Familie zusammenhalten. Daher musste ich, die ich nichts

Besonderes vorweisen konnte, in meinem engeren Umfeld einen Partner suchen. Im Textilgewerbe gab es viele Frauen und wenige Männer, und mochten sie noch so unbeeindruckend sein, waren sie doch der Hahn im Korb. Außerdem war ihre Arbeit entspannt, bestand vor allem aus der Wartung der Elektronik, der Maschinen und Klimaanlagen. Auch deswegen waren sie unter den Kolleginnen heiß begehrt.

Er war Elektriker in unserer Werkstatt, zum einen etwas älter, zum anderen vom Charakter eher introvertiert, jemand, der sich in der Gruppe schwertat. Nach einiger Zeit bemerkten meine Kolleginnen, dass wir uns etwas ähnlich waren, und schlugen im Scherz vor, uns zu verkuppeln. Ich hatte nicht erwartet, dass er tatsächlich bei mir vorbeikommen würde. Er versorgte mich mit Essen und Trinken und bemühte sich, immer zur Stelle zu sein. Unter dem Gelächter aller wurde ich gedrängt, mit ihm eine mögliche Heirat zu besprechen. Aufgrund meines geringen Selbstbewusstseins wollte ich lieber keine hohen Ansprüche an einen Partner stellen und dachte, dieser würde mich dann vielleicht besser zu schätzen wissen.

Wir waren beide eher verschlossen, aber in der Kennenlernphase hatten wir durchaus das Gefühl, auf eine verwandte Seele gestoßen zu sein. Da ich sowieso nicht nach Hause fuhr, ging ich in meiner freien Zeit gleich zu ihm und half seiner Mutter im Haushalt. Ich dachte, wenn ich nur einen Mann mit ehrlichem Herzen liebte, könnte ich mit meiner Liebe seine ganze Familie gewinnen. Da Paare in der Fabrik nur mit offiziellem Trauschein eine gemeinsame Unterkunft beantragen konnten, erledigten mein Mann und ich die Formalitäten der Eheschließung in aller Heimlichkeit und ließen uns auf die Warteliste für eine Wohnung setzen. Erst danach erzählten wir es meinem Stiefvater und meiner Mutter.

Mein Stiefvater machte freilich seine eigene Rechnung: Die Familie war wegen der Krankheit meiner Mutter hochverschuldet. Ich war das älteste Kind, und wenn ich nun einen warmherzigen und großzügigen Schwiegersohn aus gutsituierten Verhältnissen nach Hause bringen würde, könnte das der Familie aus der Klemme helfen.

Doch meine Schwiegermutter war eine resolute und herrische Hausfrau. Und so griffen sich die beiden Familienseiten beim ersten Treffen an, beschimpften und beschuldigten sich gegenseitig und gingen im Bösen auseinander. Im Zentrum stand die Mitgift: Meine Schwiegermutter fand, in der heutigen Gesellschaft verkaufte man doch ein Mädchen nicht mehr in eine Ehe. Es reiche, wenn man dieses freudige Ereignis fröhlich beging. Mein Stiefvater aber dachte, da man danach nun mal eine Familie sei, müsse man sich in der Not helfen. Und wenn die Mutter des Kindes Geld für einen Arztbesuch brauchte, dann solle man nicht so kleinlich und geizig sein. „Kann man sich denn auf einen so knauserigen Schwiegersohn überhaupt verlassen?" Mein Stiefvater hörte die Erwiderung meiner Schwiegermutter, die Argumente gingen hin und her, bis schließlich der Zorn aus ihm herausbrach. Sie hätten ihm vorher nichts gesagt, um auf trügerische Weise von seiner Tochter den Eheschein zu erschleichen. Schlagfertig antwortete die Schwiegermutter: „Selbst wenn die Hündin nicht mit dem Schwanz wedelt, kann der Hund die Wand hochklettern", „nur wer aus wahrhaft niedrigen Verhältnissen kommt, denkt so über Männer", „sie haben wohl ein Aphrodisiakum getrunken". Wegen meiner gefühlskalten und rücksichtslosen Schwiegerfamilie bekam ich die Beleidigungen, Anschuldigungen und Erniedrigungen aller Familienmitglieder zu spüren.

Schmähungen anderer Leute waren mir egal, aber dass meine Schwiegermutter so sprach, ließ mir das Blut stocken. Doch wer hätte gedacht, dass mein Mann, als ich mich bei ihm darüber ausweinte, nur kalt erwiderte: „Wenn deine Familie mit der Heirat nicht einverstanden ist, dann hättest du eben nicht heiraten sollen. Unsere Familie hat auf jeden Fall kein Geld." Ich hatte bisher gedacht, mein Stiefvater sei die egoistischste Person auf Erden, aber die Familie meines Mannes übertraf ihn noch bei Weitem.

Ich suchte die Heiratsstelle der Gewerkschaft auf und wollte den Eheschein in Stücke reißen. Der Gewerkschaftssekretär Herr Yan kam zu mir, beriet und beruhigte mich geduldig. Er erzählte von einem Pärchen aus der Bleich- und Färbewerkstatt: Am Tag der Eheschließung erlaubte der Mann dem Vater der Braut nur ein paar Sätze und ließ die Braut daraufhin sitzen. Er drehte sich auf der Stelle um und ging nach Hause. Die Schmach konnten die Eltern der Braut nicht verdauen und jagten die Tochter auch aus dem Haus. Und so konnte sie, die bereits schwanger war, nur im Wohnheim für Alleinstehende unterkommen. Kaum war das Kind geboren, nahm die Familie des Mannes es gleich an sich und setzte die Scheidung durch. Herr Yans Worte erinnerten mich an eine Frau mittleren Alters, die ich in meiner ersten Zeit in der Fabrik häufig im Wohnheim für Alleinstehende gesehen hatte. Ihre Schminke und ihre Kleidung waren ganz eigenartig. Wenn sie hinausging, zog sie ihre Füße nur schlurfend voran, noch dazu murmelte sie die ganze Zeit vor sich hin. In der Fabrik sagte man, sie sei in die Psychiatrie geschickt worden, aber da sie nach der Entlassung obdachlos war, kam sie wieder ins Wohnheim für Alleinstehende.

Durch die Vermittlung der Gewerkschaft brachte die Familie meines Mannes doch noch 3000 Yuan Mitgift auf. Damit meine Schwiegermutter mir das nicht nachtrug, verzichtete ich bei der Heirat auf die drei symbolischen Goldstücke,[3] nicht einmal ein teures Kleidungsstück forderte ich ein. Nach der Hochzeit wurde mein ganzes Geld von meinem Mann verwaltet.

Relativ bald nach der Hochzeit wurde ich schwanger. Mutters Krankheit wurde leider immer schlimmer, schließlich musste sie sich einer Chemotherapie unterziehen. Mein Stiefvater versuchte noch einmal, bei der Verwandtschaft finanzielle Hilfe zu bekommen. Aber mein Mann zückte nicht einen einzigen Fen, mit der Begründung, wir würden jetzt eine große Summe Geld brauchen, wenn ich das Kind bekäme. Die Leichtfertigkeit, mit der mein Mann ablehnte, brachte meinen Stiefvater in Rage. Er meinte, die anderen Verwandten helfen alle, aber ihr, die ihr über Blut verbunden seid, seid dermaßen kaltblütig. Seid ihr noch Menschen?

In jenem bitterkalten Winter des Jahres 1999, als mein Kind noch keine 100 Tage auf der Welt war, verließ meine geliebte Mutter die Welt für immer. In ihrer letzten Zeit auf Erden hatte ich ihr nicht einen Tag beigestanden. An meiner Brust lag das vor Hunger weinende Kind und meine Schwiegermutter warnte mich aus Rachsucht davor, ein so kleines Kind mit ins Krankenhaus zu nehmen. Nach dem Tod meiner Mutter flehte ich meine Schwiegermutter an, auf das Kind aufzupassen, sodass ich Vorbereitungen für die Beerdigung treffen könne. Da fuhr sie mich nur wütend an: „In eurer Familie ist jemand gestorben, euretwegen dürfen wir Neujahr nicht richtig feiern." Ich wollte weinen, konnte aber keine Tränen mehr aufbringen. Es tat mir so leid, dass ich wegen der Liebe meine

---

3 Die drei „Goldstücke" waren der damalige Mindeststandard der Einheimischen, wenn sie heirateten. Wenn man sich die Liebe versprach, musste der Mann der Frau eine Goldkette, einen Goldring und goldene Ohrringe schenken. In besser situierten Familien waren es fünf Goldstücke (zusätzlich Arm- und Fußband) oder die Stücke waren aus Platin (Anm. d. Verf.).

Familie verlor. Als meine Mutter fort war, gab es eine weitere Leerstelle in meiner Welt. Durch mein Wehklagen aus Schuldgefühlen und Reue vergab mir meine Schwiegerfamilie nach und nach. Verwandte ergriffen meine Hand und meinten: „Deine Mutter ist gegangen, aber dein Vater (Stiefvater) bleibt, so wie deine Brüder. Du kannst doch das Kind mitnehmen und eine Zeitlang dort verbringen."

Ein Haushalt sollte nicht ohne Frau sein. Meine Großmutter war gegangen und nun auch meine Mutter. Der ganze Haushalt ging im Chaos unter. Ich musste mich um ihn kümmern, und als die Besprechung mit der Familie meines Mannes ohne Ergebnis blieb, nahm ich auf eigene Faust das Kind und ging zurück zu meiner Familie. In jenen Tagen der Trauer sorgte dieses kleine Wesen in Windeln mit den kleinsten Gesichtsregungen, mit dem Strampeln der Händchen und Füßchen immer wieder dafür, dass die Familie etwas Freude und Lebenskraft, Hoffnung und Sehnsucht zurückgewann.

Vielleicht lag es am Generationenwechsel, aber mein Stiefvater ekelte sich nicht einmal, wenn er das Kind hielt, während es sein Geschäft erledigte. In jedem Moment sah man ihm seine Zuneigung an. Während ich Schritt für Schritt dem Stiefvater vergab, die Risse in meiner Familie überwand, verhärteten sich meine Gefühle zu meinem Mann. In den 40 Tagen Urlaub fingen wir, als wir uns einmal sahen, gleich zu streiten an und wollten uns scheiden lassen.

Meine Mutterschaftszeit würde bald vorbei sein, und so stellte sich ein neues Problem: Wer würde das Kind hüten, wenn ich Schicht hatte? Überraschenderweise verkündete jetzt mein Mann selbstbewusst, er würde auf das Kind aufpassen. Wir würden aufeinanderfolgende Schichten nehmen: wenn ich arbeitete, hätte er frei und umgekehrt. Außerdem hatte er einen Assistenzposten und konnte etwas früher gehen und etwas später anfangen. Zu Beginn hatte ich kein gutes Gefühl, das Baby bei ihm zu lassen. Aber ich entspannte mich, als ich sah, wie er das Milchfläschchen sterilisierte, wie sorgsam er Windeln und Kleidung wechselte. Außerdem beruhigte sich das Kind, das gerade noch wild geschrien hatte, in seinen Armen sofort – vielleicht war es ein inneres Zusammengehörigkeitsgefühl oder ein Instinkt. Wie wir uns gegenseitig mit der Pflege des Babys abwechselten, löste sich die Anspannung zwischen uns. Aber wir hatten eine Lektion aus dem Geschehenen

Illustration: Huimin

gelernt und verwalteten jetzt jeder unseren eigenen Lohn. Ich legte etwas von meinen Einnahmen zur Seite, um später einmal meiner Familie helfen zu können.

Leider waren die Aussichten der Textilfabriken unter den staatlichen Umstrukturierungsplänen für die Industrie alles andere als rosig: Geschlossene Fabriken, schrumpfende Produktion und Arbeiter, die auf Beschäftigung warteten. Mit den Reformen mussten die Fabriken sich selbst managen und dem Markt anpassen. Wenn also die Fabrik keine Rohmaterialien geliefert bekam oder zu viele Produkte im Lager angestaut hatte, wurden die Arbeiter beurlaubt und erhielten nur das nötigste zum Überleben. Ende 2006 erklärte die Firma urplötzlich, sie sei bankrott. Sie war eh mit dem Lohn ein halbes Jahr im Rückstand und das **Frühlingsfest** stand vor der Tür. Die Arbeiter traf diese Nachricht daher wie ein Schlag ins Gesicht. Ohne Arbeit kein Einkommen, und jede Familie hatte Alte und Junge zu versorgen. Jeden Morgen beim Aufstehen hatte man die Realität vor Augen, essen zu müssen.

Unsere Fabrik befand sich in der Nähe einer kleinen Station der Longhai-Bahnstrecke. In unserer Hoffnungslosigkeit und Wut liefen wir spontan hin und blockierten die Gleise. Man musste doch die Zentralregierung wissen lassen, dass die Arbeiter nichts zu essen hatten und nicht überleben konnten. Den Bahnhofsangestellten war es nicht möglich, die dunkle Menschenmasse, die auf die Gleise stieg, aufzuhalten. Sie schrien sich die Seele aus dem Leib, aber ohne Erfolg. Ihnen blieb nichts Anderes übrig, als den Fall Ebene um Ebene weiterzuleiten und schließlich dem Amt für öffentliche Sicherheit zu melden. Eine Spezialeinheit zur Aufstandsbekämpfung und die Ordnungskräfte aller Security-Firmen kamen in Polizeiwägen unter dem Sirren der Sirenen herbeigeeilt. Wie ein Adler ein Küken greift, holten sie uns von den Schienen. Danach wurde von allen Fotos gemacht. Schließlich ging die lokale Polizei in jede Familie und jeden Haushalt der Fabrik, um die Anführer ausfindig zu machen und zu bestrafen. Aber letztlich normalisierte sich die Situation wieder und irgendjemand kümmerte sich um uns: Als die Firma aufgekauft wurde, erhielt man für jedes Dienstjahr 500 Yuan Ausgleichszahlungen. Auch wenn wir nicht zufrieden waren, bedeutete es doch für jede Familie etwas Geld in der Hand und zumindest eine momentane Einkommensquelle.

Danach kamen dann verschiedene Externe[4] in meine Firma, um uns für Arbeit in den Städten an der Küste anzuwerben. Das gab den Arbeitern wieder etwas Hoffnung zurück. Aber damit wurden natürlich Familien auf zwei Orte verteilt, womit die Scheidungsrate unter den jungen Arbeitern rasant anstieg. Und wir? Mein Mann, der keinen Freundeskreis hatte, blieb zu Hause und beschuldigte Himmel und Erde. Ich aber ging fort, um mir Arbeit zu suchen.

Die Fabrik war in einem Vorort, und um Arbeit zu finden, mussten wir auf jeden Fall weiter ins Zentrum. Mein erster Job war, auf dem Markt Werbung für Drogerieartikel zu machen; Mahlzeiten oder Unterkunft waren nicht mit inbegriffen. Glücklicherweise lag die Wohnung meiner Familie im Stadtbezirk, so dass ich mich mit hineinquetschen konnte. Damals wollte mein kleiner Bruder gerade heiraten. Ich kratzte alles zusammen, was ich konnte, und gab der Familie 5000 Yuan. Sogar den Jadeanhänger, den mir meine Mutter hinterlassen hatte, schenkte ich der Schwägerin. Aber da die Wohnung so eng war und meine Schwägerin hinzukam, war für mich einfach kein Platz mehr.

Sie und mein kleiner Bruder rieten mir, mein Mann solle auch in die Stadt kommen, wir sollten doch eine Wohnung mieten und wieder zusammenleben. Daraufhin holte ich erst einmal das Kind nach und brachte es in einer nicht besonders guten privaten Betreuung unter; dann mietete ich eine Wohnung an und zog mit dem Kind ein. Mein Mann, dem es zu langweilig war, zog daraufhin auch in die Stadt nach. Er fand Arbeit als Elektriker in einem Hotel. Besonders viel zu tun hatte er nicht, aber er feilschte mit mir wegen allen Ausgaben und Haushaltsdingen. Ich konnte nicht verstehen, wie er mit den gegenwärtigen Lebensumständen zufrieden sein konnte. Wir lebten in einer dunklen, feuchten Mietwohnung, und er sah ungerührt zu, wie sein Kind bei schlechtem Licht seine Lernaufgaben machte. Immer wenn ich dem Kind etwas beibrachte, kam seine egoistische, missgünstige Art zum Vorschein. Immer wenn ich das Kind belehrte, begann er mit mir zu streiten. Vor den Augen des Kindes schrie er mich an, ich solle mich bloß verziehen, ich hätte doch gar kein Niveau, um ein Kind zu erziehen.

---

4 Arbeitsvermittler und Unternehmer (Anm. d. Verf.).

Als mein Mann immer heftiger mit mir um den Unterricht des Kindes kämpfte, gab ich nach: Wenn einer unterrichtete, war das wohl immer noch besser, als wenn zwei sich darum stritten. Ich wechselte die Arbeit und arbeitete als Reinigungskraft in einem Restaurant – auch wenn der Lohn niedrig war, war für Unterkunft und Essen gesorgt. Auch hier war es Schichtdienst, einen halben Tag arbeiten, einen halben Tag Pause. Sobald ich Pause hatte, fuhr ich mit dem Rad und Kosmetikprodukten zu den kleinen Läden, um dort für sie zu werben. Damals war der Markt noch nicht so ausgelastet, und man konnte gut Geld verdienen. Zwar verdiente ich nicht viel, aber neben dem, was von meiner Arbeit blieb, hatte ich doch noch ein kleines zusätzliches Gehalt. Jeden Morgen verließ ich früh das Haus und kehrte erst am Abend zum Schlafen zurück. Damit wollte ich auch den Familienkrach abwenden, das war ein guter Weg, um mich psychisch etwas zu entlasten. Aber unerwarteterweise wurde mein Mann missgünstig und eifersüchtig, meinte, ich würde mich nicht um meine Familie kümmern, mein Herz sei wild geworden. Schließlich entlud er all seine Wut auf das Kind: Sobald es sich nicht ganz so benahm, wie er wollte, beschimpfte und schlug er es.

Später, als der Markt für Drogerieartikel einigermaßen gesättigt war, konnte man Kosmetika ohne Zertifikat und Testbericht nicht mehr in die Regale bringen. Mein Unternehmen war gescheitert, und ich musste mich an die Arbeit im Restaurant klammern. Dort arbeitete ich dann nicht nur als Reinigungskraft, sondern auch als Aufsicht über das Warenlager. Im Restaurant waren die Arbeitszeiten unregelmäßig, an den freien Tagen der anderen Menschen war für Restaurantmitarbeiter am meisten los. So wurde der Kontakt mit meinem Mann immer weniger, an einem Arbeitstag verbrachte ich nur die Zeit zum Schlafen in der gemieteten Wohnung. Sie war dunkel und feucht und das ganze Wohnviertel war verwahrlost. Ab vier, fünf Uhr morgens hallte unter dem Dach das Trappeln der Schritte derer, die Gemüse verkauften oder Hühner vertrieben. Shaanxi-Opern und beliebte Lieder wurden zu jeder Tages- und Nachtzeit unkontrolliert quer durch das ganze Mietviertel geträllert. Um den größtmöglichen Gewinn herauszuschlagen, hatten die Vermieter sogar Durchgänge in Privatwohnungen umgebaut, und wenn einer auf der östlichen Seite etwas sagte, konnten die auf der westlichen Seite jedes Wort verstehen. Unter diesen Umständen musste man sich Sorgen um die Lernumgebung des Kindes machen. Aber mein Mann liebte das Geld wie sein Leben und war nicht bereit, eine etwas eigenständigere Wohnung anzumieten. Unter diesen Bedingungen beendete mein Kind die Grundschule und die untere **Mittelschule**.

Als es in die obere **Mittelschule** kam, fing ich aufgrund der düsteren Aussichten im Restaurantgewerbe als Haushaltshilfe an. Mein Kind musste im Schulwohnheim leben. Ich arbeitete als Pflegekraft in einer Familie, kümmerte mich um eine alte Dame, kochte für sie und den Enkel, der in die obere Mittelschule ging, so dass ich jede Woche nur einen halben Tag frei hatte. Wenn ich dann so schnell wie möglich nach Hause eilte, war mein Sohn längst zur Schule fort. Wenn wir uns als Mutter und Sohn dann einmal in der Woche trafen, konnte ich ihm nur etwas Taschengeld geben, nicht einmal ein Essen für ihn kochen. Als der **Gaokao** anstand, bekochte ich ein anderes Kind, kaufte meinem eigenen aber nur Essen zum Mitnehmen. Als mein Sohn es auf die Universität schaffte und mich verließ, kam in mir spontan ein Schuldgefühl, ein Gefühl des Ungenügens auf.

Jede beliebige Glucke liebt ihr eigenes Küken, heißt es, aber das macht noch keine gute Mutter. Vom ersten Schrei des neugeborenen Kindes an war ich ihm ganz verfallen. Wenn er in den Windeln schlief, zeigte sich in seinen Mundwinkeln ein kleines Lächeln. Wackelig machte er seine ersten Schritte, dann brabbelte er seine ersten Worte. Seine Händchen und Füßchen wie eine Frucht in der Hand zu halten, ließ mich vor Glück zittern. Jedes Mal, wenn ich mit meinem Mann stritt und davonrennen wollte, musste ich nur einmal auf dieses süße Kind sehen, daran denken, wie es nicht mehr bei mir sein würde, und ich konnte keinen Schritt machen. Wenn ich von der langen Arbeit nach Hause kam und sah, wie er mir, Rotz unter der Nase, in dreckigen Klamotten, entgegeneilte und klagte, wie der Vater ihn geschlagen hätte, hielt ich sein Gesicht mit der Miene des zu Unrecht Bestraften in meinen Händen und küsste es. Aber den Unfrieden in der Familie konnte ich damit nicht wegwischen, das Leben in Armut, und so blieb über den Jahren seiner Kindheit ein dunkler Schatten. Was für ein Glück war es doch, dass mein Sohn es dennoch auf eine Universität in Tianjin schaffte.

Um meine inneren Mängel gegenüber dem Sohn wettzumachen, nahm ich im Jahr 2018 mit Hilfe des Armenförderprogramms meines Heimatdorfs und der Unterstützung des lokalen Frauenverbands einen Monat lang an einem Schulungsprogramm der Fuping-Hauswirtschaftsschule[5] in Beijing teil. Nach Beendigung begann ich offiziell im Bereich Hauswirtschaft zu arbeiten. Das ist keine leichte Branche, ich lebe sparsam, arbeite hart und träume davon, eines Tages meine eigene Wohnung zu kaufen. Ich möchte dafür sorgen, dass endlich Stabilität in mein Leben kommt und dieses miese Leben nicht mehr so mies läuft.

Erster Entwurf: 25. August 2020
Fertiges Manuskript: 2. Januar 2021

---

5 Die Fuping-Schule richtet sich speziell an untere Einkommensschichten und bietet Weiterbildungen an. Der Name setzt sich zusammen aus den Begriffen für Wohlstand und Gleichberechtigung (Anm. der Übers.).

Ich will mich ins Leben stürzen – Eine Antwort auf „Mein mieses Leben"

Autor: Xiaoqi (Sohn von Yang Mo)
Übersetzerin: Elena Meyer-Clement

Als ich den Aufsatz meiner Mutter „Mein mieses Leben" zu Ende gelesen hatte, war ich einen Moment lang sprachlos und wusste gar nicht was ich sagen sollte. Meine Mutter ist ein Mensch, der Romantik liebt. Sie hatte als Kind ein gutes Zuhause und wuchs sehr behütet auf. Leute, die eine gute Kindheit hatten, können immer wunderbare Fantasien entwickeln, und diese Eigenschaft von ihr passte zu den Büchern, die sie las. Sie mochte immer schon romantische Literatur und ist in diese Welten eingetaucht, ohne sich ihrer künstlich erzeugten Falschheit bewusst zu sein. Die Utopien in den Büchern standen oft im krassen Gegensatz zur realen Wirklichkeit. Wie es bei Zhou Zuoren[1] in seinem „Lesen unter dem Schein der Lampe" heißt: Keine einzige der guten Sachen, von denen in den Büchern geschrieben steht, kann in dieser Welt verwirklicht werden. Schlechte Dinge werden immer wieder getan, doch sie werden kaum in den Büchern festgehalten … Die haltlosen Utopien können in guten Zeiten noch bestehen, aber in schlechten Zeiten, wenn die Welt allmählich den Schleier der Illusion, der ihr wahres Gesicht verbirgt, lüftet, dann werden sie in Stücke gerissen. General Georgi Schukow[2] sagte einst, der Krieg sei für die niederen Offiziere und Soldaten ein riesiger Fleischwolf. Das gilt nicht nur für den Krieg. Tatsächlich ist diese Welt für alle jungen Menschen auf ihrem Weg ins Alter ein riesiger Fleischwolf. Wir sind alle die Bullen, die in Wang Xiaobos Roman *Das Goldene Zeitalter*[3]

---

1 Chinesischer Schriftsteller, der bekannt ist für seine Essays (lebte von 1885 bis 1967). Er war ein Bruder des Schriftstellers Lu Xun (Anm. d. Übers).

2 Generalstabschef der Roten Armee im Zweiten Weltkrieg und späterer sowjetischer Verteidigungsminister (lebte von 1896 bis 1974) (Anm. d. Übers).

3 Sarkastischer Roman des Schriftstellers Wang Xiaobo (1950-1997) aus dem Jahr 1996. Die Kastration der Bullen steht für eine Unterwerfung unter die herrschenden Verhältnisse während der Kulturrevolution, der sich eine der Hauptfiguren versucht zu widersetzen (Anm. d. Übers).

kastriert werden, und jeder muss sich unter den Schlägen der Wirklichkeit wandeln. Meine Mutter war jedoch immer nur sehr langsam in ihrer Reaktion. Stieß sie gegen eine Wand, so zog sie sich in eine Ecke zurück und klammerte sich an die Fantasiegebilde ihrer Kindheit, die sich immer weiter entfernten und nur eine Landschaft der Trübseligkeit hinterließen.

Die Figur der Mutter wird in traditionellen Erzählungen meist mit Wärme und Vergebung in Verbindung gebracht. Selbst die westliche Psychologie beschreibt die bedingungslose Liebe mit Mutterliebe. Die Mutter aus meiner Erinnerung stimmte mit diesen traditionellen Erzählungen wenig überein: Zärtlichkeit gab es nur in einem kurzen Abschnitt, eigentlich nur in den verschwommenen ersten Jahren meiner Kindheit. Wenn man mich schon fragen muss, was das stärkste Gefühl ist, das ich mit Mutter verbinde, so denke ich, das wäre wohl so eine Besorgnis, die sie ständig verbreitete.

Meine Mutter schien immer rastlos: Erst als sie in der Fabrik arbeitete, dann als sie anderswo Geschäften nachging. Sie war nicht oft bei mir, aber wenn sie da war, war es meist eine Katastrophe für mich. Wenn ich mit Freunden fröhlich auf dem Fabrikgelände spielte, konnte es passieren, dass sie mich an den Ohren nach Hause zog und mich lernen ließ. Es kam auch vor, dass sie mich nachts am Kragen packte und mit mir zu Nachbarn ging, um eine einfache Matheaufgabe zu überprüfen, nur weil ich ein völlig anderes Ergebnis herausbekommen hatte als sie. Der Grund für diese ständige Besorgnis in ihrem Verhalten lag in ihrer Unsicherheit: Sie brauchte allzu sehr Bestätigung! Ihre Familie war auseinandergebrochen, als sie klein war. Dann wollte sie zur Schule gehen, musste aber abbrechen, und obwohl sie Journalistin werden wollte, blieb ihr nichts Anderes übrig, als in der Fabrik anzufangen. Bei der täglichen Arbeit mit lärmenden Maschinen in einer Fabrikhalle ohne Tageslicht wurde aus ihrem Widerwillen Hoffnungslosigkeit, aber es blieb auch ein Hauch von Wut. Diese Gefühle gärten immer weiter in ihrem tristen Leben. Sie durchzogen auch meine Erinnerung, und sie veränderten und beeinflussten mich. Selbst nach so langer Zeit, bis heute, lassen sie sich nicht einfach vertreiben.

Später verließ Mutter endlich die Fabrik und ging zurück in die Stadt. Gleichzeitig verließ sie auch mein Leben. Während sie weg war, wurde mein Vater immer reizbarer: Vielleicht war das seine Natur, aber vielleicht lag es auch daran, dass gerade die Fabrik pleiteging, und die Unsicherheit über die Zukunft und der Druck, alleine ein Kind großzuziehen, seine ohnehin schlechte Laune noch verschlimmerten. Mein Leben mit ihm wurde zu einer andauernden Phase kalter Gewalt, in deren Schweigen von Zeit zu Zeit noch ein paar Funken aufstoben. In dieser immer düstereren Zeit meines Lebens begann ich auf einmal meine Mutter zu vermissen. Ich vermisste es, wie sie mich mitnahm, um über Felder voller Ochsenfrösche zu laufen, und wie sie sich mit mir auf dem Sofa einkuschelte, um in später Nacht Micky Maus zu schauen.

Während dieser Zeit der Sehnsucht ging ihre Fabrik pleite, und ich kam endlich in die Stadt, um ein Leben zusammen mit ihr zu beginnen. Sie fand damals eine Anstellung als Reinigungskraft in einem Restaurant. Zwölf Stunden am Tag musste sie dort bleiben, auch zu Mittag und zu Abend aß sie dort. Als ich noch nicht in der Schule war, nahm sie mich mit zur Arbeit und ließ mich in einem Abstellraum des Restaurants auf sie warten. Aber als ich in die Schule kam, konnte sie sich nicht mehr um mich kümmern. Dann konnte sie mich nur zu Verwandten zum Essen schicken oder mir ein paar Yuan geben, damit ich mir selber etwas organisierte. Unbeaufsichtigt wie ich war, irrte ich ziellos und allein durch die Straßen, wie ein Tier ohne Herde: auf der Suche nach Gefährten, denen ich mich anschließen und von denen ich etwas Wärme und Essen bekommen konnte. Nach und nach wurde mir das Umherwandern zur Gewohnheit, so sehr, dass ich nicht einmal spät abends nach Hause wollte. Eines Tages war ich bis tief in die Nacht bei einem Bekannten, und nach dem Spiel, das uns die Zeit hatte vergessen lassen, machte ich mich entspannten Schrittes auf den Rückweg. Ich traf sie an der Wohnungstür, mit roten Augen. Erst als ich sie so in Rage sah, einem erregten Bullen gleich, wurde mir klar, dass es bereits 1 Uhr war. Ihre Schläge gingen auf meinen Körper nieder wie ein Gewitter.

Als die Fabrik komplett aufgelöst wurde, zog auch mein Vater zu uns. Eine Zeitlang schien das Leben besser zu werden, aber es dauerte nicht lange, bis die Konflikte zwischen den beiden begannen, ständig offen auszubrechen. Vater war genauso ungesellig wie Mutter, aber er war nicht so besorgt wie sie. Eigentlich passten sie überhaupt nicht zusammen. Wegen ihrer beiden Verschlossenheit und der noch jeweils eigenen Charakterschwächen blieb ihnen nur nichts Anderes übrig, als sich zusammenzutun für ein bisschen Wärme. Wenn man blindlings flieht, um der Einsamkeit zu entgehen, führt das natürlich zu noch mehr Problemen, und im Laufe der Zeit heizten sich ihre Streitereien bis zur Weißglut auf. Die Konflikte endeten immer damit, dass meine Mutter hinauslief, und wenn sie zurückkam, gingen sie umso heftiger wieder los. Durch diese andauernden Streitereien wurde meine Mutter immer beunruhigter, und meine Situation wurde auch immer schlimmer. Nach jedem Streit kriegte ich die Nachwirkungen des Krieges zu spüren und wurde zur Zielscheibe, wenn die beiden ihrem Frust noch weiter Luft machen mussten. Lew Tolstoi schrieb einst: Jede unglückliche Familie ist auf ihre eigene Weise unglücklich. Ich denke jedoch, dass alle unglücklichen Familien ungefähr gleich und sich in ihrer Ausweglosigkeit sogar zu ähnlich sind.

Das nicht enden wollende Drama ließ mich schließlich auch unruhig und ungesellig werden, und unsere düstere finanzielle Situation machte mich immer hoffnungsloser. Immer wieder beantragten wir Ausbildungsstipendien bei verschiedenen Programmen, und ich musste die mitleidigen oder geringschätzigen Blicke der Leute ertragen. Ich schämte mich, und es war eine endlose Quälerei. Ich denke ich hasste die Leute.

In den Ferien nach der Hochschulaufnahmeprüfung begann ich endlich meine Flucht, konsequent und ohne umzukehren. So wie damals meine junge Mutter, als sie sich von ihrer Familie, die ihr Leid zufügte, getrennt hatte. Ich floh zu einer Fabrik, denn ich wollte mich noch eher der stockfinsteren Arbeit am Fließband stellen. Der einzige Unterschied zwischen der Situation meiner Mutter damals und meiner war vielleicht, dass die drei Schichten der Staatsbetriebe zu dem noch grausameren „996" der privaten Fabriken geworden waren. Gerade als mich Sorgen und Einsamkeit fast verrückt machten, traf ich Xiao Tang, einen Jungen mit nur einem Elternteil aus einem noch abgelegeneren Ort. Er hatte die Schule abgebrochen und arbeitete nun in der Provinz Jiangsu. Allen Ärger konnte man bei ihm immer durch einen Kater oder ein einfaches Spiel vergessen machen. Beim Anblick seiner chaotischen Art war es mir, als sähe ich mich selbst auf einem anderen Weg, und ich dachte mir, dass Betäubung vielleicht auch eine Alternative wäre. Also begab ich mich in die Verbannung und verbrachte die folgende Zeit mit wirrem Schädel und der Einstellung, dass eh alles verloren ist.

Illustration: Xiaoxi

Mit dieser Einstellung wartete ich das Ende der Ferien ab und trat dann meine Zeit an der Hochschule an. Dort versuchte ich neue Antworten zu finden, aber außer, dass die Gedichte und fernen Orte[4] aus meinen Fantasien zerstört wurden, bekam ich überhaupt keine Antwort. Währenddessen kam es Zuhause zwischen meinen Eltern, bei denen sich schon so lange der Hass angestaut hatte, zu einer weiteren Eskalation des Streits, und sie wollten sich scheiden lassen. Ich weiß nicht, ob eine Scheidung für sie wie eine Befreiung war, aber für mich, weit weg von Zuhause, war es eine noch schlimmere Nachricht. Ich hatte das Gefühl, meine Heimat zu verlieren. Zusammen mit dem Gefühl der Abgeschiedenheit und Hilflosigkeit in der neuen Umgebung, schien ich noch mehr wie meine Mutter zu werden.

Die Hochschulferien kamen, und ich hatte eigentlich geplant, eine Weile woanders hinzugehen, um zu arbeiten. Aber zufällig hatte meine Mutter gerade eine Anstellung in Beijing und wollte, dass ich sie besuche. Ich hatte meine Mutter ewig nicht gesehen und merkte plötzlich, dass sie viel älter war als in meiner Erinnerung. Ihr Gesicht war voller Falten und sie hatte weiße Haare bekommen. Außerdem litt sie neuerdings unter Parodontose, was sie viel ausgezehrter aussehen ließ. Während sie mein Gepäck nahm, plapperte sie die ganze Zeit und beschwerte sich über ihre Arbeit in Beijing und ihr mieses Leben. Ihre Familie hatte sie zu der gemacht, die sie war, aber das Leben hatte sie so gebunden, dass sie es nicht geschafft hatte, es in der ersten Hälfte umzukrempeln und unabhängig zu werden. Ich aber bin noch jung und wütend, und ich will nicht vor der Mühle des Lebens davonlaufen wie meine Mutter. Ich will mich ins Leben stürzen, und wenn ich dabei zerschmettert werde, ist es auch in Ordnung. Ja, fürs Leben mag ich Mao Zedong. Mehr noch als seine Idee die Klassen zu zerschlagen, mag ich seinen Willen zum Kampf. Man sieht so einen Kampfgeist selten in der Geschichte, vor allem, dass er von Anfang bis Ende anhält. Nüchtern betrachtet, bin ich allerdings doch nur ein junger Mensch ganz unten in einer drittklassigen Hochschule, der im Moment vor allem machtlos ist. Was ich tun kann, ist, mit aller Kraft zu

---

4   Zitat aus dem beliebten Song „Das Leben ist mehr als vor Dir daher zieht" aus dem Jahr 2016. „Gedichte und Felder an fernen Orten" stehen in dem Song für das Besondere (und Wichtige) im Leben im Gegensatz zum reinen Alltag, und es ist eine Mutter, die darauf hinweist. Hier im Text macht der Autor dagegen die Erfahrung, dass beides zerstört wird. (Der Song ist z.B. zu finden unter https://www.youtube.com/watch?v=Uk_UG1zjvpU – Anm. d. Übers.)

versuchen, aus diesem Kreislauf auszubrechen, um nicht noch einmal die gleichen Fehler zu machen, und der Vergangenheit Lebewohl zu sagen.

Erster Entwurf: 26. September 2020
Fertiges Manuskript: 22. Februar 2021

Von Xiamen bis Gansu: Die Pandemie kostet mich meinen Job

Autorin: Yang Mo
Schreibmentorin: Jing Y.
Übersetzerin: Mia Hallmanns

Als die Pandemie ausbrach, arbeitete ich gerade seit weniger als zwei Monaten als Haushaltshilfe in einer Kleinstadt am Rande von Xiamen.[1] Die Familie, für die ich tätig war, bestand aus sechs Personen und lebte in zwei Wohnungen. Die Großeltern besaßen an der Hauptstraße des Ortes einen Stand für Fisch- und Meeresfrüchte und lebten auch dort. Da die beiden sich jeden Abend darum kümmern mussten, die Ware anzunehmen, sah man sie tagsüber im Laden entweder bei einem Nickerchen oder fokussiert auf ihre Lotterietickets. Ihr Sohn, der Vater der Kinder, war Verkäufer und Einkäufer für den Fischstand. Er war ein Mann mit gebräunter Haut und von kräftiger Statur, der vor Energie nur so strotzte. Seine Ehefrau, die Mutter der Kleinen, war eine wortgewandte Frau, deren schöne Figur ihren Freigeist spiegelte. Sie war sowohl eine umsichtige Person als auch aufgeschlossen für Neues. Sie betrieb einen kleinen Schönheitssalon in der Nähe Ihres Wohnhauses, weil sie so, wie sie sagte, nah bei ihren Kindern sein könne. In der Familie gab es einen siebenjährigen „Prinzen" in der zweiten Klasse und eine fünfjährige „Prinzessin" im Kindergarten. Wenn man die beiden fragte, dann sagten sie immer: „Wir haben Papa lieb, aber Mama noch viel mehr." Meine tägliche Arbeit in ihrem Haus sah so aus: Ich stand sehr früh auf, um das Frühstück für alle zu machen, und weckte die kleinen Schützlinge zum Frühstück. In der Zeit, in der sie die Hausaufgaben für die Winterferien erledigten, ging ich nochmal zum Fischstand,

---

1   Dieser Text wurde im Rahmen des Essaywettbewerbs „Schließungen und Mobilität: Hausangestellte in der Pandemie" veröffentlicht, der gemeinsam vom Arbeiter-Servicecenter H in Beijing und der feministischen Plattform „Jianjiao buluo (Chilli-Stamm)" gesponsert wurde. Dies ist eine gekürzte Fassung des Essays, bei dem ebenfalls Jing Y. als Schreibmentorin mitwirkte. Die Plattform wurde ab 2018 in Chinas sozialen Medien zensiert, und das Projekt löste sich im August 2021 auf (Anm. d. chin. Red.).

um den Arbeitern Mittagessen zu kochen. Wenn sie fertig gegessen hatten und alles aufgeräumt war, nahm ich das Essen mit und leistete daheim wieder den Kleinen Gesellschaft. Am Nachmittag bereitete ich dann das Abendessen zu. Nach dem Essen gab es ein bisschen freie Zeit für mich. Wenn die Eltern zu dieser Zeit noch nicht wieder zuhause waren, wusch ich die Kinder und brachte sie ins Bett. Und ehe ich mich inmitten all dieser Arbeit versah, war es auch schon Frühlingsfest.

Die kleine Fischerstadt lag an einer Hauptverkehrsstraße und jedes Jahr lief dort das Neujahrsgeschäft sehr gut. Wie in den Vorjahren waren die Menschen auch in diesem Jahr jeden Tag mit Handel beschäftigt und der große wirtschaftliche Schaden, den die Corona-Pandemie angerichtet hatte, trübte ihre Stimmung zum **Neujahrsfest** nicht im Geringsten. Zusätzlich zu den üblichen Straßenständen boten die Dorfbewohner auch ihr eigenes Gemüse, Geflügel, Meeresfrüchte und gedämpfte Brötchen mit braunem Zucker zum Verkauf an. In der Menschenmenge trugen nur wenige Mundschutz. Jeder war auf sich selbst fokussiert und niemand machte sich Gedanken über das Virus und dessen Ausbreitung. Am Neujahrsabend gab der Vater in seinem Freundeskreis sogar bekannt, dass der Fischstand an den Feiertagen nicht schließen würde.

Aber am ersten Tag des neuen Jahrs war die Stimmung auf einmal merkwürdig. Am Esstisch erzählte mir die Mutter der Kinder, dass im Internet verbreitet würde, wie schlimm das Virus sei, dass es von Mensch zu Mensch übertragbar wäre und wir alle Masken tragen sollten: „Ich habe erst in den letzten zwei Tagen auf der Straße Menschen gesehen, die aus anderen Regionen zurückgekehrt sind. Alle trugen Mundschutz. Als sie zu mir für eine Kosmetikbehandlung in den Laden kamen, sprachen sie über die Ausbreitung der Pandemie außerhalb der Stadt. Da kann man nicht anders als Angst bekommen. Außerdem mache ich mir Sorgen, dass Vater das Virus mit nach Hause schleppt und unsere Kleinen ansteckt, wenn er den ganzen Tag ohne Mundschutz auf dem Fischmarkt herumläuft und mit Freunden zusammen ist." Neujahr ist eigentlich die Zeit des Jahres, auf die alle Menschen hin fiebern und zu der die ganze Familie fröhlich und harmonisch zusammen feiert! Als die Mutter der Kinder aber den völlig betrunkenen Vater heimkommen sah, beschloss sie in einem Anfall von Wut mit ihren Schützlingen zurück zum Haus ihrer Mutter zu gehen. Zu mir sagte sie: „Ich werde für eine Zeit zu meiner Familie ziehen, pack du auch deine Sachen zusammen! Und denke darüber nach, ob du in der kommenden Zeit nach Hause gehen willst, oder …?"

Als ich diese Worte hörte, blieb mir kurz das Herz stehen. Ich war eine in den 50er Jahren geborene Arbeitslose. Gerade finanzierte ich mit meiner Arbeit als Haushaltshilfe das Studium meines Sohnes. Als ich in die Familie kam, wurde mir gesagt, dass ich an Neujahr keine Feiertage haben würde und so hoffte ich in dieser Zeit auf doppelten Lohn. Jetzt aber konnte ich nur noch hilflos zusehen, wie mein Traum durch den plötzlichen Ausbruch der Pandemie zerbrach …

Nachdem wir am Elternhaus eintrafen, sagte die Mutter der Kinder, dass es in den Jahren zuvor noch ein lebhafter Ort war, denn ihre Schwestern kamen eigentlich immer schon früher an. Heute aber begrüßten uns nur zwei alte Leute, die einsam aus der Haustür herausschauten. Wir warteten und warteten, bis ihre Schwestern schließlich eine nach der anderen mit Mundschutz eintrudelten. Am Tisch aßen wir nicht wirklich, sondern sprachen vielmehr über den Ernst der Pandemielage und die Vorsichtsmaßnahmen. Wegen des Vorfalls in der Familie der Mutter schlugen die Schwestern vor, dass die Kleinen für eine Weile bei der ältesten Schwester leben könnten. Nach einer halbstündigen Fahrt standen wir dann auch schon an deren Haustür. Es handelte sich um ein alleinstehendes, fünf- oder sechsstöckiges Gebäude, in dem die Etagen bewohnt waren und der oberste Stock für verschiedene Zwecke genutzt wurde: Auf der einen Seite wurden Hühner, Enten und Gänse gehalten, auf der anderen Seite Gemüse angebaut. Der Hühner- und Entenmist wurde als Dünger verwendet und das Gemüse spross üppig aus dem Boden. Es schien, als müsste man sich hier keine Sorgen um das leibliche Wohl machen. Allerdings bekamen wir gleich nach unserer Ankunft von der Schwester die Anweisung, dass niemand im Haus nach draußen gehen oder Kontakt zur Außenwelt haben sollte …

Jeden Tag brachte die älteste Schwester das Essen pünktlich auf unsere Etage, und so gab es für mich keine Arbeit. Zwischendurch hörte ich, wie die Mutter der Kinder ihrer Familie erzählte, dass ihr Mann die Mahnung durch die zuständigen Behörden nicht beachtet hatte. Die Pandemielage war so angespannt, und trotzdem fuhr er zwischen den Nachbarstädten hin und her, um Geschäfte zu erledigen und sich in der Freizeit mit Freunden zum Trinken zu treffen. Nun stand er unter polizeilicher Beobachtung.

Illustration: Xiaoxi

Während die Mutter so vom Vater sprach, kamen ihr vor Verachtung die Tränen …

Am zweiten Abend sagte die Mutter der Kinder, das Handy in der Hand haltend und mit trauriger Miene, zu mir: „Nach dem **Neujahrsfest** bekommst du keinen Lohn mehr. Wenn du nicht nach Hause gehen willst, kannst du vorerst hier wohnen." Ich antwortete: „Wenn es nichts für mich zu tun gibt, dann gehe ich nach Hause." Die Mutter akzeptierte es schweigend.

Ich buchte in aller Eile ein Zugticket für die Heimreise, und zu meiner Überraschung gab es noch jede Menge freie Sitzplätze. Ich betete, dass der Zug an diesem Tag nicht ausfiel. Erst als ich am Bahnhof mein Ticket in der Hand hielt, stellte sich bei mir die Erleichterung ein. Nach der Sicherheitskontrolle und Temperaturmessung stieg ich in den Zug. Es saßen nur wenige Menschen in den Abteilen, darunter die Inhaber von Vergnügungsparks, die während des Neujahrsfestes ein gutes Geschäft machen wollten und das Gastronomiepersonal, das bis zuletzt die Stellung hielt. Alle trugen Masken, niemand sprach oder aß etwas. Auf dem ganzen Weg kam kein Zugpersonal mit Lunchpaketen durch die Waggons. Es gab so viele leere Plätze, dass eine Person mehr als genug Platz hatte, sich über drei Sitze zum Schlafen auszubreiten. Wir fuhren durch Fuzhou, Ji'an, Zhengzhou und Xi'an … an diesen großen Bahnhöfen hielt der Zug nur 10 Minuten, und in Wuchang[2] wurden die Türen gar nicht erst geöffnet. Für diejenigen, die sehnlichst nach Hause wollen, fühlt sich die Fahrt aber trotzdem immer noch zu langsam an.

Nachdem der Zug Xi'an passiert hatte, ging es schneller voran – endlich erreichten wir meine vertraute Heimat. Die kleine Stadt schien ruhig, und auf der Straße sah man nur an jeder Kreuzung diensthabendes Personal mit roten Armbinden. Ich ging zurück zu meiner Wohnung, einem Bungalow aus den 70er Jahren am Stadtrand. Meine Eltern waren schon verstorben, und ich hatte nur noch einen Bruder, der im Ausland arbeitete und nicht nach China zurückkehrte.

Die Familien meiner Mutter und meiner Schwiegereltern arbeiteten für dasselbe Unternehmen. Nachdem die Firma vor mehr als zehn Jahren bankrottgegangen war, wurde sie in einem baufälligen Zustand zurückgelassen. Jetzt kümmerte sich niemand um den Besitz der Familie. Nachdem wir arbeitslos geworden waren, hatten wir keine andere Wahl gehabt, als woanders arbeiten zu gehen. Wir zogen das ganze Jahr von Ort zu Ort und konnten uns nicht oft zu Hause treffen. Jedes Mal, wenn ich meinen Job verlor, hasste ich mich für meine miserablen Lebensbedingungen. Ich hasste meine Machtlosigkeit. Ich war hartgesotten und wollte durch Arbeit meine Lebenssituation verändern, aber es war, als machte sich das Schicksal über mich lustig und ich war ihm komplett ausgeliefert.

In meiner Langeweile erkundigte ich mich vor ein paar Tagen nach der Mutter der Kleinen in Xiamen. Sie lebte immer noch bei ihrer Schwester und erzählte mir, dass bei ihrem Mann schließlich das Corona-Virus diagnostiziert worden war und er nun in einem speziellen Krankenhaus in Xiamen behandelt wurde. Die Großeltern wollten den Fischstand übernehmen und danach der Mutter mit den kleinen Schützlingen helfen. Sie sagte, sie sei jetzt sehr traurig und habe noch keine konkreten Pläne für den Beginn des Jahres …

Nachdem ich den Hörer aufgelegt hatte, blickte ich auf mein eigenes Leben: Die Straßen zwischen den Dörfern waren abgeriegelt, die Märkte

---

2 Stadtbezirk der Stadt Wuhan, in der COVID-19 zuerst nachgewiesen wurde (Anm. d. Übers.).

alle geschlossen und die restlichen Supermärkte nur noch einen halben Tag geöffnet. Heute kaufte ich vier große Kartoffeln für 14 Yuan und einen großen Kohl für 15 Yuan. Fleisch und Tofu bekam ich nicht, dafür glücklicherweise aber Mehl und Speiseöl ... Die Tage im Kampf gegen die Pandemie verbrachte ich nur mit Essen, Schlafen und wieder mit Essen. Ich tat das letztendlich für mein Land ... Was konnte ich auch sonst tun?

Woher soll mein Sohn nur das Geld für die Einschulung nehmen? ...

Erster Entwurf: 20. Februar 2020
Fertiges Manuskript und Veröffentlichung: 9. März 2020

Von Shanghai nach Gansu: Das Virus schickt mich nach Hause

Autor: Xiaoqi (Sohn von Yang Mo)
Übersetzer: Michael Malzer

Am 7. Januar 2020 beendete ich meine letzte Prüfung des ersten Semesters des zweiten Studienjahres. Als ich zurück ins Wohnheim kam, spürte ich plötzlich, dass das Gefühl der Anspannung, welches in der Powerlernphase vor der Klausur das Wohnheim bestimmt hatte, bereits verflogen war und die Mitbewohner um mich herum nach und nach die Heimfahrpläne für die Winterferien besprachen. Ich packte neben ihnen das Gepäck, das ich mitnehmen wollte. Innerlich spürte ich jedoch eine Welle der Unsicherheit, wohin ich denn eigentlich gehen sollte. Dies waren bereits die zweiten Winterferien während meines Studiums, aber dennoch hatte ich nicht vor, für das **Frühlingsfest** nach Hause zu fahren.

Zuhause war die Beziehung meiner Eltern bereits an der Schwelle zur Scheidung angelangt. Was sie am letzten Schritt hinderte, war ironischerweise ein anderer Scheidungsfall. Auf der väterlichen Seite waren in der Ehe eines Neffen Probleme aufgetreten. Die Ehe befand sich bereits in der Phase eines „kalten Krieges" und erst mit der Hilfe meiner Mutter vertrugen sich beide Parteien vorübergehend wieder. Ich saß im Wohnheim und dachte immer wieder nach. Ich entschied mich schließlich einen Freund anzurufen, der in der Provinz Jiangsu studierte und in ziemlich genau der gleichen Situation war. Wir beratschlagten uns und kamen zum Entschluss, genauso wie im letzten Jahr, in eine Fabrik zu gehen und die Winterferien mit Nebenjobs zu verbringen.

Als der Zug mit sanftem Rütteln zum Stehen kam, rieb ich mir die verschlafenen Augen und stellte fest, dass wir bereits in Wuxi waren. Nach dem Regen hing ein leichter, frischer Duft in der Luft. Mein Freund erwartete mich bereits am Bahnhof. Er hatte eine schlechte Nachricht mitgebracht: Die meisten Fabriken in Jiangsu waren plötzlich viel strenger bei der Rekrutierung. Dieses Jahr musste man mindestens 23 Jahre alt sein und regelmäßige Gehaltszahlungen nachweisen können, um reinzukommen. So hatten wir keine andere Wahl, als erst einmal ins nahegelegene Changshu zu gehen und dort bei einem alten Freund Unterschlupf zu finden.

Nachdem wir uns in den dichten Menschenhaufen eines heruntergekommen Buses gequetscht hatten, rumpelten wir endlich nach Changshu. Der Ort war völlig anders als meine Vorstellung vom boomenden Yangtse-Delta. Er erschien eher wie eine idyllische Kleinstadt der Jiangnan-Gegend[1] zu Beginn dieses Jahrtausends: Auch wenn es ein geschäftiges Treiben gab, so war sie doch durchdrungen von einem Gefühl der schlichten Natürlichkeit, welches man in den Großstädten nicht findet. Auf den Grünstreifen entlang der Straßen sah man nicht die üblichen Bäume und Blumen, sondern es waren Gartenrettich und Weißkohl angepflanzt. An den Ufern der großflächigen Abwasserkanäle, die sich zu Schmutzwasserflüssen verbanden, angelten einige Leute nach irgendwas. Der Ort war hauptsächlich von den Gewinnen der umliegenden Fabriken abhängig, und die Schilder der Straßengeschäfte wiesen mit Ausnahme der einfachen Garküchen vor allem auf kleine, halblegale Arbeitsvermittlungsfirmen hin.

Da unser alter Freund schnell für das Neujahr nach Hause fahren wollte und bereits Zugtickets gekauft hatte, fanden ich und mein Freund mit Hilfe eines Vermittlers selbst einen Job in einem Entspannungs- und Massagesalon in einem Shanghaier Einkaufszentrum. Hauptsächlich mussten wir, wenn die Massage der Gäste beendet war, die Betten säubern und das Bettzeug aufräumen. Aufräumen bedeutete eigentlich nur, dass man das Laken glattstrich, wenn kein gröberer Schmutz darauf war. Falls doch, suchte man in der genauso verdreckten Abstellkammer ein etwas sauberer aussehendes Tuch und tauschte es aus.

Aus Angst, dass wir nachlässig arbeiten könnten, wurden wir erst von einem Vorarbeiter begleitet. Er war ein gerade erst volljährig gewordener Kerl aus dem Daliang-Gebirge in der Provinz Sichuan: Seine Haut war nicht so dunkel wie ich mir Leute aus diesem Gebirge vorgestellt hatte, im Gegenteil, er war recht hellhäutig. Wir unterhielten uns etwas, und er fragte mich, wieso ich über Neujahr nicht nach Hause fahren würde. Ich

---

1 Die Jiangnan-Gegend, wörtlich „südlich des Flusses", bezeichnet eine kulturelle Region am Unterlauf des Yangtses um die Stadt Shanghai, welche u.a. Teile der Provinzen Jiangsu und Zhejiang umfasst. Sie gilt als landschaftlich malerisch und ist in zahlreichen literarischen Werken verewigt (Anm. d. Übers.).

lachte bitter und fragte zurück, wieso er denn nicht heimkehrte. Er sagte mit einem gewissen Stolz, dass er bereits seit zwei bis drei Jahren nicht mehr in die Heimat gereist war. Seine Mutter hatte die Familie verlassen, als er klein war. Sein Vater war Alkoholiker, der in den Tag hineinlebte und sich auch kaum um ihn kümmerte. Nach wiederholtem Streit war er schließlich von zuhause weggegangen. Jetzt arbeitete er hier zusammen mit seiner Freundin und lebte hier auch regulär.

An dieser Stelle wurde ich plötzlich nervös. Im Salon gab es neben den Servicemitarbeitern auch einige Masseusen, die schlechtsitzende Qipaos[2] trugen und ein wenig Massage und kleinere sexuelle Dienste anboten. Zudem hatte ich zuvor beim Putzen auch gemerkt, dass in den Mülleimern Kondome und verbrannte Alufolie lagen. Offenbar war dieser Ort etwas problematisch! Ich wechselte in unserer Unterhaltung daher das Thema, suchte nach Absprache mit meinem Freund nach Ausreden, und wir verließen den Salon.

Als wir aus dem Einkaufszentrum kamen, war es schon dunkel und die Dekoration auf den Straßen versprühte bereits ein wenig Neujahrsatmosphäre. Wir liefen die Straßen auf und ab und fanden letztendlich wieder über einen Vermittler Jobs, dieses Mal als Sicherheitspersonal an zwei unterschiedlichen Orten. Gleichzeitig organisierten wir uns ein Zimmer zur Miete am Rande eines städtischen Dorfes im Stadtteil Pudong.

Mein Wachdienstposten war im Bürogebäude der Firma Wanda. Die Hauptaufgabe bestand vor allem darin, die Überwachungskameras im Auge zu behalten und in der großen Eingangshalle Wache zu stehen. Die ältere Dame, die dort saubermachte, kam immer herübergelaufen, wenn sie nichts zu tun hatte, um zu plaudern. Im Gespräch stellte sich heraus, dass sie frühzeitig in Rente war, aber, um ihre Familie etwas zu entlasten, dennoch wieder arbeiten ging. Als sie erwähnte, sie plane, ihrem Sohn etwas Geld für den Kauf einer Wohnung zu geben, strahlte ihr ganzes Gesicht. Außerdem warte sie darauf, dass ihr Sohn heirate und sie sich später zu Hause um die Enkel kümmern könne. Ich nehme an, dass für Leute wie sie, die im reifen Alter zu ihren Wurzeln zurückzukehren wollen, die Familie ein wunderbar vertrauter, seelischer Rückhalt ist. Für mich

---

2 Ein Qipao ist ein einteiliges chinesisches Frauenkleid, welches seine Ursprünge in der mandschurischen Qing-Dynastie (1644-1911) hat. In der heutigen Form ist es meist enganliegend und figurbetont und wird oft zu festlichen oder offiziellen Anlässen getragen (Anm. d. Übers.).

jedoch – ich weiß einfach nicht, wie ich dieser Art von Gefühlen gegen-
überstehen soll. Vielleicht bin ich da wie die meisten meiner Generation:
Das Einzige was ich kann, ist, mich dem zu entziehen, etwa so wie der
Kerl aus dem Daliang-Gebirge von zuvor. Nachdem er entflohen war,
ging er einfach nicht mehr zurück.

In der großen Halle gab es einen riesigen Bildschirm, auf dem Werbung
und die Nachrichten des Staatsfernsehens liefen. Während ich sehr gelang-
weilt Wache stand, schaute ich auf den Bildschirm, um die Zeit totzuschla-
gen. Eines Tages erschien dort plötzlich die Nachricht zur epidemischen
Lage in Wuhan und dass der Verdacht der Mensch-zu-Mensch-Infektion
bestünde. Die Stimmung um mich herum veränderte sich und wechselte
von der vor einigen Tagen fröhlichen Erwartung des Frühlingsfestes hin
zu Nervosität. Wenig später begann eine Apotheke nach der anderen in
den Straßen Schilder mit den Worten „Masken ausverkauft" anzubringen. Sehr schnell begann sich die Atmosphäre in Panik zu verwandeln,
während die Berichte über die epidemische Situation auf dem Bildschirm
der Eingangshalle immer ernster wurden. Zu Beginn konnte man auf
dem Weg zu oder von der Arbeit noch vereinzelt einige ältere Leute ohne
Maske sehen. Aber dieser Tage ist nach Feierabend alles leer, man sieht
noch nicht einmal mehr Schatten von Menschen.

Da das Virus hier in der Nähe auf dem Gemüsemarkt aufgetaucht ist,
bereitete sich auch die Firma darauf vor, für zwei Tage zu schließen, um
nach Gegenmaßnahmen zu suchen. Allein war mir langweilig und ich wollte
daher zum Songjiang-Bezirk, um einen Kumpel aus der Heimat, der in der
Uni geblieben war, zu besuchen. Die letzten Tage hatte es in Shanghai heftig
geregnet, und da ich mich in der Gegend nicht auskannte, verlief ich mich
gegen Abend in dem heftigen Schauer in Shanghais kleinen Gassen. Der
Regen schien endlos und die gesamte Welt wegzuspülen. Ich rieb mir die
vom Wasser vernebelten Augen, und es erschien mir fast, als wäre ich in
der Heimat: Die gleichen ungepflegten kleinen Gassen und der unebene
Boden, von dem das Regenwasser in alle Richtungen spritzt – gegenüber dem
bunten Nachtleben des Shanghaier Bundes schien dies eine andere Welt zu
sein. Im starken Regen war ich wie in Trance. Wenn ich an die heimatliche
Haustür gekommen wäre, wäre ich wahrscheinlich einfach eingetreten.

Aufgrund des Frühlingsfestes und der Epidemie war fast jedes Geschäft
geschlossen, und alles war völlig trostlos. Sogar die täglichen Mahlzeiten

am Arbeitsplatz bereiteten Probleme. Abends konnte ich nach Feierabend nur mit einem Leihfahrrad auf dem fast menschenleeren Asphalt hin und her fahren und einen Laden suchen, der noch geöffnet war. Im dämmrigen Licht der Straßenbeleuchtung entstand spontan ein Gefühl der Einsamkeit, und ich dachte, dass ich nicht hierhergehöre. Da ich keine geregelten Mahlzeiten und Ruhepausen hatte, bekam ich von Zeit zu Zeit Magenschmerzen, und meine Mandeln begannen sich zu entzünden. In dieser angespannten und beklemmenden Atmosphäre, die von der Epidemie ausging, machte ich mir etwas Sorgen um Krankheiten. Gerade da begann auch das städtische Dorf, in dem ich wohnte, die temporären Aufenthaltsgenehmigungen zu kontrollieren und sich abzuriegeln. Daraufhin reichte ich meine Kündigung ein und begann, mich auf den Weg nach Hause zu machen. Am Tag, bevor ich Shanghai verließ, ließ der seit Tagen andauernde Regen endlich nach. Nachts im Bett hörte ich den lang vermissten Klang von Feuerwerkskörpern, die am Himmel explodierten.

Als ich im leeren Zugabteil saß, betrachtete ich die Landschaft durch das Fenster, wie sie von Grün langsam ins Gelb wechselte, bis ich endlich in der Heimat ankam. Im Vergleich zur Härte und Enge, die der schnelle Rhythmus des Shanghaier Lebens mit sich brachte, war die Heimat von der Virussituation kaum betroffen. Die auf den Straßen vereinzelten Passanten erschienen meist gemächlich und sorglos. Man sah sogar teils noch den ein oder anderen, der keine Maske trug. Meine Eltern hatten sich, da ich nach Hause kam, einige zusätzliche Tage frei genommen. Beim Essen saßen wir als Familie so seit langem wieder einmal zusammen. Im Fernsehen kamen ständig Nachrichten über den Wuhan-Lockdown und dass alle Regionen medizinische Teams schickten. Die epidemische Lage schien sich fast ein wenig zu entspannen, und die Situation verbesserte sich allerorten. In der Nacht saß ich am Fenster und hörte, wie es draußen zu nieseln begann. Ich schaute in die pechschwarze Finsternis und dachte an die verregneten Gassen in Shanghai. Ich schlief die ganze Nacht nicht.

Erster Entwurf: 1. November 2020
Fertiges Manuskript: 30. November 2020

2 Traumregens Welt

Meine Mutter

Autorin: Traumregen
Schreibmentorin: Jing Y.
Übersetzerin: Chang Xiaojie

Meine Mutter hat fünf Geschwister. Sie ist das vierte Kind der Familie. Da sie und ihre Schwester in jungen Jahren sehr hübsch waren, wurden sie von den Leuten im Dorf „die zwei Blumen" genannt.

Schon als Kind kochte und nähte sie wie eine kleine Erwachsene. Ab einem Alter von acht oder neun Jahren kümmerte sie sich um ihre halbseitig gelähmte Großmutter: Sie brachte ihr Essen und Wasser, kämmte ihre Haare, wusch ihr das Gesicht und die Füße und schnitt ihr die Nägel. Ihre Großmutter zog Jungs Mädchen vor, mochte meine Mutter und ihre Schwester nicht besonders und überließ all ihre guten Sachen ihren Enkeln. Sie zwang auch beide Schwestern, sich die Füße zu binden.[1] Doch meine gutmütige Mutter war nie nachtragend und vergaß nie, ihr gutes Essen zu bringen.

Damals stritten sich meine ältere und jüngere Tante oft darüber, wer kochen und wer den Haushalt führen solle. Meine junge Mutter vermittelte wie eine kleine Erwachsene zwischen den beiden: Mal hielt sie das Baby und wusch die Wäsche für meine ältere Tante, mal kämmte sie meiner jüngeren Tante die Haare und zog sie an … Langsam lernte sie zudem, wie sie selbst Dampfbrötchen, Pfannkuchen und Nudeln machen konnte.

Als meine Mutter fünfzehn war, kam der Cousin meines Großvaters väterlicherseits zu meiner Großmutter, um sich etwas auszuleihen. Er verkuppelte gerne und oft Leute miteinander. Er sah meine fleißige und brave Mutter und schmierte den beiden Großeltern Honig ums Maul. Mit zwei Sack Weizen als Brautgabe wurde meine Mutter an meinen gleichaltrigen Vater verheiratet.

Damals war mein Vater noch jung und grün hinter den Ohren. Er raufte sich oft mit seinen jüngeren Geschwistern, obwohl er der älteste

---

1 Das Füßebinden war ein Brauch, der zunächst nur unter den Frauen der Oberschicht praktiziert wurde, aber spätestens seit der Ming-Dynastie (1368-1644) auch in der weiteren Bevölkerung als Statussymbol verbreitet war. In seiner stärksten Ausprägung wurden Mädchen bereits in jungen Jahren die Fußknochen gebrochen und verkrüppelt eingebunden, um sogenannte „Lotusfüße" zu erhalten. Der Brauch hielt sich bis ins 20. Jahrhundert (Anm. d. Übers.).

Sohn war und eigentlich ein Vorbild für sie hätte sein sollen. Meiner Mutter war das nicht recht. Sie versuchte, ihn davon zu überzeugen, sich wie ein „guter älterer Bruder" zu verhalten. Leider wurde sie jedes Mal von meinem Vater verprügelt, wenn sie das tat. Mein Großvater war ein Mann von Prinzipien. Er bestrafte die Gewalttaten meines Vaters sehr streng. Meine Großmutter hingegen besaß keinen solchen Gerechtigkeitssinn. Immer, wenn mein Großvater nicht zu Hause war, trippelte sie mit ihren kleinen gebundenen Füßen im Hof herum und drängte meinen Vater, meiner Mutter eine Lektion zu erteilen, denn sie sei „ein ungehorsames Luder, das gegen Männer rebelliert".

In solchen Momenten standen die Beschützer meiner Mutter – meine beiden Onkels und eine der Tanten – an ihrer Seite. Gemeinsam halfen sie ihr, sich gegen meinen Vater zu verteidigen. Als mir meine Mutter Jahre später davon erzählte, stellte ich mir diese Szene vor und konnte nicht anders als lachen. Als ich dann hörte, dass mein Vater in der Abwesenheit seines Vaters meine Mutter schließlich in die Haushöhle sperrte und sie verprügelte, obwohl meine Tanten und Onkels geblieben waren, um dies zu verhindern – was ihn am Ende nur noch wütender machte – begann ich ihn wieder zu hassen.

Als meine Mutter 19 Jahre alt war, brachte meine Großmutter einen weiteren Jungen zur Welt. Kurz nach seiner Geburt gebar auch meine Mutter ihr erstes Kind, nämlich meine Schwester. Sie konnte sich nach der Geburt nicht wirklich erholen, sondern musste sich um meine Groß-mutter kümmern. Als die Großmutter keine Milch mehr für ihr eigenes Kind hatte, musste meine Mutter beide Kinder stillen. Trotz des kalten Winters gab es keine Heizung im Haus. Im eisigen Wasser musste meine Mutter erst die Lebensmittel, danach das Geschirr, dann die Kleidung und schließlich die Windeln waschen. Die Krankheiten, die sie sich dadurch im Wochenbett zuzog, begleiten sie seither. Bis heute hat sie ständige Schmerzen in Schultern und Handgelenken. Kein Medikament scheint zu helfen.

Meine Mutter gebar insgesamt sieben Kinder, vier Jungen und drei Mädchen. Ich war das sechste von ihnen. Ihr zufolge wurde ich gegen Ende der Hungersnot von 1958 geboren. Weil es weder Nahrung noch Wasser gab, war ich bei meiner Geburt so mager wie eine kleine Maus. Da es keine Muttermilch gab, wollte mein Vater mich direkt nach der

Geburt töten. (In jenen Tagen, als man nicht einmal sein eigenes Leben retten konnte, setzten viele Familien ihre Mädchen aus, wenn sie sie nicht ernähren konnten.) Aber meine Mutter war damit nicht einverstanden. Sie flehte meinen Vater an. Schließlich wurde mein Leben dank ihrer Beharrlichkeit gerettet.

Meine Mutter wollte keines ihrer Kinder verletzen oder im Stich lassen, sondern kümmerte sich liebevoll um sie. Ich erinnere mich noch an einen kalten Wintertag, da war mein einjähriger Bruder wegen starken Durchfalls so dehydriert und schwach, dass er fast keine Lebenskraft mehr hatte. Meine Mutter und mein Vater trugen ihn eilends durch die Nacht zum zehn Kilometer entfernten Krankenhaus der nächstgrößeren Stadt im Landkreis. Der Arzt gab meinem Bruder zwar Penicillin, riet meiner Mutter jedoch, auf die Behandlung zu verzichten und sich keine allzu großen Hoffnungen zu machen. Als mein Vater diese Diagnose hörte, wollte er schon aufgeben. Meine Mutter saß jedoch gut sieben Tage und Nächte auf einem Holzbett ohne Bettbezug mit meinem Bruder in den Armen. Sie bestand darauf, meinem Bruder Medikamente und Spritzen zu geben, ohne auf ihre eigenen Oberschenkel zu achten, die mittlerweile auf den harten Holzbrettern wund gesessen waren. Zu guter Letzt schaffte sie es, dass mein Bruder dem Tod entkam.

Selbst in solch schweren Zeiten ließ uns meine Mutter nie hungern oder abgetragene Kleidung tragen. Ich erinnere mich an all die langen Nächte, in denen meine Mutter unter dem Schein der Petroleumlampe für uns Schuhe und Kleidung nähte. Morgens, wenn wir aufstanden, hatte sie schon Frühstück für uns alle gemacht. Meine Mutter musste darüber hinaus in der **Produktionsgruppe** arbeiten: Sie schuftete sehr hart, denn sie war jung und fit. Mehrfach wurde sie zur „Modellarbeiterin" auf Bezirksebene ernannt! Auch wenn das nur ein Titel war, hielt meine Mutter diesen für den Rest ihres Lebens in Ehren.

Meine Mutter war besonders gut im Nudelnmachen: Immer wenn Verwandte zu Besuch kamen oder Familienmitglieder Geburtstag hatten, servierte meine Mutter allen ihre selbstgemachten Nudeln aus Weizenmehl. Jeder, der ihre Nudeln aß, fand sie köstlich, mit Biss und in jeder Hinsicht perfekt. „Im Topf wirbeln sie wie Blüten, aus dem Schälchen hebt man sie in einem einzigen Faden", dieses alte Sprichwort beschreibt hervorragend die langen, feinen Nudeln meiner Mutter. Ihre Pfannkuchen aus Maismehl waren an der Oberfläche goldgelb und innen saftig. Sie waren so süß und lecker, dass die Kinder im Dorf aus Familien mit Weizenmehl sie gegen weiße Dampfbrötchen tauschten.[2] Immer wenn die Funktionäre ins Dorf zum Bankett kamen oder Hochzeiten und Trauerfeiern stattfanden, bat der Leiter der **Produktionsgruppe** meine Mutter, Chefköchin zu sein. Meine Mutter vermochte es, die unterschiedlichsten Gerichte aus denselben Zutaten zuzubereiten. Ihre Kochkünste waren stets besser als die der anderen Frauen.

Meine Mutter war auch sehr gut in allen Arten von Näharbeiten. In der Herstellung von Kinderkleidung und Socken war sie eine der Besten. Wenn man ein Baby erwartete, ging man zu meiner Mutter und bat sie um Hilfe. Stets stellte sie ihre eigenen Angelegenheiten hinten an und half mit voller Leidenschaft. Auch heute, wenn meine Mutter etwas Gutes für die Feiertage kocht oder schöne Dinge von ihren Verwandten geschenkt bekommt, teilt sie es mit den Alten, die einsam sind und niemanden mehr haben, auf den sie sich verlassen können.

Am meisten schlug meine Mutter meinen frechen drittjüngsten Bruder. Nach der Schule mussten alle Kinder entweder Brennholz oder Schweinefutter sammeln gehen. Freizeit gab es keine. Während der zweitälteste Bruder und die Schwestern arbeiteten, tollten ich und mein kleiner Bruder herum. Im Frühling kletterte er auf Bäume, riss an den Vogelnestern und brach Weidenstöcke ab. Die Stöcke höhlte er aus, um daraus Flöten herzustellen. Im Sommer ging er mit den älteren Kindern mit, um Bohnen und Melonen von der **Produktionsgruppe** zu stehlen; im Herbst schlich er sich auf die Felder und brach die Maiskolben ab, um sie zu grillen; im Winter fuhr er auf dem gefrorenen Fluss mit seinem selbstgebauten Schlitten. Seine Kleidung war oft zerrissen, und er verlor häufig seine Schuhe. Die Nachbarn sammelten sie dann auf und brachten sie zu uns nach Hause.

---

2 Damals arbeiteten wir Bauern noch in der Produktionsgruppe. Jeden Herbst wurde das Getreide innerhalb der Einheit verteilt. Der meiste Weizen wurde an den Berghängen angebaut. Bei Trockenheit war die Ernte schlecht. Zudem mussten wir öffentliche Abgaben leisten, weswegen die Menge des Weizens besonders knapp ausfiel. Grobgetreide wie Mais und Sorghum, die auf flachen Böden angebaut wurden, bekamen im Herbst oft mehr Regen ab, daher war ihre Ernte besser als die des Weizens. Das verfügbare Getreide wurde nicht nach Köpfen, sondern pro Familie verteilt. Somit erhielten die meisten großen Familien nicht viel Weizen. Die wenigen kleinen Familien (z. B. solche, in denen die Männer außerhalb arbeiteten, und solche mit wenigen Kindern) hatten keinen Mangel an Weizennudeln. Diese Familien aber fanden unser Essen leckerer, wenn sie unser Grobgetreide sahen (Anm. d. Verf.).

Obwohl sie Tag und Nacht arbeitete, verbat sich meine Mutter schlechte Gewohnheiten ihrer Kinder. Deshalb verhaute sie meinen Bruder, bis er versprach, es nie wieder zu tun. Jedes Mal, wenn mein kleiner Bruder geschlagen wurde, sagte er, er würde einmal „Rache nehmen" und sich für die Schläge unserer Mutter revanchieren. Im Erwachsenenalter war er es dann, der unsere Eltern von allen am besten behandelte. Während die beiden älteren Brüder außerhalb arbeiteten und nur ein bisschen Geld zurückschicken konnten, kümmerte sich der jüngere Bruder um unsere Eltern, sodass sie sich noch jahrelang guter Gesundheit erfreuen konnten. Nach dem Tod unseres Vaters stand er unserer Mutter weiterhin zur Seite.

Als die ersten Maßnahmen zur **Geburtenplanung** eingeführt wurden, wurden diese von der Landbevölkerung weder verstanden noch angenommen. Viele Frauen wollten lieber die Härte mehrerer Geburten ertragen, als sich auf die Geburtenkontrolle einzulassen, die ihnen tatsächlich viele Vorteile bringen konnte. Deshalb kamen Funktionäre aus dem Kreis und der Gemeinde und organisierten Frauenversammlungen. Sie gingen von Haus zu Haus, um die Leute davon zu überzeugen, die neue Politik anzunehmen. Doch obwohl sie sich die Beine in den Bauch standen und sich den Mund fusselig redeten, akzeptierte niemand die Idee. Ein Dorfkader nach dem anderen verzweifelte daran, bis schließlich entschieden wurde, dass die Modellarbeiterinnen die Kampagne anführen sollten. Meine Mutter war die einzige Modellarbeiterin in unserem Dorf.

„Obwohl auch ich Angst vor der Sterilisierung hatte, übernahm ich als erste die Vorbildfunktion, damit das nächste Kind nicht wie du und ich leiden musste." Immer wenn das Thema später aufkam, erzählte meine Mutter, wie zuversichtlich, aufgeschlossen und zukunftsorientiert sie gewesen sei. Unter vier Augen gab sie allerdings zu: „Bei der Operation gab es keine Betäubung, und ich wurde von den Schmerzen ohnmächtig."

Meine Mutter konnte manchmal besonders dickköpfig sein. Wir Geschwister wollten zum Beispiel, dass sie eine Zeit lang in unseren jeweiligen Familien lebte. Meine älteren Geschwister, die außerhalb wohnten, schlugen ihr einmal vor, sie mitzunehmen und ihr die Welt zu zeigen. Aber sie weigerte sich zu gehen. Sie wollte in ihrem eigenen Haus bleiben und im Frühjahr Gemüse anbauen. Weder wollte sie das Haus, in dem sie ihr ganzes Leben verbracht hatte, verlassen, noch ihren Kindern Umstände bereiten. Abgesehen vom Fernseher benutzte sie keines der

Geräte, die wir für sie kauften. Nachts vermied sie es sogar, das Licht einzuschalten. Nach so vielen Jahren in der Stadt denke ich noch immer bei all den Lichtern, die überall auf den Straßen und Brücken brennen, den Wasserhähnen, die ständig laufen, und dem Essen, das nicht aufgegessen und weggeschmissen wird, an meine Mutter.

Mit ihren achtzig Jahren verfolgt meine Mutter alles, was in der Stadt ihrer Kinder und Enkelkinder passiert. Als die Pandemie ausbrach, saß sie jeden Tag wie gefesselt vor dem Fernseher. Je schlimmer die Lage wurde, desto betrübter wurde sie. Sie war völlig erschüttert. Die Geschichten über die Menschen, die ihr Leben für die Infizierten dieser Krankheit opferten, ließen sie nachts nicht schlafen. „Die armen Kinder!" murmelte meine Mutter unter Tränen: „Oh Gott, nimm uns nutzlose Menschen und lass die Jungen weiterleben, denn sie können die Kranken noch retten."

Meine Mutter ist eine ganz gewöhnliche Frau vom Land. Sie kann weder lesen noch große abstrakte Gedanken verstehen. Uns Kindern war sie ein Vorbild, um immer freundlich, optimistisch, liebevoll und rechtschaffend zu sein. Ihr Herz und Geist sind von den Menschen, denen sie begegnet ist, und dem was uns als Kindern passiert ist, geprägt. Ich habe sie einmal gefragt, wen sie in ihrem Leben am meisten gehasst hat. Meine Mutter dachte lange nach und sagte schließlich, dass sie als Kind ihre Großmutter am meisten gehasst habe, denn sie habe Jungen bevorzugt und ihr das gute Essen zugunsten der Brüder vorenthalten. Als sie verheiratet war, hasste sie den Heiratsvermittler. Er hatte ihren Vater zu der frühen Ehe überredet, so dass sie schon in jungen Jahren Familienpflichten übernehmen musste und ständig verprügelt wurde. Als ich dann aber über die Ungerechtigkeiten und das Leid in ihrem Leben klagte, sprach sie sofort vom Unglück ihrer Großmutter und dem frühen Tod meines Vaters. Sie beweinte, dass beide diese neue Welt nie erblickt und keinen glücklichen Tag erlebt hätten. Sie meinte zu mir, dass sie heute niemanden mehr hasse. Sie könne sich glücklicher schätzen als andere in ihrem Alter, die schon früh in eine andere Welt gegangen seien.

„Aber", sagte ich: „solltest du diese ungerechte Gesellschaft nicht hassen?"

Sofort sah mich meine Mutter mit vor Schreck geöffneten Mund an und sagte: „Unsinn! Wenn es diese Gesellschaft nicht gäbe, wären meine Füße wie die deiner Tante gebunden. Ich hätte nicht arbeiten können, um dich zu unterstützen. Wenn es die Geburtenkontrolle nicht gegeben hätte, wüsste ich nicht, wie viel mehr Kinder ich hätte gebären und wie viel mehr Leid ich hätte ertragen müssen. Ach, die neue Gesellschaft ist doch gut! Wie hätte ich sonst so lange überlebt?"

Ach ja, meine arme liebe alte Mutter![3]

Erster Entwurf: 3. März 2020
Zweiter Entwurf: 24. November 2020
Fertiges Manuskript: 20. Dezember 2020

---

3   Dieser Text ist eine überarbeitete Fassung einer früheren Version, die in einer Auswahl von Aufsätzen in „Chinesische Frauen in den Bildern eines Jahrhunderts" veröffentlicht wurde (unter dem Motto „Arbeiter des Dorfes Pi" – ein **städtisches Dorf**, das als Lebensraum für **Wanderarbeitende** in Beijing einige Berühmtheit erlangt hat). Am Ende dieses Aufsatzes hieß es: „Ich wollte einen guten Text über meine Mutter schreiben, um mich für ihre liebevolle Erziehung zu bedanken. Aber als ich den Stift zu Papier brachte, stellte ich fest, wie ignorant und oberflächlich ich war. Die Güte meiner Mutter mir gegenüber war so tiefgreifend, dass Worte im Vergleich dazu verblassen und ich nur noch tiefere Schuldgefühle habe" (Anm. d. chin. Red.).

Traumregens Mama. Illustration: Traumregen

Brief an meine Tochter

Autorin: Traumregen
Schreibmentorin: Jing Y.
Übersetzerin: Antonie Angerer

Mein liebes Kind,

zuerst möchte mich bei dir bedanken! Ich möchte mich bei dir bedanken, dass du dir aus dem Nichts eine so verwirrte Person wie mich als deine Mutter ausgesucht hast. Es fällt mir nicht leicht, dir diesen Brief zu schreiben. Ich hätte ihn aber schon viel früher schreiben sollen!

Du bist ein charakterstarkes Kind. An den Entscheidungen, die du bisher für dich getroffen hast, erkennt man unschwer, dass du dir deiner Selbst und deiner Weltansichten viel sicherer bist, als ich es in deinem Alter gewesen bin. Als du nicht mehr zur Schule gehen, sondern Haare schneiden wolltest, bist du entgegen der Meinung aller auf die Friseurschule gegangen. Später hast du, ohne auf die Zustimmung der Familie zu warten, das Geld für einen eigenen Laden aufgetrieben. Denn du wolltest nicht für jemanden arbeiten und dessen Launen ausgesetzt sein. Dafür bewundere ich dich so sehr! Immerhin übernimmst du Verantwortung und machst was du willst!

Diese Eigenschaft hast du auch mir gegenüber immer offen gezeigt. All die Jahre hast du mit deinen eigenen Augen gesehen, was deine Mutter durchgemacht hat. Du hast gesehen, wie dein Vater und ich beide von der Feldarbeit nach Hause kamen. Ich bin schnell in die Küche geeilt, um uns Abendessen zu kochen, während er rauchend vor dem Fernseher saß. Du hast mit angesehen, wie dein Vater an meinem Essen rumgemeckert hat, wenn er nicht gut drauf war. Wenn es ihm nicht schmeckte, beschimpfte er mich als eine Versagerin oder, noch schlimmer, schmiss sogar den Tisch um und schlug mich. Die Menschen im Dorf empfanden das als Normalität. Deine Großmutter pflegte nach solchen Vorfällen zu mir zu sagen: „Verglichen mit den anderen Frauen, hast du's doch gut!" Du aber warst anders. Du warst gerade ein Teenager und wurdest wütend, wenn du sahst, dass ich beschimpft oder geschlagen wurde. Du sagtest: Frauen sind auch Menschen, warum werden sie von den Männern misshandelt und unterdrückt? Warum erträgst du so ruhig seine Wut? Wir müssen uns um die Alten kümmern, auf dem Feld arbeiten, Kinder kriegen und er erdreistet sich, mit dem Finger auf uns zu zeigen? Jedes Mal, wenn mir Ungerechtigkeiten und Gewalt widerfuhren, ich sie schweigend und unter Tränen hingenommen habe, bist du wütend geworden und hast gesagt, dass ich zu schwach sei. Du sagtest, dass du das nicht einen Tag mitmachen, dass du dich wehren würdest!

Im Nachhinein hast du tatsächlich aus meinen Erfahrungen gelernt. Du hast daran festgehalten, bei deiner Suche nach einem Partner nie auf die Alten zu hören. Du hast gesehen, wie wichtig es ist, einen Menschen zu heiraten, der einen versteht, akzeptiert und respektiert, jemanden, mit dem man friedlich und glücklich zusammenlebt. Und das hast du umgesetzt! Es macht mich sehr glücklich zu sehen, dass du dir einen Menschen ausgesucht hast, den du liebst.

Aber gerade weil du so eine starke Persönlichkeit mit einer eigenen Meinung bist, haben mich in letzter Zeit ein paar deiner Entscheidungen ein wenig enttäuscht. Es macht mich zum Beispiel traurig, dass du jetzt sofort ein Kind bekommen möchtest. Du bist doch selbst gerade erst Anfang zwanzig und noch bevor du dein eigenes Leben geplant hast, möchtest du Hals über Kopf Mutter werden. Das fällt mir schwer zu akzeptieren. Dieses Leben, dass du nach eigenen Angaben nicht einen einzigen Tag wählen würdest, könnte genau das Leben sein, für das du dich gerade entscheidest. Gut, klar, du wirst nicht wie ich die Beschuldigungen deiner Schwiegermutter ertragen müssen, noch wirst du von deinem Ehemann beschimpft und geschlagen werden. Du wirst nicht wie eine hölzerne Marionette jahrelang ohne jegliche Zuneigung deiner Familie einfach nur funktionieren, denn deine Ehe war deine Wahl und du hast einen Ehemann, der dich liebt. Aber warum lässt du gerade in dem Moment alles stehen und liegen, in welchem du deinen Salon eröffnet hast, das Geschäft langsam anläuft und du eine Karriere hast, die du liebst? Nur weil du genau wie die anderen Frauen um dich herum direkt nach der Hochzeit Mutter werden möchtest? Ich erinnere mich noch, wie du dich früher über die Nachbarstochter lustig gemacht hast: Sie war, um ihren Eltern und Familie zu gehorchen und um von der Schwiegermutter nicht benachteiligt zu werden, in ihren frühen Zwanzigern mehrere Male schwanger gewesen, um einen Sohn zu gebären. Dafür hätte sie aufgrund einer starken Blutung fast mit ihrem Leben bezahlt. Hast du das etwa vergessen? Erfüllst du etwa auch die Wünsche deiner Schwiegermutter, durch einen Enkel der Familie Ansehen zu bringen? Möchtest du wirklich dein Leben nach ihren Vorstellungen, einem kaiserlichen Erlass gleich, folgen?

Das Andere ist, wie sich deine Haltung gegenüber den Lebensentscheidungen deiner Brüder geändert hat. In unserem Gruppenchat hast du vor Kurzem gesagt: „Es ist eine Schande, in eurem Alter noch nicht verheiratet zu sein." Diesen Satz von einer Anfang Zwanzigjährigen zu hören, hat mich total schockiert. Dass du deine Brüder nicht verstehst und unterstützt, ist eine Sache. Aber du bist im gleichen Alter wie sie und hörst dich an wie die Generation deiner Großmutter! Deine Großmutter, meine Schwiegermutter, sagt oft Sprüche wie: „Ein Mann wird zum Bräutigam, eine Frau wird zur Braut" – das sei der Lauf der Dinge. Oder: „Welchen Sinn gibt es im Leben, außer früh zu heiraten und dann früh Nachkommen zu bekommen?" Wenn sie mich beschimpft, sagt sie immer: „Schau, wie viele Enkel die anderen Familien haben, und unsere Kinder sind alle schon so alt und noch nicht einmal verheiratet. Es ist mir peinlich, die anderen zu treffen! Und dir steht immer noch der Sinn nach Singen! Du lachst sogar noch!" Ich stimme ihr aber überhaupt nicht zu: Warum sollte ich mich schämen? Meine Söhne haben weder jemanden ermordet, noch Feuer gelegt. Sie haben einen Job in der Stadt und verdienen ehrlich ihr Geld. In dieser Familie sind die Ältesten die Könige und Kaiser, ich als Schwiegertochter kann es mir nicht leisten, mich mit ihnen anzulegen! Aber warum hörst du dich an wie sie? Ich bin immer davon ausgegangen, dass du in einer vollkommen neuen Gesellschaft aufgewachsen bist. Dass all die Dinge, mit denen du in Berührung gekommen bist, sehr fortschrittlich sind, und dass du klarer und rationaler denkst als wir. Am Ende bist du in deinem Alter „unaufgeklärter" als ich, die in einem feudalen, rückschrittlichen und an die ältere Generation gebundenem Leben aufgewachsen ist!

Darüber hinaus macht mich dein Drang, dich mit anderen zu vergleichen, traurig. Du hinterfragst, warum deine Brüder so viel Geld für die Uni ausgegeben haben. Sie sind fast dreißig und haben noch kein Geld in der Tasche und keine Partnerin. Die Kinder deines Onkels und der anderen im Dorf sind nicht auf die Uni gegangen. Sie haben jung Geld verdient, sich eine Wohnung gekauft und sind alle verheiratet. Und daraus folgt dann, dass das ganze Geld, das man für Bücher ausgibt, all die

Zeit fürs Studieren sinnlos ist? Klar, so reden unsere Verwandten und die Leute aus dem Dorf. Die meisten Leute im Dorf sind der Meinung, Geld sei das Einzige auf dieser Welt, dass einem das Recht gibt, selbstbewusst und aufrecht zu stehen. Und sie sind überzeugt, dass man, wenn man ein bestimmtes Alter erreicht hat, unbedingt heiraten und Kinder kriegen müsse. Aber haben Menschen etwa keine anderen Bedürfnisse als Geld? Ich bin mir nicht sicher, aber hast du mit deinen Anfang Zwanzig schon einmal ernsthaft über diese Frage nachgedacht? Willst du dich etwa auf immer mit anderen vergleichen? Hast du Angst davor, was andere Leute sagen, dass sie über dich lachen und lebst deshalb blind nach dem Modell anderer Leute?

Ich kann mich noch gut erinnern, als du mir von deinem ersten selbst verdienten Geld eine goldene Halskette für ein paar Tausend Yuan gekauft hast. Ich weiß, du bist ein fürsorgliches Kind. Du hast gesehen, dass andere Mütter Gold und Silber tragen, schön hergerichtet sind, und du hast gehofft, dass deine Mama ihnen gleich sein könnte! Ich danke dir, dass du so jung schon **Kindespietät** besessen hast. Ich denke aber darüber nach, was gewesen wäre, wenn ich dir, als du klein warst, mehr Bücher zum Lesen gegeben und dich mehr unterstützt hätte, wissbegierig zu sein. Dann hättest du mir bestimmt von deinem verdienten Geld ein gutes Buch gekauft. Du hättest es wohl nicht den anderen Leuten nachgemacht und mir etwas so Nutzloses geschenkt.

Liebe Tochter, weißt du was? Immer, wenn ich träume, dann träume ich von dir als kleines Kind. Mit gerade 40 Tagen hast du mich schon ganz klar erkannt. Du musstest nur meine Stimme hören, dann hast du sofort aufgehört zu weinen und hast deinen süßen kleinen Kopf gedreht, um mich zu finden. Als du sechs, sieben Jahre alt warst, warst du so ein bedachtes und intelligentes Kind. Wenn ich auf dem Feld am Arbeiten war, wolltest du mithelfen. In den Kindergarten bist du immer freiwillig gegangen, nie hast du geweint oder geschrien. Später, als sich dein Vater bei einem Autounfall das Bein verletzt hat und die Ernte in den folgenden Jahren nicht mehr eingebracht werden konnte, habe ich dich wegen des finanziellen Drucks mit gerade einmal sieben Jahren schweren Herzens zurückgelassen und mich wie die vielen anderen Frauen aus dem Dorf in die Wogen der Wanderarbeiterinnen geworfen. Bei meiner ersten Rückkehr habe ich schon gemerkt, dass du dich verändert hattest: Du hattest gelernt, dass, egal was man macht, man mit dem Gegenüber über die Bedingungen sprechen kann. In den darauffolgenden Jahren musste man dir Geld geben, damit du zur Schule gehst.

Ich, deine Mama, bin auch nicht allzu kompetent. Genau in dem Moment, als du mich an deiner Seite gebraucht hättest, ließ ich dich bei deiner Oma und deinem Opa zurück. Wegen mir bist du von einem Kind mit einer Mama zu einem zurückgelassenen Kind geworden, das keine Mutter hatte, die auf es aufpasst. Ich überließ dich unbedacht dem Einfluss der alten Generation mit ihrem konservativen Denken und ihren engstirnigen Ansichten.

Ich hasse mich dafür, dass ich zuvor so ignorant war und nicht darauf bestanden habe, dass du eine gute Bildung bekommst! Zu dieser Zeit warst du in deiner rebellischen Phase und wolltest nicht zur Schule gehen. Ich weiß auch nicht genau, warum ich damals so verwirrt war, und dachte, keine tränenreiche Szene zu schaffen, wäre das Beste für dich! Natürlich ist es nicht so, dass jeder Mensch, der einen Schulabschluss hat und auf die Universität geht, automatisch alles bekommt, was er will. Aber mein Gefühl ist, dass, je länger man auf die Schule geht und je mehr man lernt, sich zumindest der Horizont erweitert und die Fähigkeit verbessert, Dinge zu verstehen. Du wärst auf jeden Fall mehr Sichtweisen auf die Welt begegnet und hättest die unterschiedlichsten Menschen kennengelernt. Du hättest das nötige Rüstzeug, Dinge, die auf den ersten Blick nicht ganz klar sind, zu verstehen. Und du hättest erkannt, dass man nicht unbedingt unglücklich ist, nur weil man sein Leben anders als andere lebt. Ich dachte immer, dass meine Entscheidung, Arbeit in der Stadt zu suchen, um dir gutes Essen und schöne Kleidung kaufen zu können, Ausdruck meiner Liebe sei. Doch ich habe zu jener Zeit viel zu wenig Aufmerksamkeit auf eure Bildung und meine Präsenz gelegt! Das wird mir jetzt erst klar, wo ich in den anderen Familien als Haushälterin arbeite und mich jeden Tag von früh bis spät mit Fürsorge um deren Kinder kümmere, sie beschütze und ernähre.

Erst heute kann ich dir von all dem erzählen, nachdem ich mit fünfzig Jahren nach Beijing gekommen bin. Denn ich habe viele Mentorinnen getroffen und alternative Lebensentwürfe von Frauen gesehen. Ich habe Leute kennengelernt, die kein Geld, keine Wohnung, keinen Partner haben und ihr ganzes Streben ihrem Geist und Denken widmen. Und erst jetzt

Traumregens Tocher und die gerade geborene Enkelin. Illustration: Traumregen

verstehe ich langsam, warum. Zuvor war ich, wie du sagtest, immer recht zurückhaltend. Ich dachte von mir selbst, dass ich nicht gut und nicht außerordentlich genug sei, was dazu geführt hätte, dass ich von meiner Familie gemobbt wurde. Ich dachte fälschlicherweise, ich müsse nur noch ein bisschen mehr „aufpassen", und für die Familie noch ein wenig mehr „verdienen". So könne ich den „Hausfrieden" aufrechterhalten, und alles wäre gut. Ich dachte immer, wie die traditionellen Opfergaben müsse man sich selbst aufopfern, um andere zu schützen. Ich bin davon ausgegangen, dass eine Frau in der Ehe alle häuslichen Aufgaben übernehmen und eine Gebärmaschine werden müsse, um die Familienlinie fortzuführen. Den Wenigsten ist klar, dass diese „Erziehung" den Frauen in Wirklichkeit schadet! Wie viele Menschen berauben Frauen ihrer Rechte unter dem Banner der „Liebe"? Und wie viele junge Menschen ordnen sich dem Einfluss der Alten unter? Wie viele streben nach nichts mehr und halten sich nach dem Modell „dahinvegetieren, essen und aufs Sterben warten" gerade noch so am Leben?

Da deine beiden Brüder gebildeter sind als du, wissen sie, obwohl sie noch dabei sind, ihr Leben zu regeln, dass „eine Blitzhochzeit" oder „früh heiraten und Kinder kriegen" insbesondere der nächsten Generation gegenüber unverantwortlich ist. Bei den jährlichen Besuchen zu Hause lassen sie das peinliche Drängen zu heiraten der Freunde und Familien über sich ergehen. Sie sind nicht mehr überrascht und haben schon früh, dank der Offenheit ihrer neuen Umgebung außerhalb des Dorfes, erkannt, dass ihre Lebensentwürfe nicht falsch sind. Warum ich dir das alles hier sage, ist, weil ich hoffe, dass du in Zukunft mehr nützliche Bücher liest, du mit offenerem Gedankengut in Berührung kommst und du beginnst, selbst zu verstehen, wie du das Richtige vom Falschen unterscheiden kannst. Ich möchte nicht, dass du wie die anderen jungen Frauen im Dorf jeden Tag mit **TikTok** oder Handyspielen verbringst. Ich möchte nicht, dass du deine Zeit damit verschwendest, dich über die Kleidung mit anderen zu vergleichen, oder darüber sprichst, wer die höhere Stellung in der Familie hat.

Liebe Tochter, ich hoffe, dass du auf deinem weiteren Lebensweg dir deine Individualität erhältst. Du dich und deine Kinder schützen kannst, ohne andere Menschen dabei zu verletzen. Ich wünsche dir, dass du zusammen mit deinen Kindern in der Zukunft gemeinsam groß werden kannst. Ihr gemeinsam diese komische, wunderbare und chaotische Welt erforscht. Ihr gemeinsam euch all dem stellt, was euch in der Zukunft begegnen wird. Ich bin zufrieden, solange du ein besseres Leben lebst als meines!

In Liebe,
Deine Mama

Erster Entwurf: 9. November 2020
Fertiges Manuskript: 1. Januar 2021

Wäre Miaozi meine Tochter …

Autorin: Traumregen
Übersetzerin: Chang Xiaojie

Jing Y. schickte mir einen Zeitschriftenartikel. Nachdem ich ihn gelesen hatte, wollte ich Miaozi als einer der Hauptpersonen des Artikels einen Brief schreiben.[1]

Ich möchte sagen, wäre Miaozi meine Tochter – weder auf der Suche nach einem Partner, noch würde sie heiraten, aber sie wäre glücklich und fühlte sich dabei wohl, ihr Leben nach ihren eigenen Wünschen zu gestalten – dann würde ich sie als Mutter auf jeden Fall unterstützen. Wenn sie aber ein Kind haben wollte, ohne zu heiraten, würde ich definitiv nicht zustimmen.

Eine ledige, 28-jährige Frau, die keinen Partner sucht, ohne feste Anstellung und geregeltes Einkommen ist, und die sich „unangemessen" kleidet und schminkt, die ist in den Augen der Leute in unserem Dorf ein „schlechtes Vorbild". Das gilt erst recht, wenn sie schon eine ganze Reihe von Ex-Freunden hat. Über sie und ihre Familie würden wahllos Beleidigungen wie „unanständig", „unverschämt", „Hure", „abgelatschter Schuh", oder „die spinnt", „die will niemand", „Mannsweib" wie aus Kübeln ausgeschüttet werden.

Klar, ich als Mutter wäre vor meiner Zeit in Beijing wahrscheinlich auch nicht in der Lage gewesen, die Vorwürfe und Belehrungen der Verwandten und Freunde, den Spott der Nachbarn und das Tuscheln der Fremden auf der Straße hinter meinem Rücken zu ertragen. Damit meine Familie und ich uns nicht hätten schämen müssen und als anders angesehen worden wären, hätte ich meine Tochter zum Einlenken gebracht. Ich hätte erst geweint, dann laut geschimpft und am Ende damit gedroht, mich zu erhängen. Ich wäre keine Kompromisse eingegangen, sogar wenn es meine Tochter in den Selbstmord getrieben hätte. Ich hätte unbedingt eine „gute Mutter" sein und meiner Familie gegenüber Verantwortung

---

1   Miaozi ist eine Modedesignerin. Sie wurde unerwartet von ihrem Freund schwanger und beschloss, das Kind zu behalten, als ihr bereits klar war, dass sie sich von ihrem Freund trennen würde. Ihre Geschichte und Autobiografie wurden zuvor in der Zeitschrift „Chengshi Huabao (Stadt-Illustrierte)" (Dezember 2019, Ausgabe 426, Titelseite) unter dem Titel „Mit 28 ein Baby bekommen" veröffentlicht (Text: Xia Aqi) (Anm. d. chin. Red.).

übernehmen wollen. – Sagt ein altes Sprichwort nicht: „Ein Mann wird zum Bräutigam, eine Frau wird zur Braut"?

Auf meinem langen und anstrengenden Weg der Wanderarbeit habe ich viel erlebt und viele Menschen getroffen. Nach und nach habe ich verstanden, dass es im Leben nicht nur darum geht, den Erwartungen der anderen gerecht zu werden. Wichtiger ist es, glücklich und bodenständig zu sein und zu wissen, was für ein Leben man will. Ich möchte mich selbst nicht verlieren und Kompromisse werden nicht immer mit der Zustimmung aller belohnt. Ich würde meine Tochter unterstützen, auch wenn sie Single bleiben wollen würde. Ich würde an ihrer Seite stehen, sodass sie ihr Leben selbstbestimmt leben kann. Auch würde ich es akzeptieren, wenn sie einen Freundeskreis hätte, den die Leute als schlechten Einfluss ansähen, oder wenn sie selbst einen andersartigen Kleidungsstil pflegte. Selbst wenn mich die Familie rauswerfen würde, würde ich es nicht bereuen. Denn ich möchte, dass sie ein gutes Leben hat! Denn ich liebe sie!

Aber wenn sie ein Kind bekommen möchte, würde ich auf keinen Fall zustimmen.

Eine junge Person hat durch die Schwangerschaft bis zur Geburt normalerweise keine großen Probleme. Nachdem das Baby auf der Welt ist, könnte sie sich sicherlich um alles Notwendige, wie Babynahrung und Wickeln, kümmern. Im Artikel hieß es, dass es die Unterstützung vieler gäbe, oder? Aber hilft ihr das angesichts des endlosen Kreislaufs von Essen, Trinken, Kacken und Pinkeln? Kann sie auf die unerwarteten Situationen, die bei Kindern manchmal vorkommen, eingehen? Kann sie mit ihrem Kind immer glücklich sein? Hat Miaozi nicht gesagt, dass sie sich vor nichts fürchtet, außer davor, krank zu werden? Was würde passieren, wenn sie wirklich krank würde? Ein, zweimal hilft man gerne, aber hat sie nicht Angst davor, wie es langfristig wäre? In dieser schnelllebigen Gesellschaft sind alle so beschäftigt und erschöpft, dass sie es kaum schaffen, ihre eigenen Angelegenheiten in den Griff zu bekommen, geschweige denn die der anderen.

Vielleicht ist es möglich, so wie Miaozi sagt, sich mit jemandem, der nicht heiraten möchte, um die Kinder zu kümmern. Ich bin sicher, dass es jemanden gibt, der das tun würde, unabhängig davon, was er oder sie zu verlieren oder gewinnen hat. Aber die Ansichten der Menschen ändern sich mit der Zeit, und niemand kann vorhersagen, wie die Zukunft aussehen wird. Vielleicht gibt es Leute, die sich um das Kind kümmern, während es groß wird, während es erst in den Kindergarten, dann in die Schule und vielleicht sogar auf eine weiterführende Schule geht. Dennoch wird sich das Kind fragen, warum es nicht wie andere Kinder einen Vater und eine Familie hat. Aber egal, wie hart ihre Mutter auch dafür arbeiten wird, dass ihr Kind es den anderen gleich hat. Das Kind wird sie am Ende dafür hassen, dass sie es so unüberlegt in eine Welt gebracht hat, in der sie ihm kein normales Zuhause bieten kann.

Wenn Miaozi meine Tochter wäre, sie nicht heiraten will, aber Kinder liebt, würde ich ihr vorschlagen, wie ich als Haushälterin zu arbeiten. Sie könnte in Familien, die Hilfe brauchen, sich um die Kinder kümmern und ihnen Liebe und Fürsorge schenken. Das wäre eine großartige Möglichkeit, die unmittelbaren Bedürfnisse der anderen zu erfüllen, die eigenen Wünsche zu verwirklichen, eine angemessene Bezahlung zu erhalten und später damit etwas zu tun, was sie liebt. Aber sie ist nicht meine Tochter, und sie ist schwanger.[2] Sie will ihr Leben so leben, wie sie es für richtig hält. Trotz der damit verbundenen Härten und Schwierigkeiten ist sie bereit, sich ihnen zu stellen. Daher bleibt mir nur, ihr alles Gute zu wünschen und zu hoffen, dass sie all ihre Ziele erreichen kann.

Alles Gute!

Traumregen

Erster Entwurf: 3. Jan. 2020
Fertiges Manuskript: 3. Jan. 2020

---

2 Als Meng Yu diesen Brief schrieb, war Miaozi schwanger, aber das Kind noch nicht geboren. Der nächste Brief von Miaozi wurde geschrieben, als das Kind fast eine Woche alt war (Anm. d. chin. Red.).

Miaozis Antwort

Autorin: Miaozi
Übersetzerin: Antonie Angerer

Liebe Traumregen,

Danke für deinen Brief. Seit der Geburt meines Kindes Chao[1] habe ich das Schreiben, wie auch die Hälfte meiner selbst aufgegeben. Aber ich versuche jetzt mal, diesen Brief zu schreiben.

Nachdem ich erfahren hatte, dass ich schwanger bin, gab ich meine Mietwohnung auf und bin bei X untergekommen. X ist kein „gutes Mädchen", sie ist ohne feste Anstellung und geregeltes Einkommen, kleidet und schminkt sich unangemessen und hat eine ganze Reihe von Ex-Freunden. Aber während meiner Zeit bei ihr entschied ich, das Kind zu behalten. Ich erinnere mich noch, dass wir uns eines Abends unterhielten, welche Art von Menschen wir schätzen. Sie meinte, sie schätze Menschen, „die Dinge klar benennen und danach handeln". Dann schloss sie die Tür hinter sich und rauchte eine Zigarette in der Küche.

Ich sagte, ich schätze Menschen, die mir Neues aufzeigen, von dem ich noch nichts wusste, so wie zum Beispiel Y. Y ist nicht mein Partner; aber Y erzählte mir viel von Familienmodellen, von denen ich noch nie gehört hatte, wie zum Beispiel: homosexuellen Familien, Patchwork-Familien, offenen Ehen, Ein-Eltern-Familien, Vier-Generationen-Haushalten, nicht-patriarchalen Familien und DINK-Familien (*double income no kids*; doppeltes Einkommen, keine Kinder). Wenn man sich Familien historisch und global ansieht, dann ist der Mainstream unserer Familienmodelle vielfältig. Es ist wie Bertrand Russell es beschreibt: Der Ursprung des Glücklichseins ist die Diversität. Ich empfinde die Vielfalt der Familie nicht mehr nur als eine Abnormalität von der sogenannten „normalen" Familie, sondern denke, dass die „normale" Familie eine unter vielen Möglichkeiten darstellt. Der Mainstream der Familie ist also eigentlich das Vielfaltsmodell. Die „normale" Familie hat sowohl in China, Europa

---

1 Chao, der Name von Miaozis Tochter, hat mehrere Bedeutungen: Miaozis Hochzeit wurde die Hochzeit der „Chao Familie" genannt, was mit „Superfamilie" übersetzt werden kann, aber auch „über die Familie hinaus" oder – im Kantonesischen – „scheiß' auf die Familie" bedeutet. Der Name der Tochter beinhaltet daher eine Kritik an der einengenden Vorstellung von Familie (Anm. d. Übers.).

und Amerika ihren Höhepunkt an Beliebtheit überschritten und gleitet unaufhaltsam wieder in eine Nische.

Taiwans Gesetzesentwurf zur Vielfalt der Familie besteht aus drei Punkten. Am meisten wurde der Punkt zur Legalisierung von gleichgeschlechtlichen, transgender sowie transsexuellen Ehen diskutiert – alle unter der Institution der Ehe in Taiwan. Der Entwurf hat noch zwei weitere Punkte: Eine Ergänzung ist die „eingetragene Partnerschaft" als neue rechtliche Form der Ehe. Dies erlaubt Menschen, die nicht heiraten wollen, legal eine Familieneinheit zu bilden; der andere Punkt fügt die Verantwortungsgemeinschaft als rechtliche Form zur Definition von Familie hinzu. „Familie" wird hier als „Zusammenleben ohne Verwandtschaft mit dem Ziel langfristigen Zusammenlebens" definiert. Dieser Entwurf hofft, die „alten" Ansichten von Familie zurückzulassen, die Blutsverwandtschaft als Grenze betrachten und stattdessen Punkte, wie füreinander Verantwortung übernehmen, füreinander sorgen und das Zusammenleben an sich, in den Fokus zu stellen. Unter dieser Definition können nicht blutsverwandte Freundeskreise, Patientengruppen und Glaubensgemeinschaften Familien bilden. Mit dieser Definition können Familien neu gedacht und auf vielfältige Weise geformt werden, während man sich von veralteten Konzepten verabschieden kann.

Das sind nur ein paar Beispiele, die wie die Libelle an der Wasseroberfläche kratzen. Es gibt noch viele weitere Möglichkeiten, Familie zu definieren und darüber hinaus als Familie zu leben. Familie ist ein Verb.

Um die Krankenkassenprämien als Mutter zu erhalten, habe ich vor der Geburt ein Gesuch für eine Heiratsurkunde online gestellt. In China erhält man ohne Heiratsurkunde keine Erstattung der Kosten durch die Versicherung – ein Fakt, den ich gerne öffentlich bekannt machen möchte (neuerdings wird das lokal sowohl rechtlich als auch in der Praxis angefochten). Ich brauchte also eine Heiratsurkunde, wollte aber keine Ehe. Damals hatte sich ein Fremder gemeldet und eingewilligt, ist aber am Ende nicht aufgetaucht. Es gab also keine Urkunde, dafür erschien Y. Y begleitete mich zur Geburt ins Krankenhaus meines Heimatortes. In der Geburtsurkunde von Chao steht „Ein-Eltern-Familie". Als die Angestellte hinter der Abmeldung sagte „ohne Heiratsurkunde keine Erstattung der Kosten", war ich mir mittlerweile bewusst, dass das nicht so sein sollte – sondern eine Form der Diskriminierung war.

Miaozi und die kleine Chao (mit einem Foto als Vorlage gezeichnet) Illustration: Traumregen

Ich bin mir nicht sicher, ob meine Eltern sich dafür schämen, dass ich ein Kind ohne Heiratsurkunde bekommen habe, aber ich möchte, dass es so viele Menschen wie möglich hören. Nach der Geburt zogen Y, Chao und ich in ein altes Haus in meinem Heimatdorf. Jeden Tag können wir die Veränderungen des Kindes beobachten, aber auch die Welt ändert sich, sogar der Himmel scheint sich in ein zuvor noch nicht gesehenes Bild zu verwandeln. Wir vermissen unsere Freunde und wünschen uns, dass sie das alles auch sehen könnten.[2]

Das Dorf ist wie ein Theater. Die Verwandten und Nachbarn werden in vorbestimmte Rollen geboren. Als ich klein war und die Leute nicht mit ihren Titeln ansprach, schimpfte meine Oma wütend, dass ich unhöflich sei. Wenn ich jetzt daran denke, war es vielleicht nicht meine Vergesslichkeit, sondern dass ich es vermied, dem Drehbuch zu folgen, dass weder von mir geschrieben noch zu ändern war.

Wenn ich mit meinen Verwandten oder Nachbarn Zeit verbrachte, war ich oft still, da ich nicht wusste, was ich anderes als „Tante" oder „Onkel" sagen sollte. Jetzt bin ich tatsächlich in mein Heimatdorf zurückgekehrt, um mein Kind großzuziehen. Und das nicht nur, weil wir hier in einem der leerstehenden Häuser wohnen können, sondern auch, um meine „Verwandten und Freunde" sowie „Bekannten und Nachbarn" aufs Neue kennenzulernen. Ich denke an das, was du sagtest, „dass dir langsam klar wird, dass ein Mensch nicht nur für die Erwartungen anderer lebt". Meiner Meinung nach sagst du das, weil „du deine Heimat verlassen hast und an viele neue Orte gegangen bist" und nicht, weil du „viele Menschen getroffen und viel erlebt hast". Wenn man davon ausgeht, dass für jeden Menschen die Zeit gleichbleibt, dann haben Leute, die im Dorf bleiben, wohl auch viel erlebt. Um ehrlich zu sein, habe ich bis jetzt noch keine Anschuldigung, kein Auslachen oder Spott von den Nachbarn und Verwandten erfahren. Das Traurige ist, dass meine Eltern schon allein von der Vorstellung und Angst vor „Beleidigungen oder Spott" komplett überwältigt waren.

---

2 In dem Artikel über Miaozi in der Zeitschrift „Chengshi Huabao (Stadt-Illustrierte)" ist von der Hochzeit die Rede, die sie damals mit ihren Freunden feierte, und von deren Wünschen, gemeinsam das Kind großzuziehen. Weitere Informationen zu dieser Hochzeit finden Sie in dem Dokumentarfilm „Superkräfte als Hochzeitsgeschenk" (Link: https://www.bilibili.com/video/BV14v411y7JW) (Anm. d. chin. Red.).

Wir beide haben Kinder und sollten uns auf die Ansichten unserer Nächsten stützen können. Ich wollte nicht, dass du das Gefühl bekommst, dass ich dir nicht zustimme, daher habe ich meine Antwort so lange hinausgezögert. Vor einer Woche dann hat mich Jing Y. kontaktiert und meinte, sie hoffe, dass ich dir bald antworten würde. Sie erklärte mir: „Wofür Arbeiterinnen kämpfen, ist am Ende ihr eigenes Potential." Wie ist dieser Satz zu verstehen?

Ich weiß nicht, was noch passieren wird. Ich wünsche mir eine vielfältige Familie und ein vielfältiges Land. Bevor Chao auf die Welt kam, also noch im Schwebezustand in meinem Bauch war, hatte sie noch kein Land betreten. Der Staat gab ihr nicht ihr Leben, sondern wollte es verhindern. Erst als das Fruchtwasser platzte, wurde für Chao das Land geboren. In einer Familie und einem Land der Unmöglichkeiten können wir uns für ein Leben entscheiden, dass weniger sicher und voll von Unbekanntem ist, um uns selbst zu Trägern von Möglichkeiten zu machen. So können das Land und die Familie, die Chao geboren haben, freier und vielfältiger sein. Gott macht aus einem Leben zwei. Aus einem Ich werden ich und Chao. Die Gesellschaft macht mich zur Mama. Ich wollte ein Kind bekommen, aber ich wollte keine Mama sein. Ich möchte die gesellschaftliche Rolle, die sich hinter dem Wort „Mama" verbirgt, nicht annehmen und ausführen. (Auch wenn ich „keine Mama zu sein" noch nicht habe umsetzen können.)

Seit ich Chao auf die Welt gebracht habe, hat sich X nicht mehr gemeldet. Wann begann sich dieser Graben zwischen uns zu bilden? „In dieser schnelllebigen Gesellschaft sind alle so beschäftigt und erschöpft, dass sie es kaum schaffen, ihre eigenen Angelegenheiten in den Griff zu bekommen, geschweige denn die der anderen." Diese Erklärung füllt nicht diesen Graben und die unendliche Dunkelheit. Ich habe zu mir selbst gesagt, benenne die Dinge und handle danach!

Aber das ist wohl zum Scheitern verurteilt. Mit dem ersten Satz deines Briefes „Wenn Miaozi meine Tochter wäre" fängt es an. Die Schriftzeichen tanzen und verändern sich vor meinen Augen, und ich versuche aus meinem eigenen Geschriebenen einen Sinn zu lesen.

„Wofür Arbeiterinnen am Ende kämpfen, ist ihr eigenes Potential." Dieser Satz kommt mir wieder in den Kopf. Chao schläft neben mir, und ich höre sie ein- und ausatmen. Ich muss das hier jetzt zu Ende schreiben, bevor sie aufwacht. Ich fühle mich, als wäre ich im Prüfungssaal meiner Schule. Kurz vor Abgabe der Prüfung war ich immer so nervös, dass mein Gesicht und meine Ohren rot anliefen, mir heißer Atem aus der Nase stieg und Hände und Füße zitterten. Gibt es noch etwas, das ich unbedingt schreiben muss? Wenn es um zwei Uhr nachts noch etwas gibt, dass ich schreiben muss, so muss es etwas sein, dass meinen Geist quält. Es ist so schwer zu verdauen, ich habe das Gefühl, unter dem Druck sterben zu wollen. Dies sind nicht nur Fragen für mich, sondern für die ganze Menschheit.

Miaozi

Erster Entwurf: 26. November 2020
Fertiges Manuskript: 3. Februar 2021

3 Yanzis Fußspuren

Mein Weg

Autorin: Yanzi
Schreibmentorin: Jing Y.
Übersetzer: Petra Müller, Jonathan Michel

Ein bescheidener Anfang: Von der Geburt bis zum Abitur

Ich wurde 1987 in eine Bauernfamilie geboren. Wir waren drei Geschwister: Ich war die Älteste, mein Bruder der Zweitälteste und meine Schwester die Jüngste. Ich habe vage Erinnerungen daran, dass ich als Kind oft meinen kleinen Bruder zum Spielen am Dorfeingang begleitete und dabei meine kleine Schwester auf dem Rücken trug. Wenn es dann bald Zeit zum Essen war, musste ich nach Hause gehen, um Reis zu kochen.

Mein Vater hatte mir beigebracht, zuerst eine Schale mit Reis zu füllen, ihn dann in den Topf zu schütten, ihn dreimal zu waschen und schließlich das Wasser mit dem Zeigefinger abzumessen. Wenn das Wasser bis zum zweiten Fingergelenk reichte, bedeutete das, dass der Reis gut wird. Wenn im Reisbehälter fast kein Reis mehr war, rieben wir etwas Maniok und mischten es unter den Reis, damit wir uns satt essen konnten. Meine Familie baute zwar Reis an, aber der Getreideertrag war zu dieser Zeit nicht sehr hoch, und es blieb immer nur sehr wenig Reis übrig, nachdem wir unseren Ernteanteil an den Staat abgeliefert hatten.

Ich erinnere mich, wie meine Mutter eines Tages einen neuen Wok aus dem Haus meiner Großmutter mitbrachte. Wir waren vor Freude ganz aus dem Häuschen. Für eine mittellose Familie symbolisierte dieser Wok Reichtum. An diesem Abend erhitzten wir Wasser im Topf und die ganze Familie nahm mit dem größten Vergnügen ein Bad.

Am nächsten Abend war es schon spät und meine Eltern waren noch nicht vom Feld zurückgekehrt. Unsere Schweine quiekten vor Hunger, und ich wollte meinen Eltern Arbeit abnehmen. Also setzte ich das Schweinefutter (getrocknete Süßkartoffelblätter) zum Kochen auf. Während es kochte, roch ich plötzlich etwas Angebranntes – ich hatte vergessen, Wasser in den Topf einzufüllen. Es war der Wok, den meine

Mutter aus dem Haus meiner Großmutter mitgebracht hatte. Ich hatte ihn nach nur einem Tag kaputt gemacht. Als meine Eltern am Abend nach Hause kamen, hatte ich Angst und wollte weglaufen. Schließlich fand ich den Mut, meiner Mutter von meinem Missgeschick zu erzählen. Meine Mutter war sehr wütend. Ich weinte vor Kummer, und sie nahm mich in ihre Arme und weinte mit mir.

In unserem Dorf gab es weder Kindergarten noch Vorschule. Deshalb kam ich mit sieben Jahren direkt in die erste Klasse. Damals gab es in China noch keine Schulpflicht. Zusätzlich zum Schulgeld musste man einen „Bildungszuschlag" zahlen. Da meine Familie arm war, konnte mein Vater zu Schuljahresbeginn nur einen Teil des Schulgeldes aufbringen. Ich ging also erst einmal zum Unterricht, später wollte mein Vater weitersehen. Weil wir bis zum Schluss noch einen Teil des Schulgeldes schuldig waren, musste ich am Ende des Schulhalbjahres nach der Morgengymnastik zur Strafe draußen auf dem Schulhof stehen bleiben. Erst als der Reis geerntet war und mein Vater ihn auf den Markt verkauft hatte, konnte er die Schulden begleichen und das peinliche Problem wurde gelöst. Oft musste der Reis damals zu einem billigen Preis verkauft werden, weil wir so verzweifelt Geld brauchten.

Tagsüber, wenn meine Eltern auf dem Feld beschäftigt waren, nahm ich meine Schwester huckepack mit zur Schule. Wenn sie während des Unterrichts weinte, musste ich draußen auf dem Gang vor dem Klassenzimmer stehen und von dort dem Unterricht zuhören. Nichtsdestotrotz liebte ich es, am Chinesisch-Unterricht teilzunehmen. Ich erinnere mich, dass wir einmal über einen Aufsatz sprachen, in dem ein Park mit einem Steingarten, einem Pavillon und anderen mir ganz unbekannten Dingen beschrieben wurde. Für mich war so ein Park etwas ganz Fremdes und Faszinierendes. Damals dachte ich, wie schön es doch wäre, wenn ich auch in einen Park gehen könnte!

1997, als Hongkong an China zurückgegeben wurde, war ich in der dritten Klasse. Damals forderte die Schule alle Schüler auf, sich eine Schuluniform zu kaufen und damit an den Feierlichkeiten im Ort teilzunehmen. Ich wusste, dass sich meine Familie den Kauf einer Uniform nicht leisten konnte, daher erwähnte ich die ganze Sache meinem Vater gegenüber erst gar nicht. Am Tag der Veranstaltung mischte ich mich heimlich unter die Gruppe der Mitschüler und ging mit ihnen zum Veranstaltungsort, weil ich die Feier mit ihnen gemeinsam erleben wollte. Aber am Ende konnte ich, weil ich keine Schuluniform hatte, doch nicht bei den Schulkameraden bleiben, um mir die Aufführungen mit ihnen anzusehen. Voller Neid und Trauer beobachtete ich meine Klassenkameraden, die in der Schulgemeinschaft beisammenstanden. Ich hatte das Gefühl, gar keine Schülerin zu sein und nicht zu dieser Altersgruppe zu gehören.

Als ich 10 Jahre alt war, kam mein Bruder in die erste Klasse und meine Schwester in den Kindergarten. Meine Eltern mussten nun das Schulgeld für uns drei bezahlen und alles wurde viel schwieriger. Zu dieser Zeit begann der Trend, einen Job in den Städten anzunehmen. Um über die Runden zu kommen, ging meine Mutter mit anderen Dorfbewohnern nach Guangzhou, während mein Vater auf einer Baustelle in der Stadt Arbeit fand.

Mein Vater kam uns einmal im Monat besuchen. Jedes Mal brachte er uns ein paar kleine quadratische Mosaiksteinplättchen zum Spielen mit, und jedes Mal gab ich mit diesen neuen Spielsachen gehörig vor meinen Spielkameraden an.

Von diesem Zeitpunkt an hatte ich Sehnsucht nach der Welt draußen. Später konnte mein Vater wegen seiner Rückenprobleme nicht mehr auf der Baustelle arbeiten. Deshalb ging er mit meiner Mutter nach Guangzhou. Auf diese Weise wurden wir drei Geschwister im wahrsten Sinn des Wortes zu zurückgelassenen Kindern.

Als älteste Tochter übertrug mir meine Mutter die Verantwortung für den Haushalt, ich musste mich um meine jüngeren Geschwister kümmern. Bevor sie abreiste, kaufte meine Mutter jedes Mal alle Dinge des täglichen Bedarfs für den Haushalt ein und säte viele Grünpflanzen. Sie gab mir auch das Sparbuch der ländlichen Kreditgenossenschaft und sagte mir, wo ich das Bargeld und das Sparbuch aufbewahren sollte. Sie wies mich an, die Küche nach dem Kochen sauber zu machen, um einen Brand zu vermeiden. Wenn es Probleme gab, sollte ich mich an meine Großmutter wenden, die zu dieser Zeit schon eine spindeldürre und bucklige Witwe war. Damals sah unser Tagesablauf so aus: vormittags Schule, mittags Schulschluss, danach kochte mein Bruder Reis, und ich ging zum Fluss, um die Wäsche für die ganze Familie zu waschen.

Wenn ich vom Wäschewaschen zurückkam, war ich für das Kochen zuständig und mein Bruder für das Feuermachen. Abends war die Routine mehr oder weniger dieselbe: Wenn ich von der Schule zurückkam, kochte mein Bruder Reis für das Abendessen und erhitzte Wasser für das tägliche Bad, während ich mit einem kleinen Eimer das Gemüse goss und Gemüse für das Abendessen erntete und zubereitete. An den Wochenenden ging ich mit meinem Bruder und meinen Freunden in die Berge, um Brennholz zu schlagen. Alle Freunde aus dem Dorf hatten Großeltern, die ihnen halfen, kleine Tragestangen herzustellen, ihre Sicheln zu schärfen und den Bambus zu schälen. Mein Bruder und ich hingegen mussten das alles selbst machen, egal ob es ums Sensenschärfen oder Bambushacken ging, weil wir niemanden hatten, der uns half. Weil wir keine guten Werkzeuge besaßen, hatten wir immer viele kleine Narben an unseren Händen …, aber das alles konnte unserer Bereitschaft, mit Tatkraft und Fleiß an die Sache zu gehen, nichts anhaben.

Ich war sehr froh, dass mein Bruder es schaffte, jedes Mal in den Bergen eine Menge Brennholz zu schlagen, und ich fand, dass er ein toller, verantwortungsbewusster kleiner Junge war. Da das Brennholz ziemlich schwer war, machten wir oft Rast, nachdem wir eine kurze Strecke Brennholz gesammelt hatten. Ich hatte die bessere Ausdauer und lief meistens vor meinem Bruder. Während der Rest der Gruppe eine Pause machte, kehrte ich zurück, um ihm zu helfen, seine Ladung Brennholz zu tragen. Es war dann meist kurz vor Mittag und die Dorfkameraden kamen ihren Müttern oder Großeltern entgegen, um ihnen beim Tragen zu helfen. Mein Bruder und ich hätten uns sehr gefreut, wenn wir jemanden gehabt hätten, der uns helfen konnte, die Last zu teilen, aber es tauchte nie eine vertraute Person auf. Wir waren verzweifelt und niedergeschlagen, aber mit der Zeit stumpften wir ab.

Am traurigsten waren wir jedoch an Festtagen!

In unserem Dorf fand in der Regel einmal im Monat ein traditionelles Fest statt. Es gab so viele Feste, dass ich mich fragte, ob die Dorfbewohner diese wohl erfunden hatten, weil sie sonst kein Fleisch zu essen bekommen hätten. Für die Festtage bereitete jede Familie die traditionelle Festtagsspeise – Klebereis in Bambusblättern – zu, machte Reisküchlein, kaufte Schweinefleisch und schlachtete Geflügel. Wir hatten weder Hühner noch Enten und besaßen auch kein Geld, um Klebereis zu kaufen. Als Kinder wussten wir zudem nicht, wie man diese Festtagssnacks zubereitete. So mussten wir jedes Mal voller Neid zusehen, wie andere diese Köstlichkeiten aßen. Am Festtag kaufte ich für zehn Yuan am Dorfeingang halb-fettes Schweinefleisch für fünf Yuan pro Pfund (mageres Fleisch war zu teuer für uns). Ich musste den Schweinefleischverkäufer darum bitten, nicht zu viel abzuschneiden – nur ein Pfund, denn mit dem restlichen Geld wollte ich noch für zwei Yuan Tofu und Mungobohnen-Sprossen kaufen. Für uns waren schon allein diese drei Gerichte ein üppiges und köstliches Festmahl. Normalerweise sollten diese Festtage, an denen es Fleisch zu essen gab, die glücklichsten und schönsten Tage sein. Da aber unsere Eltern nicht bei uns waren, fühlten wir uns noch verlorener und einsamer als sonst.

Einmal, am Qingming-Fest, nachdem die Gräber in den Bergen gefegt worden waren, saß mein Bruder mit den Dorfbewohnern in einer Runde zum Essen zusammen. Als er Fleisch aß, schmatze er dabei so laut, dass ein Mann sagte: „Jetzt schaut doch das mal an, dieses Kind hat noch nie Fleisch gegessen, er schlingt ja wie ein Wolf". Alle in der Runde brachen mit ihm zusammen in Gelächter aus.

Danach sagten die Leute im Dorf: „Diese Familie hat noch nie Fleisch gekauft, und wenn der Sohn Fleisch sieht, verschlingt er es, ohne es zu kauen". Wenn ich das hörte, war ich traurig und verletzt. Ich war traurig, weil unsere Familie wirklich arm war, und verletzt, weil dieses Verhalten der Dorfbewohner zusätzlich Salz in die Wunde streute.

Ich konnte nicht verstehen, warum eine so gewöhnliche Sache wie Schmatzen so übertrieben und aufgebauscht im ganzen Dorf weitererzählt werden musste. Warum ging man so weit, meine Familie aufgrund ihrer Armut zu verhöhnen? Wenn meine Eltern zu Hause gewesen wären, meine Großmutter keine Witwe gewesen wäre oder sonst jemand in der Familie für uns eingestanden wäre, hätten diese Leute dann solche Dinge sagen können? Ich wollte damals wirklich aus dem Dorf fliehen, weg von diesem herzlosen Ort.

Die Grundschule im Dorf ging nur bis zur vierten Klasse. Ab der fünften Klasse musste ich auf die Schule in der Kleinstadt gehen. Die Kleinstadt war vom Dorf etwa drei Kilometer entfernt. Es spielte keine Rolle, ob es regnete oder kalt war, wir mussten jeden Morgen um fünf Uhr aufstehen, um nicht zu spät zur Schule zu kommen. Ich dachte, wenn ich in die Kleinstadt gehe, würde ich viel lernen, viel Neues und auch einen Park sehen, über den ich gelesen hatte. Aber ich war enttäuscht, es gab keinen Park in der Kleinstadt! Der einzige Unterschied zwischen der Kleinstadt und unserem Dorf bestand darin, dass es einen zusätzlichen Marktort gab. Es fand aber nur alle drei Tage ein Markt statt. Selbst an Markttagen war er bereits geschlossen, wenn wir aus der Schule kamen, und auf den Straßen herrschte auch keinerlei Trubel.

Illustration: Xiaoxi

Die Atmosphäre in der Schule war nicht sehr gut. Die Schüler aus unserem und anderen Dörfern wurden als Außenseiter oft von den Einheimischen in der Klasse schikaniert. Sie bewarfen uns von hinten mit schwarzer Tusche und bliesen Kreidestückchen in unsere Haare, warfen einen großen

Haufen Müll auf unsere Schultische und stülpten sogar kleine Eimer über unsere Köpfe, in die sie vorher gepinkelt hatten.

Sie ärgerten auch die Lehrer. Ich erinnere mich, dass einmal, als der Klassenlehrer an die Tafel schrieb, ihm einige aufsässige Schüler Kreide an den Kopf warfen. Damals fing ich an, die Schule zu hassen: Ich wollte fliehen, weg von dem Mobbing, der Angst und der unwürdigen Art, mit der wir behandelt wurden. Erst als wir in der sechsten Klasse waren, änderte sich glücklicherweise unser Schicksal, als ein neuer Klassenlehrer, ein Chinesisch-Lehrer, an unsere Schule versetzt wurde.

Der neue Lehrer sorgte schnell für Ordnung in unserer Klasse. Dazu setzte er die Schülerinnen und Schüler an Tische mit je einem Mädchen und einem Jungen, die unartigen Schüler saßen jetzt vorne in den ersten Reihen. Der Lehrer gab die klare Anweisung aus, dass die Klassensprecher für eine gute Disziplin in der Klasse zu sorgen hatten. Seine Autorität bewirkte eine große Verbesserung in unserer Klasse, und wir Auswärtigen wurden nicht mehr von den Rüpeln schikaniert.

Er half uns auch oft dabei, gutes Hochchinesisch zu lernen, dass zum Beispiel das zweite Schriftzeichen im Wort Held nicht „song", sondern „xiong" ausgesprochen wird, oder dass das Zeichen für gelb „huang" und nicht „wang" ausgesprochen wird. Von ihm lernte ich auch vieles, was ich bis dahin in der Hochsprache nicht hatte ausdrücken können.

Zum Beispiel: Der Gegenstand, mit dem man die Hose in der Taille bindet, heißt Gürtel; und die Pflanzen, die auf dem Schulhof wuchsen, hatten überraschenderweise tatsächlich alle Namen: Sie hießen zum Beispiel Buschröschen oder Wunderblume … Ich lernte allmählich die Sprache zu lieben und bei einem Aufsatzwettbewerb gewann ich sogar den zweiten Preis.

Bei der Preisverleihung dachte ich zuerst, der Lehrer hätte den falschen Namen aufgerufen, und ich traute mich nicht, auf die Bühne zu gehen, um den Preis entgegenzunehmen. Für jemanden, der noch nie in seinem Leben einen Preis gewonnen hatte, war eine solche Auszeichnung überwältigend, und zum ersten Mal hatte ich das Gefühl, dass auch ich eine gute Schülerin war.

Im Jahr 2001 besuchte ich die untere **Mittelschule**. Sobald ich mittags und abends bei Schulschluss die Glocke läuten hörte, rannte ich los und schloss mich meinen Schulkameraden aus dem Dorf an, um auf dem

Heimweg eine Abkürzung zu nehmen. Diese führte über einen Fluss, den wir überqueren mussten: Auf diese Weise konnten wir die Strecke um die Hälfte reduzieren. Einmal, als es stark regnete, liefen wir wie üblich von der Schule nach Hause zurück. Als wir den Fluss erreichten, stellten wir verblüfft fest, dass der Fluss über das Ufer getreten war und schon das Maisfeld daneben überschwemmt hatte. Aber wir hatten damals kein Gefühl für Gefahr und dachten nur daran, nach Hause zu kommen.

Ein Mädchen, das in die Klasse über mir ging, sagte: „Der Fluss fließt zu schnell, wir müssen uns an den Händen fassen und so unser Gewicht erhöhen, damit wir über den Fluss kommen, sonst wird es gefährlich." Als sie sah, wie dünn ich war, fasste sie mich an der Hand und führte mich und die anderen Mädchen langsam durch das Gewässer. Als wir uns der Mitte des Flusses näherten, spürte ich, dass meine Füße den Kontakt mit den Steinen und dem Sandboden verloren. Im Zentrum der Wassermassen angekommen trieb mein Körper bereits in der Strömung. Ich dachte, dass ich sterben würde. Gegen die Naturgewalten kam ich nicht an. Zum Glück gab das Mädchen nicht auf, hielt meine Hand fest und sorgte dafür, dass wir es mit vereinten Kräften ans Ufer schafften. Nachdem wir die Fluss- mitte durchquert hatten, spürte ich, wie das Wasser deutlich langsamer strömte und meine Füße allmählich wieder auf den Steinen Halt fanden. Schließlich erreichten wir sicher das Ufer.

Im zweiten Schulhalbjahr der siebten Klasse legte die Schule fest, dass alle Schüler in der Schule wohnen und dort auch die Mahlzeiten einnehmen sollten. Selbst wenn ich an den Wochenenden nach Hause ging, nahm ich nicht mehr den Weg über den Fluss.

Obwohl ich in den drei Jahren auf der unteren **Mittelschule** bei allen Prüfungen eine Belobigung bekam, bestand ich die Aufnahmeprüfung für die obere Mittelschule in der Stadt nicht. Damals entschieden sich viele Schüler in meinem Umfeld dafür, nach dem Abschluss der unteren Mittelschule auf eine Berufsschule zu gehen, viele verzichteten sogar auf einen weiteren Schulbesuch. Mehrere Mädchen aus meinem Dorf, die aus besser gestellten Familien stammten als ich, entschieden sich dafür, nach Guangdong zu gehen, um dort zu arbeiten. Damals dachte ich, dass meine Eltern mir, wie die meisten anderen Eltern auch, keine weitere Schulbildung zugestehen würden. Deshalb ging ich zur Polizeiwache, um einen Personalausweis zu beantragen, und plante, mit den anderen nach

Guangdong zu gehen. Ein paar Tage vor Beginn des neuen Schuljahres bat mich jedoch eine Nachbarin, bei ihnen ans Telefon zu kommen (damals hatten wir zuhause kein Telefon). Am Telefon fragte mich meine Mutter, ob ich weiter zur Schule gehen wollte. Wenn ja, solle ich zu meinem Onkel gehen und ihn bitten, mich zur Anmeldung in der Schule zu begleiten. Ich freute mich sehr über diese Nachricht und fuhr daraufhin ganz allein mit dem Bus zum Haus meines Onkels und erklärte ihm die Situation. Er begleitete mich dann zur Anmeldung in der Schule im Ort.

In der oberen **Mittelschule** waren die Klassen sehr gemischt: Einige Schülerinnen und Schüler kamen aus der Stadt (wahrscheinlich, weil die Schulgebühren auf dem Land nicht so hoch waren wie dort). Jedesmal, wenn meine Klassenkameraden davon sprachen, dass „auf den Plätzen in der Stadt am Abend die Springbrunnen angestellt wurden" und von den „vielen lustigen Dingen, die es in den Parks gab," erzählten, hatte ich, die all das nicht gesehen hatte, noch mehr Sehnsucht nach der Stadt als zuvor. Im zweiten Schulhalbjahr der elften Klasse kam heraus, dass ich kurzsichtig war, und meine Mutter erlaubte mir, in die Stadt zu fahren, um eine Brille zu besorgen – ich freute mich tatsächlich über meine Kurzsichtigkeit, denn sonst hätte ich nie die Gelegenheit gehabt, die Stadt zu besuchen. Ich war deshalb sehr aufgeregt und gespannt, als ich mit meinem Klassenkameraden in den Bus stieg: Sie gingen mit mir eine lokale Spezialität essen und nach dem Besuch beim Optiker zeigten sie mir eine Buchhandlung. Ich stellte fest, dass man die Bücher in der Buchhandlung ganz selbstverständlich in die Hand nehmen und durchblättern konnte, ohne dass der Ladenbesitzer schimpfte, auch wenn man kein Buch kaufte. Ich dachte, wie schön es wäre, wenn meine Familie in der Nähe einer Buchhandlung wohnen würde. Dann würde ich jeden Tag dorthin gehen, um Bücher zu lesen. Allerdings verpasste ich es, mir einen Park anzuschauen, da ich mich zu lange in der Buchhandlung aufgehalten hatte und für den Besuch im Park keine Zeit mehr blieb.

Nach dem Abschluss der oberen Mittelschule ging ich nach Foshan, um zu arbeiten. Ich wollte so meinen Eltern helfen und sie finanziell unterstützen. In dieser Zeit hatte ich die Gelegenheit, meiner Mutter von den Ereignissen zuhause und in der Schule, von allen Höhen und Tiefen in dieser Zeit, zu erzählen. Meine Mutter hörte mir zu wie eine ältere Schwester und umsorgte und unterstützte mich wie eine enge Freundin.

Sie machte mir keinerlei Vorwürfe oder Vorhaltungen, sondern bestärkte mich in unseren gemeinsamen Gesprächen. Zum ersten Mal seit Jahren wurde mir klar, dass meine Mutter nicht die Fremde war, für die ich sie gehalten hatte! Ich dachte: Wenn unsere Mutter all die Jahre bei uns gewesen wäre, um uns zu betreuen, wären wir vielleicht ganz andere Menschen mit ganz anderen Charakteren geworden oder hätten zumindest nicht so ein geringes Selbstwertgefühl entwickelt.

Ich fand eine Stelle in der Nähe des Wohnortes meiner Eltern – als Tellerwäscherin und Serviererin bei einem großen Verkaufsstand. Während eines Gesprächs erfuhr ich, dass der Sohn meines Chefs gerade die Hochschulaufnahmeprüfung (den **Gaokao**) bestanden hatte, genau wie ich. Meine Punktzahl lag bei knapp über 400, so dass ich mich nur an einer Fachhochschule bewerben konnte. Als es an der Zeit war, die Bewerbungsunterlagen auszufüllen, lieh ich mir vom Sohn meines Chefs einen Bewerbungsleitfaden. Dann ging ich mit meiner Mutter in ein Internetcafé, um die Unterlagen digital auszufüllen. Meine erste Wahl war die Medizinische Fakultät der Stadt X im Studienfach Klinische Medizin. Wenn ich mich richtig erinnere, hatte ich in den Unterlagen angekreuzt, dass ich keine automatische Zuweisung auf ein anderes Studienfach wähle (falls meine Punktzahl für das gewählte Fach nicht ausreichen würde). Meine zweite Wahl war die Pädagogische Hochschule in der Stadt Z. Ich erinnere mich, dass mir bei meiner telefonischen Nachfrage nach dem Stand meiner Bewerbung die Person am Telefon mitteilte, dass meine Bewerbung an die Medizinische Hochschule in der Stadt X weitergeleitet worden sei, und ich dachte naiverweise, ich sei angenommen worden. Als der Semesterbeginn immer näher rückte, bekamen meine Klassenkameraden einer nach dem anderen ihre Zulassungsbescheide. Selbst diejenigen, die nur knapp die Punktezahl für die Fachhochschule erreicht hatten, wurden angenommen, nur ich nicht. Ich war so traurig, dass ich zusammenbrach und weinte.

Aber meine verständige Mutter bestimmte, dass ich nicht arbeiten gehen sollte. Sie schickte mich in die Stadt, damit ich dort die Aufnahmeprüfung wiederholen konnte. Ich entschied mich für eine Schule, die von einem Unternehmer für die Kinder seiner Arbeitnehmer eingerichtet worden war. Obwohl die Unterrichtsmaterialien landesweit einheitlich waren, hatten wir einige Lehrbücher auf der alten Schule auf dem Land nie zu Gesicht bekommen. Das Schulgeld und die Lebensmittelkosten waren viel teurer als in unserer Kleinstadt, und ich hatte das Gefühl, dass ich es nicht wert war, auf diese Schule zu gehen: Meine Herkunft und mein Status als Wiederholerin gaben mir das Gefühl, minderwertig zu sein. Als ich nach der bestandenen Prüfung die Bewerbungsunterlagen ausfüllte, gab ich mir keine große Mühe bei der Wahl der Studienfächer. Dennoch wurde ich zum Studium angenommen. 2007 ging ich an eine Fachhochschule in S, um Elektronik zu studieren.

Studienzeit an der Fachhochschule und erste Begegnung mit Shenzhen

An der Hochschule gab es wenig Unterricht, dafür aber vielfältige Freizeit-aktivitäten: Viele Vereine organisierten an Wochenenden Veranstaltungen in Parks. So fand ich zu dieser Zeit zum ersten Mal heraus: Ein Park ist bloß ein öffentlicher Raum, wo man im Grünen spazieren geht und die Natur genießt. Ich stellte zu meinem großen Bedauern fest, dass der Park, den ich mir so schön vorgestellt hatte, gar nichts Besonderes war.

Bei den Freizeitveranstaltungen merkte ich, dass ich Probleme hatte, mich den anderen verständlich zu machen und dass meine Kommilitonen mich kaum verstehen konnten. Wegen meines Dialekts lachten sie mich aus. Also lernte ich die Hochsprache neu. Während meines dreijährigen Fachhochschulstudiums arbeitete ich sehr hart: Am Ende des ersten Studienjahrs erhielt ich ein Regierungsstipendium in Höhe von dreitausend Yuan und im zweiten Studienjahr ein staatliches Motivationsstipendium in Höhe von fünftausend Yuan.

In meinem dritten Studienjahr veranstaltete die Schule im Dezember 2009 eine Bewerbermesse. Im Grunde genommen handelte es sich dabei um eine Jobmesse, bei der Unternehmen neue Mitarbeiter auswählten, die besonders gut oder hübsch waren oder die bereits öffentliche Ämter ausgeübt hatten. Damals wurde mir klar, dass es kein Wunder war, dass zuvor so viele für ein Amt kandidiert hatten. Es stellte sich heraus, dass es für eine Anstellung sehr hilfreich war, Vorsitzender der Studierenden-vertretung oder Sekretär der Jugendliga zu sein. Unsere Schule war dem Eisenbahnamt zugeordnet. Das Studienfach Elektronik war ein Spezialfach, so dass die Absolventen direkt nach dem Studienabschluss Arbeit im Eisenbahnamt finden konnten. Solange die männlichen Studierenden von der Körpergröße her nicht zu klein waren, konnten sie im Grunde genommen schon nach einem Studienjahr an den Prüfungen zur Aufnahme in die Eisenbahnbehörde teilnehmen. Wir Mädchen hatten es schwerer: Von den damals acht Studentinnen unserer Klasse fand eine Kommilitonin eine Arbeitsstelle in einem Stahlwerk, eine andere kam über Beziehungen ins Eisenbahnamt. Alle anderen mussten sich selbständig eine Arbeit suchen.

Damals machte ich mir keine großen Sorgen. Weil ich Shenzhen mochte, wollte ich unbedingt dort eine Arbeit finden.

Ich lernte Shenzhen in meinem zweiten Studienjahr kennen. Ich erinnere mich, dass gerade Sommerferien waren und mein Cousin mich dorthin einlud. Bei dieser Gelegenheit fand ich einen Sommerferienjob in einer Fabrik in der Stadt. Dort musste ich Waren etikettieren. Die Fabrik hatte auch eine Kantine, die Arbeitszeiten waren nicht streng geregelt, und ich hatte am Wochenende frei. Deshalb fand ich es sehr schön, in Shenzhen zu arbeiten.

Ich weiß noch, dass mich meine Arbeitskollegen einmal zum Einkaufen in den RT-Markt mitnahmen. Wie ich herausfand, gab es dort einen kostenlosen Supermarktbus und viele Dinge waren für einen, drei oder fünf Yuan zu haben. Im Nu war ich der Meinung, dass das Leben in Shenzhen wirklich angenehm war. In Shenzhen fuhr ich auch zum ersten Mal U-Bahn. Ich fand es so toll, dass mir davon nicht übel wurde und dass man keine Angst vor Staus zu haben brauchte. Mein Cousin nahm uns auch mit zur Uferpromenade vom Strand Dameisha, wo ich zum ersten Mal das Meer sah. Ich war davon so ergriffen, dass ich fast geweint hätte. Schließlich kaufte ich mir von dem Geld, das ich in meinem Job verdient hatte, ein Kleid. Es war das erste Mal in meinem Leben, dass ich ein Kleid trug. Mir wurde klar, dass auch ich schön sein konnte. Shenzhen war wirklich wie ein Paradies! Ich verliebte mich in die Stadt und stellte mir vor, dass ich zurückkommen würde, um hier in Zukunft zu arbeiten und zu leben.

Für mein Praktikum ging ich bald darauf mit einigen meiner Kommilitonen aus dem Fachbereich in eine Elektronikfabrik in Shenzhen. Als ich aus dem Bus stieg, war ich ein wenig deprimiert: An diesem Ort gab es nur Fabrikgebäude und nicht einmal einen Supermarkt – das schien nicht das Shenzhen zu sein, das ich kannte! Am ersten Arbeitstag wurden die Kommilitonen unserer Schule verschiedenen Werkstätten zugeteilt.

Ich wurde der Verpackungsabteilung zugewiesen und meine Aufgabe bestand darin, Schutzplatten für elektronische Bauteile zuzuschneiden. Ich erinnere mich noch gut daran, wie die älteren Mitarbeiter spotteten: „Was für ein nutzloses Studium – eine Hochschulabsolventin, die Kleinteile zurechtschneidet". Ein paar Tage später hatten wir einen Test, und danach wurde ich in die Montagewerkstatt versetzt, wo ich Bauteile zusammenstecken musste.

An der neuen Montagelinie floss das Band so schnell, dass ich es nicht schaffte, mit dem Einstecken nachzukommen. Je schneller ich arbeitete, desto mehr erhöhte der Teamleiter die Bandgeschwindigkeit, so dass ich nie mithalten konnte. Wenn die Platine vor mir lag, musste ich mindestens fünf Bauteile gleichzeitig in beiden Händen halten, damit ich sie so schnell wie möglich in die Platine einsetzen konnte. Weil ich lange in der gleichen Position verharren musste, bekam ich regelmäßig Rückenschmerzen. Noch unerträglicher war, dass der Arbeiter neben mir, der die Bauteile zusammenlötete, und die anderen Kolleginnen sich immer wieder schlüpfrige Witze erzählten. Ihre vulgäre Sprache brachte mich in große Verlegenheit, als hätte ich etwas getan, das ich nicht hätte tun sollen. Die Kolleginnen sagten manchmal auch zu mir: „Schau mal, du hast zwar genauso wie die anderen einen Hochschulabschluss, doch du arbeitest hier am Band und sie in der SMT – so unterschiedlich kann das Schicksal einem mitspielen". Durch die Glasscheibe von ihnen getrennt, begann ich, die Leute in der SMT zu beneiden.

Kurze Zeit später gab es einen weiteren Einstufungstest und dieses Mal wurde ich tatsächlich der SMT-Werkstatt zugeteilt. Ich dachte, ich könnte mich aus meinem Elend befreien und vor den Kolleginnen aus der Montageabteilung selbstbewusst und voller Stolz auftreten. Doch wer hätte ahnen können, dass der Einstieg in die SMT-Abteilung der Anfang eines Albtraums war.

SMT ist die Abkürzung für Surface Mount Technology (Oberflächenmontage-Technologie). Dabei handelt es sich um eine hochpräzise Anlage mit hohen Anforderungen an die Sauberkeit, Luftfeuchtigkeit und Lufttemperatur. Sobald man die SMT-Werkstatt betrat, musste man antistatische Kleidung, Kopfbedeckung und Schuhe sowie ein antistatisches Armband am Handgelenk tragen. Man war so fest eingehüllt, dass nur die Augen hervorguckten. In der Montageabteilung gab es keine Nachtschicht, und es gab regelmäßige Pausen für Mahlzeiten und Toilettengänge. In der SMT-Werkstatt hingegen gab es zwei Schichten mit jeweils 11 Stunden. Die meisten Arbeiten wurden im Stehen ausgeführt. Es gab keine Pausen: Die Mahlzeiten waren auf 15 Minuten begrenzt und selbst für den Gang zur Toilette musste man sich vom Teamleiter oder im Büro des Vorgesetzten eine Genehmigung holen, um den Arbeitsplatz verlassen zu dürfen.

Kurz nachdem ich in der SMT-Abteilung angefangen hatte, wurde ich in die Nachtschicht versetzt, die nur alle zwei Monate wechselte. Die Nachtschicht fürchtete ich besonders, weil ich tagsüber kaum schlafen konnte: Alle anderen Bewohnerinnen des Wohnheims kamen aus der Montageabteilung und arbeiteten in der Tagschicht. Jede Nacht wurde ich in der zweiten Hälfte meiner Schicht so müde, dass ich mir in die Beine kneifen musste, um mich wach zu halten. Wenn ich so müde wurde, dass ich es kaum mehr aushielt, betete ich: „Lieber Gott, gib mir einen Tisch, auf den ich mich für eine Minute legen kann. Ich verspreche, dass ich nur eine Minute die Augen zumache". Ich habe einmal erlebt, dass jemand während der Nachtschicht so müde war, dass er das falsche Bauteil auf die Platine einsetzte, was zu einer Geldstrafe für die gesamte Arbeitsgruppe führte. In diesen Tagen, in denen es keine Pausen und keine Wochenenden gab, begann ich die SMT-Abteilung immer mehr zu hassen.

Als ich sah, dass meine Kommilitonen um mich herum einer nach dem anderen die Fabrik verließen, haderte ich mit mir, ob ich auch gehen sollte. Bei jeder Arbeitssitzung oder jeder Schulung erzählten uns die Leiter, dass die Universitätsstudenten von dieser oder jener Universität in dieser oder jener Abteilung die harte Arbeit nicht ausgehalten und die Fabrik nach nur einem Monat verlassen hätten. Dann begannen sie, uns eine Gehirnwäsche zu verpassen, indem sie das Unternehmensmotto „Nöte aushalten, Einsamkeit ertragen und Versuchungen widerstehen" zitierten. Ein Vorgesetzter behauptete einmal, dass diejenigen, die in der SMT-Abteilung arbeiteten, alle aus einem Ort kämen und dass wir, die aus einem anderen Ort kamen, einfach verdammt schlecht arbeiten würden. Ich konnte es nicht mehr ertragen und widersprach ihm. Daraufhin bekam ich nie wieder einen Bonus. Ich wusste, dass es für mich schwierig werden würde, in der Fabrik zu bleiben. Im Juli 2010 nahm ich sieben Tage frei, um mein Diplom bei der Universität abzuholen und gleichzeitig meinen Lebenslauf online zu stellen.

Danach lief alles reibungslos, und bald erhielt ich eine Einladung zum Vorstellungsgespräch. In der E-Mail hieß es, es handele sich um die Stelle für einen Sachbearbeiter für Ausschreibungen von elektrischen Verteilerkästen. Die Hauptaufgabe bestehe darin, auf der Grundlage von Konstruktionszeichnungen Angebote für Verteilerkästen zu erstellen. Ich war sehr zufrieden mit mir und dachte: „Es ist doch gar nicht so schwer, eine Stelle zu finden". Für das Vorstellungsgespräch kaufte ich mir ein Paar hochhackige Schuhe der Marke Yearcon und ging voller Elan zur neuen Fabrik.

Die Fabrik war sehr klein, und im Büro saßen nur vier Personen, darunter der Inhaber und seine Frau. Ich war sehr beeindruckt davon, dass ich als frischgebackene Hochschulabsolventin einen Bürojob bekam und dazu Unterkunft und Verpflegung gestellt wurde, und sagte ohne zu zögern sofort zu. An meinem ersten Arbeitstag war ich ziemlich von der Rolle. Obwohl ich die Prüfung in Computer-Anwendung an der Hochschule bestanden hatte, war ich sowohl bei der Bearbeitung von Word-Dokumenten als auch von Excel-Tabellen sehr ungeübt, und ich wusste nicht, wie man manche Formeln anwendet. Ich bat das Mädchen im Büro kleinlaut um Rat, und sie war gerne bereit, mich einzuweisen. Später erfuhr ich jedoch, dass sie gekündigt hatte und ich ihren Platz einnehmen sollte. Bald darauf bat mich mein Chef, mich in ein CAD-Programm einzuarbeiten. Ich las im Lehrbuch nach und brachte mir das Programm selbst bei. Die Chefin machte mir Komplimente und meinte, dass junge Leute ja so schnell lernen würden.

Bald darauf ging das Mädchen weg, und ich übernahm die ganze Arbeit allein. Ich erinnere mich, dass ich beim ersten Mal, als ich ein Fax verschickte, die Nummer übertrieben vorsichtig eingab, weil ich Angst hatte, dass das Fax nicht ankommen würde. Als ich das erste Mal bei einem Anbieter anrief, um einen Kostenvoranschlag einzuholen, klopfte mein Herz wie wild und meine Stimme zitterte ein wenig, weil ich mir Sorgen machte, dass die Person am anderen Ende der Leitung herausfinden könnte, dass ich gerade erst meinen Abschluss gemacht hatte. Einmal erhielt ich einen Anruf, bei dem der Anrufer sagte, dass ein Eilbrief, den unser Chef abgesandt hatte, nicht zugestellt worden sei und dass unsere Firma ihm die Auftragsunterlagen schicken müsse, um den Vorgang abzuschließen. Ich dachte, es sei sehr dringend, und stellte den

Anruf direkt an die Frau unseres Chefs durch. Sie kritisierte mich sofort und meinte, ich könne nicht einmal zwischen echten und betrügerischen Anrufen unterscheiden.

Ich bekam immer mehr zu tun. Einmal erhielt die Fabrik eine Anfrage von Wal-Mart. Ich sah mir die Konstruktionszeichnungen für das komplexe Verteilerkastensystem an, suchte die passenden Komponenten heraus und listete sie im Excel-Angebot auf, um dann das Gesamtangebot zu erstellen. Der Kunde drängte uns, das Angebot so schnell wie möglich zu schicken, und der Chef seufzte nur. Mir blieb nichts anderes übrig, als fast jede Nacht Überstunden zu machen, um das Angebot fertig zu machen und zu verschicken. Trotz der vielen Überstunden fühlte ich mich überhaupt nicht müde, sondern energiegeladen und stolz, dass ich alles schaffte, was ich mir vornahm. Ich hatte das Gefühl, dass ich jeden Tag Fortschritte machte.

Schließlich erhielten wir den Auftrag, und der Chef bat mich, die Komponenten laut Auftrag zu kaufen. Da es kein Lagerpersonal gab, musste ich die Mengen selbst zählen, wenn die Ware eintraf. Außerdem musste ich CAD-Zeichnungen (Grundrisse der Verteilerkästen) anfertigen, die von den Werkstattmitarbeitern zusammengesetzt werden sollten. Bei zwei Verteilerkästen zeichnete ich einen Schalter zu viel und die Arbeiter in der Werkstatt bohrten nach meiner Zeichnung je ein zusätzliches Loch. Die beiden Verteilerkästen mussten deshalb weggeworfen werden. Der Chef seufzte in einem fort, und der Werkstattmeister beschwerte sich über mich. Mir tat das sehr leid, aber ich war auch gekränkt, denn ich hatte niemanden, den ich um Rat fragen konnte, wenn ich einmal nicht weiterwusste. Der Chef interessierte sich nur für das Endergebnis.

Einige Zeit später bekam die Fabrik eine Projektanfrage, und der Chef sagte, wir sollten mit einem Angebot an der Ausschreibung teilnehmen. Er warf mir eine CD zu und sagte, ich solle nach den Vorgaben im Video auf der CD eine Kalkulation erstellen (aufgeschlüsselte Kalkulation). Davon hatte ich keine Ahnung und wusste überhaupt nicht, wo ich anfangen sollte. Ich fragte den Chef um Rat, und er antwortete, dass er das auch nicht verstehe. Ich machte also lange Überstunden, um mir die CD anzusehen, wusste aber immer noch nicht, wie ich das hinbekommen sollte. Schließlich ging ich nach Hause, während mein Chef kummervoll seufzte.

Auf dem Heimweg von der Arbeit zog das Licht der Straßenlaternen meinen Schatten in die Länge. Angesichts der Diskrepanz zwischen den lachenden Passanten und meiner eigenen Verzagtheit liefen mir die Tränen übers Gesicht: Ich war dieser Arbeit nicht gewachsen! Sechs Monate später kündigte ich die Stelle auf eigenen Wunsch.

Nachdem ich die Arbeitsstelle verlassen hatte, hatte ich viele Vorstellungsgespräche, aber es war nie etwas Passendes dabei. In den meisten Fällen beanstandete die Fabrik meine mangelnde Berufserfahrung und mein Alter. Ich dachte: „Ich habe doch gerade erst meinen Abschluss gemacht? Wieso kommen sie auf die Idee, dass ich zu alt sei?" Als ich einmal in einem Gewerbegebiet nach einer Stelle suchte, sah ich ein Schild, auf dem stand, dass Sachbearbeiter gesucht werden. Ich ging hin und fragte nach. Der Mitarbeiter sagte, man könnte mich zu einem Vorstellungsgespräch in die Zentrale bringen. Es standen auch noch ein paar Männer herum, die angaben, sie hätten ein Vorstellungsgespräch für die Lagerverwaltung, und so stiegen wir zusammen in einen Kleinbus. Nach einer langen Fahrt wurde ich gleich nach der Ankunft gebeten, meine Bewerbungsformulare auszufüllen. Man sagte mir auch, dass die Zentrale keine Mitarbeiter von außen einstelle. Ich solle lediglich die Unterlagen ausfüllen und etwas Geld bezahlen, dann würde ich eine Arbeit bekommen. Als ich hörte, dass ich Geld zahlen sollte, wurde mir klar, dass ich betrogen worden war. Deshalb erfand ich eine Ausrede, um auf die Toilette zu gehen, und rannte dann zur Bushaltestelle. Ohne mich umzudrehen, stieg ich keuchend und nach Luft ringend in den Bus. Nach dieser Erfahrung sah ich mich nur noch nach Arbeit in nahe gelegenen Gewerbegebieten um. Einmal fragte mich ein alter Mann bei einem Vorstellungsgespräch unvermittelt, ob ich einen Freund habe und mit wem ich zusammenlebe. Obwohl ich diese Stelle bekommen hätte, war ich darüber so erschrocken, dass ich mich nicht traute, sie anzunehmen. Ein andermal gab ich Mitarbeitern des Sicherheitspersonals am Eingang eines Industrieparks meine Handynummer, weil ich dachte, sie würden mich benachrichtigen, wenn sie eine Stellenausschreibung sehen. Stattdessen erhielt ich einen Anruf mit der Aufforderung, zu einem Karaoke-Abend zu gehen …

Da ich keine Arbeit finden konnte, ging mir langsam das Geld aus, und ich konnte die Miete nicht mehr bezahlen. Deshalb zog ich zu einer Kommilitonin in den Shenzhener Stadtteil Xixiang. Dann fand ich einen

Job als Angestellte in Nanshan. Tatsächlich aber wiesen mich die Leiter an, in der Werkstatt beim Löten zu helfen. So kam ich in der ganzen Zeit nie in die Nähe eines Computers. Nach einer Woche Arbeit zog ich aus dem Wohnheim der Firma wieder aus.

Illustration: Xiaoxi

Ich zog meinen Koffer hinter mir her und wusste nicht, wohin ich gehen sollte. Zu dieser Zeit konnte mein Vater wegen seiner Rückenprobleme nicht arbeiten und musste zu Hause bleiben, um sich zu erholen. Meine Schwester war im zweiten Jahr der oberen **Mittelschule** und mein Bruder auf der Fachhochschule. Die Studiengebühren für die beiden waren eine zusätzliche nicht unbeträchtliche finanzielle Last. Meine Schwester wollte meine Mutter entlasten und brach auf eigenen Wunsch die Schule ab, weshalb sie bis heute keinen Abschluss hat. Ich wollte unbedingt einen Job und ein geregeltes Leben haben. Als ich die Reklametafel am Straßenrand sah – „Wer zu uns kommt, ist Shenzhener" –, hockte ich mich an den Straßenrand und begann zu weinen.

Über die Vermittlung meines Cousins kam ich dann in meine jetzige Firma, wo ich als Sachbearbeiterin im Berichtswesen arbeite. Da es sich um ein relativ kleines Unternehmen handelt, muss ich nur meine Arbeit gut machen. Vor allem muss ich mich nicht um zwischenmenschliche Beziehungen kümmern. Abgesehen davon, dass ich fünfeinhalb Tage die Woche arbeite, muss ich keine Überstunden machen, und ich kann meinen Chef immer um Rat fragen, wenn ich etwas bei der Arbeit nicht verstehe. Im Vergleich zu meinen vorherigen Jobs, bei denen ich nur kopflos durch die Gegend rannte und ständig überfordert war, fühle ich mich in diesem Arbeitsumfeld ganz wohl.

Je länger ich in Shenzhen war, desto mehr Probleme bekam ich

Die Geburt meines Kindes

Nachdem ich 2013 geheiratet hatte, zog ich aus dem Wohnheim des Unternehmens aus und mietete mir im Longgang-Bezirk ein einzelnes Zimmer, wo ich nach kurzer Zeit schwanger wurde. Damals hatte ich einen Kollegen, der gerade damit beschäftigt war, Unterlagen für eine Haushaltsregistrierung in Shenzhen zusammenzustellen, damit sein Kind die Grundschule in Shenzhen besuchen konnte. Mir empfahl er, mich möglichst früh darum zu kümmern. Ich dachte mir aber, dass die Grund-schule für mein Kind noch in ferner Zukunft liege und ich nicht wisse, wie lange ich noch in Shenzhen arbeiten würde. Deswegen machte ich mir gar keine Gedanken über einen Shenzhener **Hukou**.

Die Schwangerschaft verlief bei mir körperlich ohne große Probleme, und ich konnte auch normal in die Firma gehen. Mein Mann arbeitete zu dieser Zeit in der Verbrauchsgüterbranche und kam jeden Tag erst spät nach Hause, weshalb immer ich kochte und Kleidung wusch. Erst als mein Bauch so groß wurde, dass ich mich nicht mehr bücken konnte, überließ ich die Wäsche meinem Mann. Das tat er, bis das Neujahr näher rückte und mein Geburtstermin kurz bevorstand. Denn dann gingen wir gemeinsam in seinen Heimatort, um dort auf die Geburt zu warten.

Ehrlich gesagt wollte ich dort gar nicht hin. Ich bin zwar nur vier, fünf Kilometer entfernt von meinen Schwiegereltern aufgewachsen, doch fühlte sich in seiner Familie alles ungewohnt an. Meine Schwiegereltern waren mir auch fremd. Das erste Mal sah ich sie erst nach der Heirat mit meinem Mann, danach habe ich in Shenzhen gearbeitet und ihnen auch nur Geld geschickt oder sie bei Festen angerufen. Außerdem hat es mich sehr gestört, dass das Leben im Dorf so unpraktisch war. So musste man sich zum Einkaufen zu einem drei Kilometer entfernten Marktort begeben, wo noch nicht mal ein Supermarkt existierte, weshalb ich viele Sachen überhaupt nicht bekam. Noch schlimmer war jedoch, dass die meisten Handys keinen Empfang hatten.

Meine Schwiegereltern waren äußerst tüchtige Bauern. An dem Tag, als wir von Shenzhen ins Dorf kamen, war von ihnen weit und breit keine Spur zu sehen. Erst als es dunkel wurde, kamen sie mit Brennholz vom Berg zurück. Ab und zu bereitete ich das Essen vor oder erntete im Beet vor dem Haus etwas Pak Choi. Außerdem wusch und schnitt ich das Blattgemüse und die Rüben, die nicht aufgegessen wurden, bevor ich sie aufs Dach zum Trocknen brachte. Doch diese Aktivitäten fühlten sich noch anstrengender an als die Arbeit in Shenzhen.

Nachdem wir das Neujahr zusammen verbracht hatten, war das Kind immer noch nicht auf der Welt und meine Schwiegermutter sagte meinem Mann, er solle wieder nach Shenzhen gehen, um dort zu arbeiten. Ich, die ich mich schon im eigenen Heimatdorf nicht wohl fühlte, verspürte schlagartig eine noch größere Hilflosigkeit. Am meisten freute ich mich auf den Tag der Kontrolluntersuchung im Krankenhaus. Denn danach konnte ich in Ruhe im Park spazieren gehen, und auch nur dort genoss ich ein Gefühl von Freiheit. Ich vermisste Shenzhen, wo ich lediglich aus der Tür zu treten brauchte, um in den Supermarkt oder den Park zu gehen. Auch vermisste ich die Arbeit, bei der ich mein eigenes Geld verdienen konnte. Zu dieser Zeit dachte ich, dass mich nur die Arbeit erfüllen könne und mir einen Wert gäbe.

An einem Frühlingstag 2014 stellte ich um drei Uhr morgens fest, dass die Fruchtblase geplatzt war. Ich begriff, dass die Geburt bevorstand, und rief sofort meinen Mann in Shenzhen an, der wiederum seine Eltern und mich unverzüglich ins Krankenhaus schickte. Wir packten und fuhren hastig zum Krankenhaus. Als wir ankamen, war es bereits sechs Uhr morgens. Nachdem der Arzt mich untersuch hatte, sagte er, dass das Kind heute kommen würde. Ich freute mich riesig und dachte, dass eine Geburt wohl nicht so schlimm sei, wie ich es mir immer vorgestellt hatte.

Um 10 Uhr morgens war der erste Schmerz kaum abgeklungen, da folgte eine Geburtswehe auf die andere. Wenn die Qualen so stark sind, dachte ich, dann kommt das Kind sofort, weshalb ich schleunigst nach dem Arzt verlangte und in den Kreißsaal wollte. Dieser sagte mir aber, dass der Muttermund gerade mal einen Fingerbreit geöffnet sei und es noch lange dauern würde. Später hatte ich nicht nur Unterleibs-, sondern auch Rückenschmerzen, mir war speiübel, und ich wollte sogar meinen Darm entleeren. Ich ging oft auf die Toilette, wobei ich jedes Mal sehr vorsichtig war, denn ich fürchtete, dass das Kind herausfallen könnte, während ich auf der Kloschüssel saß.

Die Wehen wurden immer schlimmer, und ich dachte, mein Kreuz bräche entzwei. Meine Schwiegermutter lief an meiner Seite besorgt hin und her. Just bekam ich auch einen Anruf von meiner Mutter und meinem Mann aus Guangdong, die sich erkundigten, wie es mir ging. Nach meinen Wehklagen untersuchte mich der Arzt abermals und stellte fest, dass der Muttermund erst zwei Fingerbreit geöffnet war. Wann würde mein Kind endlich kommen? Meine Schwiegermutter hatte mir Reis und Brei mitgebracht und sagte, dass ich nur mit vollem Magen genug Energie für eine Geburt hätte. Obwohl ich keinen Appetit hatte, würgte ich das Essen hinunter. Ich weiß nicht mehr, wie viel Zeit verging, bis der Arzt mich in den leeren Kreißsaal ließ. Dort wurden meine Schmerzen noch stärker, als würde ich platzen. Ich konnte nicht anders, als laut zu schreien und zu weinen. Ich vermute, dass der doppeldeutige Spruch „vor Schmerzen nicht mehr gebären bzw. leben wollen" mit den Qualen bei der Geburt zusammenhängt. Die Ärzte ermutigten mich, immer mit Kraft zu pressen, doch ich schaffte es nicht, und die ganzkörperliche Erschöpfung frustrierte mich. Nachdem ich eine Dose Red Bull getrunken hatte – ich weiß nicht, ob das ein Placebo-Effekt war oder wirklich am Red Bull lag –, spürte ich wieder ein wenig Kraft in mir aufkommen. Die Hebamme neben mir lobte mich: „Ja, super, genau so, pressen". „Okay und Luft anhalten, und pressen, genau so, und pressen. Ich kann den Kopf schon sehen, jetzt musst du nur noch gleichmäßig pressen, ansonsten verformt sich der Kopf des Kindes … Ich sehe die Augen schon, press weiter, ansonsten wird das Kind kurzsichtig …"

Gegen 17 Uhr lag ich seit mehr als zehn Stunden in den Wehen, und dann hörte ich endlich den ersten Schrei meines Kindes.

Als sich sein kleiner Körper an mich schmiegte, änderte sich alles für mich. Er war meine ganze Welt.

Während ich im Wochenbett lag, wurden die Meinungsverschiedenheiten zwischen meinen Schwiegereltern und mir immer offensichtlicher. Wenn es um meinen Sohn ging, beharrten sie auf der Tradition, beispielsweise, dass ich im ersten Monat nach der Geburt nicht duschen, kein Gemüse essen und nicht rausgehen durfte. Sie umarmten und küssten ihn aber auch, wenn sie erkältet waren und husteten. Wenn ich etwas entgegnete, lehnten sie meine Vorschläge ab. Sie dachten, ich wäre von ihnen angewidert und würde aus einer Mücke einen Elefanten machen. Ich hätte doch lediglich die Schule einige Jahre länger besucht und hätte von ein paar neuen Ideen erfahren. Aber wie könnte ich denn von Kindererziehung mehr verstehen als sie, die nun mal mehrere Jahrzehnte Erfahrung hatten? Angesichts dessen bekam ich wirklich etwas Angst vor ihnen. Diese „Angst" ging von ihrem Status als Eltern meines Mannes aus.

Wenn ich so wäre wie die meisten Hausfrauen, mich an die traditionellen Erziehungsmethoden halten und das Wort der Älteren als bare Münze nehmen würde, dann würde bei uns vielleicht noch „die große Harmonie" herrschen. Doch das bin nicht ich, dazu bin ich auch nicht bereit. Ich erinnere mich an einen Tag, als ich einen Arzttermin hatte. Bevor ich das Haus verließ, sagte ich meiner Schwiegermutter klipp und klar, dass sie dem Sohn Milchpulver geben solle, wenn er vor Hunger weint. Sie versicherte mir, dass sie das machen würde. Als ich am Nachmittag nach Hause kam, neckte meine Schwiegermutter meinen Sohn vor meinen Augen mit solchen Worten: „Wir sind satt, und deine Milch

„Mutter-Sohn-Bilder", die auf Fotos von Yanzi als Kind und junger Frau sowie Zeichnungen ihres Sohnes von Dinosauriern basieren
Illustrationen: Jing Y.

haben wir noch nicht mal gebraucht". Da ich dachte, dass mein Sohn seine Ersatzmilch getrunken hatte, diskutierte ich nicht mit ihr. Als ich abends meinen Sohn stillen wollte, fiel mir auf, dass er keine Muttermilch trinken wollte und kurz darauf spuckte er etwas Schwarzes aus. Ich begriff sofort, dass meine Schwiegermutter ihn in meiner Abwesenheit mit vorgekauten Kakipflaumen und Reis gefüttert hatte!

Ich war außer mir, suchte aber nicht meine Schwiegermutter auf, sondern sendete meinem Mann ein Bild davon, was unser Sohn ausgespuckt hatte. Er blieb ruhig und meinte nur, dass ich kein großes Fass aufmachen solle. Seien wir nicht alle so aufgewachsen? Würden die Kinder im Dorf nicht auch alle so ernährt? Warum sei das denn für mich nicht gut genug? Und außerdem sei er von der vielen Arbeit müde, wolle Frieden und Eintracht in der Familie und wünsche sich, dass ich ihm keine zusätzlichen Probleme aufhalse.

Ein Kind auf die Welt zu bringen, ist schon nicht leicht, und ohne meinen Mann war ich noch hilfloser. Aber als er mich in dieser Zeit der Unsicherheit dann noch nicht einmal unterstützen wollte, brach ich innerlich zusammen – ich war deprimiert! Diese Stimmung zog sich über die nächsten Tage so wie der unablässige Nieselregen: Ich vermisste die Sonne und die Freiheit in Shenzhen. Deshalb wollte ich fast jeden Tag ein Zugticket nach Shenzhen einlösen, ich wünschte mir inständig, mir selbst einen Fahrschein kaufen zu können. Auch ein Stehplatz hätte mir gereicht, selbst wenn ich mit meinem Sohn auf dem Arm den ganzen Weg stehen würde - ich musste nach Shenzhen zurück.

Als ich wieder in Shenzhen arbeitete, verlief mein Alltag wie folgt: Morgens stillte ich und pumpte meine Milch ab; mittags eilte ich nach der Arbeit nach Hause, wo ich wieder stillte und abpumpte; abends brachte ich mein Kind ins Bett und stillte des Nachts. Obwohl das sehr anstrengend war, war ich glücklich, mit meinem Sohn zusammen zu sein. Anfangs geriet ich mit dem Stillen aber auf einen Irrweg: Von den Müttern aus den unteren Etagen unserer Mietswohnung hörte ich oft, dass die Muttermilch den Nährstoffbedarf des Kindes nach einem halben Jahr nicht mehr abdecke und außerdem sah ich oft Milchpulver-Werbung. Deshalb hielt ich es für eine gute Idee abzustillen. Danach war ich in einer Müttergruppe aus der Nachbarschaft, die sogar sagte, dass man nicht mit einem kranken Kind ins Krankenhaus gehen solle, weil dort nur Antibiotika verschrieben werden und sich die Ärzte ihre Taschen füllen würden. Besser wäre es ihrer Meinung nach, vorsorglich Probiotika zu geben, um das Immunsystem zu stärken. Damals glaubte ich ihnen, kaufte viele Probiotika und gab meinem Sohn sogar ein teures, dafür aber sehr angepriesenes Schwalbennest zu essen. Später bin ich dann einer Online-Shopping-Gruppe beigetreten, wo man Sachen aus dem Ausland importieren konnte. Dort erfuhr ich, dass amerikanische Wissenschaftler empfahlen, in den ersten sechs Monaten nur zu stillen und dann bis zum Alter von über einem Jahr weiter zu stillen und zuzufüttern.

Als ich verstand, wie wichtig Stillen war, habe ich wieder damit angefangen. Auf die Empfehlung einer Freundin hin, habe ich ein amerikanisches Buch über die Pflege von Babys und Kleinkindern gekauft. Außerdem folgte ich der WHO und der internationalen Still-Gemeinschaft La Leche Liga sowie einigen Ärzten auf **Weibo** und schaute mir täglich Videos auf **TikTok** an, wodurch ich eine ganz neue Welt kennenlernte. Denn dadurch kam ich erstmals mit der evidenzbasierten Medizin in Berührung, die meine zwanzigjährige traditionelle Erfahrung erschütterte. Zu dieser Zeit lernte ich auch, dass viele Krankheiten von allein wieder verschwinden und man nicht immer einen Arzt aufsuchen muss. Diese Erkenntnisse führten erneut zu Auseinandersetzungen mit meiner Schwiegermutter, doch dieses Mal gab ich nicht nach. Denn ich war nicht mehr so wie früher. Durch den Erwerb dieses Wissens über die Kindererziehung wurde ich langsam selbstbewusster und fürchtete mich nicht mehr vor der älteren Generation und der Autorität, die sie ausstrahlte. Ich war davon überzeugt, dass ich mich selbst gut um meinen Sohn kümmern konnte.

Zum **Frühlingsfest** 2015 kehrten wir in die Heimat meines Mannes zurück. Dort versuchte mich seine Familie zu überreden, dass ich meinen Sohn doch zu Hause lassen sollte, was ich aber ganz und gar nicht vorhatte. Mein Sohn sollte keines von den zurückgelassenen Kindern werden. Die Trauer und das mangelnde Selbstbewusstsein in meiner Kindheit waren nämlich gerade durch die Abwesenheit meiner Eltern entstanden, weshalb ich nicht wollte, dass mein Sohn das gleiche Schicksal durchmachen musste.

Was sollte ich nur tun? Ich entschloss mich Shenzhen aufzugeben und mit meinem Sohn in der Heimat zu bleiben. Dort bewarb ich mich eine ganze Weile, fand aber keine passende Stelle. Die Zeit, zu der ich in

Shenzhen wieder auf der Arbeit erscheinen sollte, rückte näher und ich konnte meinen Arbeitgeber nur anrufen und die Karten auf den Tisch legen. Wer hätte ahnen können, dass er Probleme hatte, eine Person wie mich zu finden, die verantwortungsbewusst war und sich mit der Produktpalette des Unternehmens auskannte. Deshalb sagte er, dass ich erstmal mit meinem Kind zurück nach Shenzhen kommen sollte und er mir dann weiterhelfen würde.

Danach bin ich jeden Morgen in aller Frühe aufgestanden und mit dem Kinderwagen zur Arbeit gegangen. Damals war mein Sohn gerade ein Jahr alt und konnte noch nicht laufen. Im Büro lief er dann an der einen Wand entlang zur nächsten, und nach ein paar Tagen konnte er laufen. Ein Büro ist aber nicht für Kinder ausgelegt. So spielte er einmal mit einem Kleber, wobei er seine Finger verklebte und herzergreifend weinte. Erst mit viel Wasser gelang es mir, die Finger wieder voneinander zu lösen. Ein anderes Mal kehrte ich nach der Arbeit nach Hause zurück und machte Essen, und als ich nach ihm schaute, merkte ich, dass er das Duschgel ins Klo geschüttet hatte und sich amüsierte, „dass es nur so eine Freude war" – wie Konfuzius schon zu sagen pflegte. Lieber Gott, wie habe ich nur so ein Kind verdient?

Als er größer wurde, tobte er überall herum und räumte alle Schränke aus, die er erreichen konnte. Ich sagte ihm zwar jedes Mal, dass er das lassen solle, doch es schien bei ihm nur zum einen Ohr rein und zum anderen rauszugehen. Und manchmal wurde es auch gefährlich, wie im Kindergarten, wo es sich herumsprach, dass er ein Kind gebissen hatte, um dessen Spielzeug wegzunehmen. Obwohl er aufgedreht und frech war, hatte er vorher nie jemanden gebissen. Damals war ich geschockt und traurig und verstand einfach nicht, wie er so frech werden konnte, obwohl ich selbst doch so ruhig und besonnen war.

Damit mein Sohn nicht als unartiges Kind bekannt wurde, legte ich noch mehr Wert auf seine Erziehung. Daher las ich erneut ein Buch von Sun Ruixue mit dem Titel *Die sensible Phase der Kleinkinder*, das ich mir bereits vor langer Zeit zugelegt hatte. Danach wurde mir klar, dass ich vieles über die Kindererziehung falsch verstanden hatte: Während sich das Kind in einer bestimmten Phase seiner sozialen Entwicklung befindet, möchte es mit anderen Kindern spielen, da es das aber nicht ausdrücken kann, schlägt es, um auf sich aufmerksam zu machen. Nachdem ich verstanden hatte, warum mein Sohn andere Kinder schlug, wollte ich ihn anleiten und die Probleme ansprechen, doch war es für ihn sehr schwierig, das zu verstehen. Deshalb schlug ich nochmal ein Bilderbuch namens *Mach mir bitte nach* auf, das ich früher gekauft hatte, und zeigte es meinem Sohn. Insgesamt gab es sieben Bände, in welchen mit einer sanften, aber entschlossenen Art und Weise Kindern vermittelt wurde, nicht zu treten, schlagen, beißen oder zu popeln, ihre Gefühle auszudrücken und auf die Hygiene zu achten. Ich habe gemerkt, dass es für Kinder leichter ist, solche Grundsätze zu akzeptieren, wenn sie in einer Bilderbuchgeschichte wie dieser verpackt sind. Ich bin sehr dankbar für all die Veränderungen, die die Bilderbücher, die inzwischen eine unverzichtbare Quelle von „Seelennahrung" in unserem Haus geworden sind, mit sich gebracht haben. Egal ob es dabei um unser Kind oder um uns selbst geht, wir mögen es, unserem Sohn jeden Abend etwas vorzulesen. Es wurde zu einer Tradition in unserer Familie, dafür eine entsprechende Leseecke einzurichten, egal ob früher in der „schwarzen Kammer", in der wir wohnten, oder in unserer neuen hellen Wohnung.

Mir ist aufgefallen, dass ich mich sehr verändert habe, seitdem mein Sohn auf der Welt ist. Während andere wie wild shoppen, sich Serien reinziehen oder ihre Zeit auf **TikTok** verbringen, beschäftigte ich mich mit Fachliteratur zur Kindererziehung. Neben der Erziehung meines Kindes entdecke ich auch mich selbst neu, ordne und kümmere mich um mich selbst.

Unser Geschäft

2015 merkte mein Mann, wie sehr es mich erschöpfte, mich um unseren Sohn zu kümmern, weshalb er sich entschloss, einen Gemischtwarenladen zu eröffnen. Wir dachten, dass es leicht sei, ein eigenes Geschäft zu führen, ahnten aber nicht, dass wir eigentlich freihändig auf einem Drahtseil balancierten und uns bei einem Fehltritt leicht das Genick brechen konnten.

Von der Standortsuche bis zur Außengestaltung des Geschäftes war mein Mann für alles verantwortlich. Erst als es ans Bezahlen ging, bemerkte ich, dass wir Zehntausende von Yuan an Gebühren auf den Tisch legen mussten! Auch wenn ich es bereute, gab es keinen Weg mehr zurück, denn das neue Haus stand bereits, und Sand, Zement, Fliesen, Abflussrohre, Fenster, Rollläden und Sicherheitstüren waren schon angeschafft.

Außerdem zahlten wir bei Vertragsabschluss bereits drei Monatsmieten im Voraus (zweimal die Kaution, einmal die Monatsmiete). Wir konnten uns nur damit trösten, dass wir das Risiko eingehen mussten, damit es sich später auszahlen konnte. Danach kauften wir Regale, einen Kassenschrank, einen fünftürigen Kühlschrank und einiges mehr. Wir hatten uns beide mit Haut und Haaren in dieses Projekt hineingestürzt.

Der Makler, der uns den Laden zeigte, hatte uns zu Beginn versichert, dass sich viele Angestellte und Unternehmen in diesem Industriegebiet ansiedeln würden, doch strichen Monate ins Land, ohne dass Unternehmen oder Angestellte in Sicht waren. Als ob das Geschäft nicht schon schlecht genug gelaufen wäre, erhielten wir auch noch Falschgeld und fielen auf einen „Wechselgeldbetrug" herein. Ein Brotlieferant ließ später zudem heimlich Lieferscheine mitgehen.

Am Monatsende war es an der Zeit, die Verwaltungsgebühr und die Miete zu bezahlen, und ich stellte fest, dass wir uns das nicht mehr leisten konnten, weshalb wir uns eine Kreditkarte zulegten, um die schwierigen Zeiten zu überstehen. Wir dachten auch darüber nach, uns von dem Laden zu lösen. Als wir dann aber von einem Interessenten hörten, er würde uns nur dreißigtausend Yuan für den gesamten Laden überlassen, lehnten wir ab, da wir so viel Geld in den Laden gesteckt hatten und wenigstens das Startkapital zurückhaben wollten. Danach wurde es immer schwieriger. Letztlich hatten wir keine andere Wahl, als den Laden für nur etwas mehr als zwanzigtausend Yuan jemand anderem zu überlassen.

Nachdem wir den Laden 2016 weggeben hatten, suchte mein Mann wieder eine Arbeit, aber fand lange keine passende. Er nahm dann eine Zeitarbeit an, wo ihm allerdings sein Gehalt nicht ausgezahlt wurde. Erst als er auf den Rat eines Freundes hin beim Arbeitsamt Beschwerde einreichte, bekam er das Geld, das ihm zustand. Unsere Investitionen in den Laden zehrten bereits an uns, und dass mein Mann keine Arbeit hatte und mein dürftiges Einkommen für die ganze Familie reichen musste, machte es wirklich schwer für uns, über die Runden zu kommen.

Um Geld zu sparen, mieteten wir eine billige Wohnung. Sie war nur ca. 28 Quadratmeter groß, und die Wände hatten Brandspuren, waren dunkel und dreckig, so dass wir sie vor dem Einzug tapezieren mussten. Der Raum wurde durch eine Wand abgetrennt und hatte keinerlei Fenster, weshalb mein Sohn ihn „schwarze Kammer" nannte.

Ein geborgenes Zuhause – die Wohltätigkeitsorganisation in Shenzhen

Nachdem wir unseren Laden hinter uns gelassen hatten und der Druck von uns abgefallen war, lebten wir deutlich entspannter als vorher. Wenigstens mussten wir uns nicht mehr um den Laden und die Miete sorgen. Da Shenzhen ans Meer grenzt, hat es dort stets frische Luft vom Ozean sowie viele schöne Landschaften, und so gingen wir jedes Wochenende mit unserem Sohn in verschiedene Parks. Dort fanden jedes Jahr verschiedene Blumenausstellungen statt, z. B. die Azaleenschau im Lianhuashan-Park oder die Lotusschau im Honghu-Park, im Renmin-Park wurden Mondblumen und im Donghu-Park Chrysanthemen gezeigt.

Im Ozeanarium habe ich zum ersten Mal Delfine und Wale gesehen und im Zoo habe ich festgestellt, dass Giraffen wirklich so groß sind, wie im Fernsehen gezeigt und dass Pandas tatsächlich Bambus essen. Der öffentliche Verkehr in Shenzhen ist so gut entwickelt und praktisch, dass ich allein mit meinem Sohn nach Hongkong fahren konnte. Shenzhen steckt für mich wirklich immer voller Überraschungen.

Mitten an einem herrlichen Nachmittag im Herbst gingen mein Sohn und ich zum Spielen nach draußen. Neben dem Eingang eines Kindergartens in meinem Viertel (zu der Zeit wohnten wir einem von Shenzhens städtischen Dörfern) sah ich, wie eine Organisation Menschen aufforderte, Fragebögen auszufüllen. Nachdem ich meinen ausgefüllt hatte, verband ich mich mit einer Mitarbeiterin auf WeChat. Eines Tages sah ich in ihren Posts folgende Nachricht: Am Wochenende findet eine Veranstaltung zur Zulassungspolitik für die öffentlichen Kindergärten und Schulen statt. Das Wort „Zulassungspolitik" traf sofort einen wunden Punkt bei mir, da mein Sohn bald in den Kindergarten kommen sollte und ich dringend wissen wollte, welche Dokumente ich dafür vorzubereiten hatte.

Sobald ich die Türschwelle der Organisation betrat, fiel mein Blick auf die Bücherreihen, die in bester Ordnung waren, was mich etwas überraschte. Beim weiteren Umschauen sahen auch die Pflanzen daneben sehr einladend aus, und die Bilder an der Wand waren ebenfalls interessant. In diesem lärmigen und chaotischen städtischen Dorf mit den vielen kleinen kreuz- und querlaufenden Gassen und den vielen Mietshäusern gaben mir die Räumlichkeiten dieser Organisation ein ganz besonderes Gefühl. Zu dieser Zeit erfuhr ich zum ersten Mal, dass die Institution

W. hieß und dass es eine Graswurzel-Initiative aus unserem Viertel war. Davor dachte ich immer, dass gemeinnützige Initiativen nur mit Unterstützung des Staates zustande kämen und zu einer Regierungsbehörde gehören mussten. Deshalb hatte ich immer großen Respekt vor solchen Initiativen. Erst nachdem ich es aus der Nähe erlebte, verstand ich, dass gemeinnützige Initiativen auch autonome gesellschaftliche Organisationen von Ehrenamtlichen sein können, die nicht-staatlich und nicht-gewinnorientiert sind.

Das Wichtigste, was ich von dort für mich mitnahm, war ein neues Bewusstsein für die „Rechte der Arbeitnehmer".

Im jetzigen Unternehmen arbeite ich bereits seit zehn Jahren. Seit all diesen Jahren betrete ich jeden Tag das Büro, wo stets eine Menge Arbeit auf mich wartet. Stapel von Dokumenten müssen geprüft und zeitnah bearbeitet werden; vom Chef bekomme ich kurzfristig eine Aufgabe nach der anderen aufgedrückt; die Kunden setzen mich immer wieder unter Druck, ihnen einen Kostenvoranschlag zu machen; das Telefon klingelt ununterbrochen, weil die Lieferanten wissen wollen, in welchem Stadium die Zahlungsabwicklung für die gelieferten Waren gerade ist … Ich bin derart beschäftigt, dass ich noch nicht mal Zeit dafür finde, Wasser zu trinken oder auf die Toilette zu gehen! Ab und zu beschwerte ich mich bei meinem Chef über die Arbeitsbelastung. Doch jedes Mal lächelte er nur und lobte mich für meine sorgfältige und verantwortungsbewusste Arbeit und dafür, dass ich das Aushängeschild des Unternehmens sei und dass ich für das Unternehmen sehr wichtig wäre. Er sagte auch, dass er mir bald auf jeden Fall einen Assistenten an die Seite stellen würde und dass er mir am Ende des Jahres einen zusätzlichen Jahresbonus geben würde. Als ich das hörte, hatte ich das Gefühl, dass sich die ganze Arbeit lohnen würde. Doch als schließlich der Tag kam, an dem die Jahresendprämie hätte ausgezahlt werden sollen, waren die Zahlen dieselben wie zuvor, und vom Assistenten war auch weit und breit keine Spur. Ich war enttäuscht und verärgert, aber ich wagte nicht, mit meinem Chef darüber zu diskutieren. Ich vermutete, dass ich wohl nicht gut genug gearbeitet hatte, um eine Gehaltserhöhung zu bekommen. Ich hatte aber auch Angst, dass mein Chef mich sofort entlassen könnte, wenn ich um eine Gehaltserhöhung bitten würde. Wenn ich keine Arbeit hätte, würde meine **Sozialversicherung** wegfallen, was sich in Shenzhen nicht nur auf den

Schulbesuch der Kinder auswirkt, sondern auch auf die Beantragung der Aufenthaltsgenehmigung für die Stadt. Also habe ich mir immer eingeredet, dass ich das einfach so hinnehmen müsse und sich mein Gehalt im kommenden Jahr, wenn das Geschäft besser läuft, schon erhöhen würde.

Nach Neujahr kündigte ein Mitarbeiter, und der Chef und seine Frau übertrugen mir daraufhin seine gesamte Arbeit, so dass ich noch mehr zu tun hatte. Es war wieder ein sehr arbeitsreicher Nachmittag, ohne Mittagspause, und ich war damit beschäftigt, Berichte zu schreiben. Als die Pausenglocke am Nachmittag ertönte, kam mein Chef in mein Büro und fragte: „Warum haben Sie nicht veranlasst, dass die Waren von so und so verschickt werden? Sollen die Mitarbeiter im Lager nur rumsitzen und mit ihren Handys spielen? Wie kommt es, dass ich von dem Ausländer noch nichts über den von mir angefragten Preis gehört habe? Wurden die E-Mails überhaupt verschickt?" Auf der anderen Seite rief mich der Chef der Werkstatt immer wieder an, um mir mitzuteilen, dass ich in die Werkstatt kommen müsse, um den Produktionsplan anzupassen, da er sonst nicht in der Lage sei, die Ware, die der Kunde dringend benötige, zügig auszuliefern. Und auch die Frau des Chefs, die im Nebenzimmer saß, kam, um mitzumachen, und drängte mich immer wieder, Rechnungen zu versenden. Je mehr ich darüber nachdachte, desto wütender wurde ich, und je wütender ich wurde, desto mehr wollte ich schnurstracks das Büro verlassen, ohne mich umzusehen.

Ich erinnere mich, dass mir damals einige Frauen bei der Veranstaltung über Arbeitsrecht folgendes sagten: Bei Kapitalisten stehe die Gewinnmaximierung immer im Mittelpunkt. Am liebsten würden sie einer Person die Arbeit von vielen Mitarbeitern aufdrücken. Es gebe sogar Arbeitgeber, die mit ihrer Firmenkultur die Mitarbeiter indoktrinierten und sie in den Glauben versetzten, dass sie damit ihren eigenen Wert verwirklichen würden. Wenn man nichts dagegen einwendet und nicht aktiv mitteilt, was man braucht, würde der Arbeitgeber mit Sicherheit keine Gehaltserhöhung geben. Haben sie damit nicht genau über mich gesprochen?

In mir arbeitete der Gedanke, wie ich mit meinem Chef verhandeln könnte. Ich spielte es oft in meinem Kopf durch, bis ich schließlich meinen Mut zusammenfasste und in sein Büro ging. Überraschenderweise meinte mein Chef während des Gesprächs, noch bevor ich überhaupt etwas sagen konnte, direkt zu mir: „Du erledigst deine Arbeit immer hervorragend. Da du seit so vielen Jahren im Unternehmen kein einziges Mal eine Lohnerhöhung angesprochen hast, habe ich gedacht, dass du einfach keine brauchst!" Wie er das so leicht dahinsagte, wusste ich plötzlich nicht, ob ich weinen oder lachen sollte. Hätte ich es nur vorher angesprochen, hätte ich mir viel Zeit und viele Stimmungstiefs sparen können. Ich verstand endlich, dass in der Arbeitswelt nur die Kinder, die „weinen", auch gestillt werden.

„Gender-Bewusstsein" war ein weiterer wichtiger Aspekt, den ich von dort mitnahm.

Ich habe immer gedacht, dass der Begriff „3-8" eine abwertende Bezeichnung für Frauen sei, die geschwätzig sind und ihre Nase überall hineinstecken. Der Begriff „funü" für Frauen hingegen hörte sich altmodisch an. Gleichzeitig haben mich Feste, die Frauen feiern, wie z.B. das Goddess Festival, der Queen's Day oder der Girls' Day, zu der Annahme verleitet, dass sich die Position von Frauen verbessert hätte. Früher habe ich gerne davon gesprochen, da ich dachte, dass das Lob der Frau von einer progressiven Gesellschaft zeugte. Als die Sprecherin bei W. über den Ursprung des Frauentags sprach, verstand ich erst, dass der Internationale Tag der Arbeitenden Frauen am 8. März fordert, dass „Frauen die Hälfte des Himmels tragen" und uns daran erinnern soll, wie wichtig Arbeitsrechte sind. Hinter all den Shopping-Events, wie Goddess und Girls' Day, stecken in Wirklichkeit Unternehmen, die Frauen objektivieren und zum Konsumieren anregen wollen.

Es gab einmal eine Diskussion, die wir über Geschlechter führten, in der jede von uns ihre Meinung kundtat. Ich vertrat die Meinung: „Frauen sind für technische Berufe ungeeignet und Männer gehören eher in die Naturwissenschaften." Das hatte ich dann noch eigens mit der Situation bei der Jobsuche belegt. Die Sprecherin von W. sagte mir darauf, dass ich damit sexistische Vorurteile bedienen würde. Ihr Wortlaut war in etwa: „Wenn wir Jungs und Mädchen ganz anders erziehen würden, dann könnte aus ihnen etwas ganz Anderes werden".

Um diesen Meinungsverschiedenheiten auf den Grund zu gehen, las ich zu Hause entsprechende Bücher. Auf **Weibo** habe ich dann festgestellt, dass ich wirklich Vorurteile hatte. Dann habe ich mich gefragt, wie ich zu diesen Vorurteilen gekommen bin. Als ich klein war, wurde ich lauthals von meiner Großmutter gemaßregelt, wenn ich meine Beine übereinanderschlug. Ihrer Meinung nach gehörte sich eine solche Bewegung nicht für junge Mädchen. Ähnliches hörte ich oft, wie etwa, dass Mädchen still sein sollten, keine kniefreien Röcke tragen dürften und die Hausarbeit übernehmen sollten. Auch bräuchten sie nicht so viel zu lernen, da sie ja ohnehin verheiratet würden. Männer hingegen sitzen zu Hause auf dem Thron und werden immer bevorzugt behandelt. Auch müssen sie den Haushalt nicht schmeißen. Sollte es so sein, nur weil es schon immer so war? Es ist durchaus möglich, dass sich Jungen und Mädchen aufgrund unserer Erziehung unterschiedlich verhalten. Doch normalerweise sehen wir uns nur das Endprodukt an und halten es für selbstverständlich. Genau das führt aber zu dem Teufelskreis, in dem die Vorurteile über die Unterschiede zwischen Männern und Frauen immer nur weiter bestärkt werden.

Dann kam mir Hua Mulan in den Sinn. Sie ist eine Figur, die immer wieder in alten Gedichten und Fernsehdramen dargestellt wird. Damals wusste ich nur, dass Mulan für ihren Vater in die Armee eingetreten war. Das zeigte, was für eine gute Tochter sie war und wie loyal sie zu ihrem Land stand. Niemals hätte ich aber gedacht, dass Mulan auch eine Vertreterin der Frauenrechte sein könnte. Sie wurde als einfache Bürgerin geboren, übernahm später aber die Verantwortung für ihre Landsleute und ihr Land. Sie war so stark und mutig wie ein Mann und glaubte, dass die Ehe keine Notwendigkeit im Leben sei. Zu einer Zeit, als die Menschen noch dachten, dass Frauen verheiratet sein und ihre Kinder erziehen sollten, sprengte Mulan die Fesseln des Anstands, indem sie im Namen ihres Vaters in die Armee eintrat. Von so etwas sind wir in unserer ach so fortschrittlichen Zeit mit unseren modernen Gender-Einstellungen nach wie vor weit entfernt.

Abgesehen von Sexismus, Sexual-Bildung und -Gesundheit, sind auch die Rechte und Interessen von Geschlechtern von großem Belang. Ich erinnere mich, dass ich bei W. einmal den koreanischen Film Hope (2013) gesehen habe (jeden Mittwochabend wurde zu einer festen Zeit ein Film gezeigt). Der Film erzählte die Geschichte eines minderjährigen Mädchens, die aus dem Trauma, sexuell missbraucht worden zu sein, herausfand und sich mit ihren Eltern dem Leben stellte. Nach dem Film habe ich mich betrübt gefühlt und mich gefragt, wie es denn sein kann, dass Korea solch eine soziale Wirklichkeit mit einem Film aufdecken kann, China aber nicht? Und was war mit dem Dorf, in dem ich geboren bin?

In meiner Kindheit gab es keine Gesundheitskurse, geschweige denn Sexualunterricht. Folglich fanden wir es alle schwierig und peinlich, über Sex zu sprechen. Aus diesem Grund, nämlich dem mangelnden Wissen darüber, wie sie sich schützen und über Sex sprechen können, wurden viele Kinder von Personen in ihrem Umfeld belästigt und sexuell missbraucht. Es gab sogar Familien, die ihr Kind nach einem sexuellen Übergriff nicht unterstützten, sondern sagten, dass etwas an ihrem Körper das ausgelöst hätte. Ich erinnere mich noch deutlich daran, dass wir früher kein eigenes Bad hatten, sondern neben dem Schweinestall einen Platz zum Duschen nutzten. Als ich mich zum Geschäft hinhockte, bemerkte ich aus einem Ritz im Lehmgebäude Augen, die mich anstarrten. Ich erschrak mich zu Tode und fing an, laut loszuschreien. Als ich hinter das Haus rannte, um zu sehen, wer so abscheulich war, sah ich leider nicht mehr das Gesicht der Person. Ich wusste aber vom Rücken her, dass es jemand aus dem Dorf war, der dafür berüchtigt war, sich „blöd zu stellen". Ich war entsetzt. Wurden wir alle in der Dusche so angeguckt? Dieser blöde Mann war ausgerechnet mit einer solchen Absicht, die für anständige Leute beängstigend war, in den mit Unkraut gefüllten Schweinestall gekommen. Als ich in der Mittelstufe war, wurde meine Brust auf dem Schulweg von einem Fremden (einem Arbeiter, der in die Berge kam, um das Harz von den Kiefern zu schaben) begrabscht. Damals hasste ich mich selbst und dachte, dass es wohl an meinen großen Brüsten liegen müsse, dass sie mich ausnutzten.

Unzählige Erinnerungen und Erlebnisse haben mir klargemacht, dass für die Frauen in meinem Dorf an jeder Ecke Gefahren und Gräuel lauerten. Damit mein Sohn nicht das gleiche wie ich durchmachen musste, habe ich ihn sexuell aufgeklärt und seinen Selbstschutz geschärft. Ich habe einige Bilderbücher der Organisation ausgeliehen und mit meinem Sohn zuhause angeguckt, wobei ich ihm erklärte, dass Fremde ihn nicht einfach küssen oder berühren dürfen. Lehrer und Freunde der Familie stellen auch keine Ausnahme dar und dürfen seinen Intimbereich nicht einfach berühren.

Durch W. bin ich noch mit anderen gemeinnützigen Einrichtungen in Kontakt gekommen. Eine davon war eine Band von Bauarbeitern in Shenzhen, die sie in ihrer Freizeit gegründet hatten. Sie sangen über sich selbst, ihre Arbeit, deren Wert und Respekt. Jemand aus der Band brachte uns kostenlos afrikanisches Trommeln und Ukulele bei, wodurch ich jetzt einige einfache Instrumente spielen kann, was meinem Leben eine neue Qualität verliehen hat.

Neben Musik gibt es aber auch noch andere Angebote bei der Organisation. Dieses Jahr habe ich wegen der Pandemie an vielen Online-Angeboten teilgenommen, darunter Kursen wie Eltern-Kind-Leseprogrammen (Ausbildung zum Vorlesen), Hobby-Musik-Gruppen für Mütter von auswärts und Schreibkursen.

In diesen zwei Jahren habe ich mich bei W. wirklich wie zu Hause gefühlt, weil sie immer für mich da waren, wenn ich Hilfe brauchte. Nichtsdestotrotz haben die Nachbarn, denen ich von den kostenlosen Angeboten und der gemütlichen Bibliothek bei der Organisation erzählt habe, oft gesagt, dass sie daran kein Interesse hätten, oder sich sonst irgendwie rausgeredet. Es gab aber auch andere, die einmal teilnahmen und dann einfach schwiegen. Diese Gleichgültigkeit hat sich für mich wie ein Rückschlag angefühlt, weil ich einfach nicht verstand, warum irgendjemand so eine tolle Einrichtung ablehnen würde. Zugleich hat es aber auch dazu geführt, dass ich darüber nachgedacht habe, welche Widersprüche es in solchen Einrichtungen gibt.

Einige Freunde meinten zwar, dass W. ein toller Ort zum Quatschen und Tratschen sei, kehrten aber nach diesen Worten einfach in ihren Alltagstrott zurück. Wenn man traurig ist, ist es schon viel, wenn jemand einfach zuhört und auf einen eingeht. Nachdem sie ihren Frust ausgeschüttet hatten, fiel mir aber auf, dass viele meiner Freundinnen trotzdem nicht anders oder reflektierter handelten, sondern in einem sich wiederholenden Kreislauf lebten. W. ist meiner Meinung nach ein Abbild der Gesellschaft, in der die meisten denken „Das Leben ist schon anstrengend genug und war immer schon so, warum sollte man es dann noch ändern?" und nicht darüber nachdenken, ob es so sein sollte.

Ich habe auch darüber nachgedacht, ob das Wesen von Wohlfahrtsorganisationen nicht das Ergebnis vorbestimmte. Denn bei Veranstaltungen hatte ich stets das Gefühl, dass die Mitarbeitenden Menschen zweiter Klasse waren. Sie mussten die Arbeitenden immer wieder durch Anrufe mobilisieren und ihnen gut zureden und den Nachbarn gute Dienste leisten. Das kann leicht missverstanden werden, und viele denken automatisch, dass etwas Kostenloses billig und wertlos ist. Vielleicht wussten diese Menschen nicht, dass Zwischenmenschlichkeit auf Gegenseitigkeit beruht, was bedeutet: Wenn du mir eine Hand gibst, hilfst du eigentlich auch dir selbst!

Vieles ist aber ein Prozess: Als ich am Anfang an den Veranstaltungen von W. teilnahm, wusste ich noch gar nicht, was „Veranstaltungen" sind. Auch nachdem wir ins Gespräch gekommen waren, hatte ich davon noch keinen blassen Schimmer. Ich erinnere mich noch, wie wir einmal diskutierten „wie man sich ausdrückt". Was ich damals nicht wusste, war, dass damit gemeint war, dass man genau das sagen soll, was man denkt. Später, als ich dann zu Besuch bei Freundinnen war, habe ich erst verstanden, dass wahrscheinlich die meisten so ahnungslos waren wie ich und oft ihre eigenen Meinungen und Gefühle nicht verstanden (oder ausdrücken konnten). Als ich z.B. etwas gefragt habe und sie es nicht verstanden, habe ich es weiter beschrieben, bis sie sagten „Ja, genau, so ist es". Ob das aber ihre wirklichen Gedanken waren, kann ich nicht mit Sicherheit sagen.

Es war für mich einfacher, mit Lehrenden von außerhalb Übereinstimmungen zu finden als mit meinen Freundinnen. Wenn ich sie über die Windpocken- oder Grippeimpfung aufklärte, glaubten sie größtenteils nicht an die Wirksamkeit solcher Impfungen. Die kleine Minderheit, die daran glaubte, wollte aber auch nicht aktiv werden, um sich impfen zu lassen, wenn ich ihnen Bescheid gab, dass die Impfstoffe eingetroffen waren. Bei W. habe ich dann wenigstens von einigen Agrarforschern medizinische Meinungsäußerungen gehört, denen ich zustimmen konnte. Die Unterschiede zwischen Menschen sind meiner Meinung nach nicht nur kultureller Natur oder auf ihr Verhalten zurückzuführen, sondern auch auf ihre Gedanken. Kinder aus gutem Elternhaus sind von sich aus selbstbewusst und verfolgen ihre Träume noch mehr als Ruhm und Geld. Für uns normale Bürger drückt die Armut aber wie ein schwerer Stein auf unser Herz, weshalb wir es auch leid sind, unser Leben zu reflektieren oder andere Wege zu suchen. Es wäre einfach wunderbar, wenn wir in unserem Leben auch die Sichtweisen von anderen Schichten der Gesellschaft wahrnehmen und internalisieren könnten.

Der Wohnungsfluch

Im März 2019, als mein Sohn im zweiten Kindergartenjahr war, verschickte die Kindergärtnerin die Richtlinien für die Beantragung von Grundschulplätzen in Shenzhen aus den Vorjahren. Wir wurden darauf hingewiesen, die Unterlagen ein Jahr im Voraus zusammenzustellen. Bei der Lektüre des Dokuments fand ich die beiden wichtigsten Voraussetzungen für die Zulassung zur Grundschule heraus: erstens die Erfüllung der Formalitäten (die bestimmen, ob man sich bewerben kann, siehe Tabelle 1) und zweitens die Bewertungskriterien für ein Punktesystem (die sich direkt auf die Zulassung an einer Grundschule auswirken, siehe Tabelle 2).

Die Regelungen besagten, dass Haushalte ohne Hukou für Shenzhen – abgesehen von der Geburtsurkunde, dem **Hukou**-Pass und einer Mietbescheinigung (oder Mietbestätigung) – auch einen Sozialversicherungsnachweis und eine Aufenthaltsgenehmigung benötigten. Wenn man also keine Mietbescheinigung (oder Mietbestätigung) besaß, hatte man nicht einmal die Möglichkeit, sich für den Schulbesuch zu bewerben. Ich habe Kollegen erlebt, die keine Aufenthaltsgenehmigung beantragen konnten, weil sie weniger als ein Jahr in Shenzhen gearbeitet hatten und somit keinen Wohnberechtigungsschein und keinen Sozialversicherungsnachweis über zwölf Monate nachweisen konnten. Sie hatten auch keine Möglichkeit, einen Mietvertrag zu bekommen, was dazu führte, dass sie sich nicht um einen Schulplatz für ihre Kinder bewerben konnten. Mein erster Schritt war also, einen Mietvertrag abzuschließen.

Nachdem ich mich um die Schulzulassung beworben hatte, begann ich, über das Punktesystem nachzudenken. Aus einer Punktetabelle ging hervor, dass der Hukou und eine Wohnung im Schulbezirk am höchsten gewichtet wurden, was bedeutete, dass man sich keine Sorgen um den Schulbesuch seiner Kinder machen musste, solange man diese beiden Bedingungen erfüllte. Mein zweiter Schritt bestand daher in der Beantragung eines Hukous in Shenzhen. Ich besaß einen Hochschulabschluss, war unter 35 Jahre alt und konnte damit einen Hukou-Antrag stellen. Schließlich entschied ich mich jedoch dagegen, einen Hukou zu beantragen, da es Probleme mit sich gebracht hätte: Hätte ich ihn bekommen, wäre er an den Bezirk Futian gebunden gewesen, was nur wenige Punkte eingebracht hätte und es gleichzeitig erschwert hätte, die öffentliche Schule in unserem Wohnbezirk zu besuchen. Meine Firma konnte mir auch nicht mit dem Hukou-Problem helfen, und ich hatte keine Verwandten oder Freunde, die eine Wohnung in Shenzhen hatten oder mir einen passenden Hukou geben konnten. Es hätte mich zehn- bis zwanzigtausend Yuan pro Jahr gekostet, zwei Personen in einem anderen Schulbezirk anzumelden, was wir uns mit unseren geringen Gehältern nicht leisten konnten. Letztendlich habe ich daher keinen Hukou-Antrag für Shenzhen gestellt.

Aus Sorge um die Zulassung für den Schulbesuch meines Sohnes dachte ich darüber nach, in meine Heimat zurückzukehren. Ich stellte meinen Lebenslauf in das Bewerber-Netzwerk in meinem Heimatort ein und durchstöberte viele Stellenausschreibungen. Dabei stellte ich fest, dass es nur sehr wenige Unternehmen gab, die Mitarbeiter einstellten, und wenn ich eine passende Stellenanzeige sah, war der Betriebsort sehr weit weg von unserer Wohnung. Viele kleine Unternehmen hatten auch nicht die Absicht, Sozialversicherungsbeiträge für ihre Beschäftigten zu zahlen. Hinzu kam, dass die Schulen in den Dörfern langsam abgebaut wurden. Die Schule im Dorf meines Mannes führte nur die ersten drei Grundschulklassen mit je unter zwanzig Schülern. Die meisten Menschen im Dorf schickten ihre Kinder zum Schulbesuch in die Stadt. Die Regelungen in der Stadt besagten, dass man zur Beantragung Wohneigentum und einen Hukou sowie weitere Bescheinigungen besitzen musste – doch all das hatten wir ja nicht. Nach langem Hin und Her und viel Kopfzerbrechen wurde mir klar, dass es auch keine Lösung sein würde, nach Hause zurückzukehren.

Ich habe mir noch nie so sehr ein eigenes Haus gewünscht wie zu dieser Zeit. Wenn eine Arbeiterin oder ein Arbeiter eine Stadt verlässt, um nach Hause zurückzukehren, handelt es sich um den Umzug einer einzelnen Person. Wenn aber ein Kind aus einer Stadt wegzieht, betrifft das die ganze Familie! Wie kommt es, dass die Bildung in China heutzutage in dieser Weise an die Wohnsituation geknüpft ist? Die hohen Wohnungspreise schrecken uns Menschen aus der Arbeiterklasse ab. Es ist schon schwierig genug, das Geld für eine Anzahlung aufzutreiben – während der Tilgung des Kredits dürfen die Ehepartner auf keinen Fall arbeitslos werden. Häuser sind zum Wohnen da, nicht zur Spekulation. Wenn unsere Politik sich an diese Regel halten würde, hätten dann nicht alle mehr Auswahl, sei es in Bezug auf die Schulbildung der Kinder oder auf den Arbeitsplatz?

Tab. 1 Erforderliche Dokumente für die Zulassung zur Grundschule

LNr	Kind	Benötigte Unterlagen	Anmerkungen
1	Schulpflichtiges Kind mit Shenzhen-Hukou	1. Geburtsurkunde, Hukou-Pass des Kindes und der Eltern; 2. Bescheinigungen wie z.B. Bescheinigung über Immobilien-Eigentumsrechte im Wohnbezirk, wo der Schulbesuch beantragt wird, oder Bescheinigung über Mietverträge (Informationen über den Mietstatus)	
2	Schulpflichtiges Kind ohne Shenzhen-Hukou	1. Geburtsurkunde, Hukou-Pass des Wohnorts des Kindes und der Eltern; Aufenthaltsgenehmigung der Eltern in Shenzhen (mit gültiger Befristung) 2. Bescheinigungen, z.B. Bescheinigung über Immobilien-Eigentumsrechte im Wohnbezirk, wo der Schulbesuch beantragt wird, oder Bescheinigung über Mietverträge (Informationen über den Mietstatus) 3. Bescheinigung der Eltern über Arbeitserlaubnis und Sozialversicherungen (Rentenversicherung und Krankenversicherung sowie Stand der geleisteten Abgaben zum angegebenen Zeitpunkt)	In Hongkong und Macao registrierte Personen benötigen zusätzlich den Personalausweis mit dem unbefristeten Aufenthaltsstatus in Hongkong (Macao) sowie den Passierschein (und Rückkehrschein) zum Grenzübertritt zwischen Hongkong (Macao) und dem Festland-China sowie eine Bescheinigung des Verwandtschaftsverhältnisses von Eltern und Kind, die von den Passbehörden ausgestellt wird (es wird empfohlen, dies nach Möglichkeit in der Behörde vor Ort zu regeln, da somit die Effizienz der Überprüfung erhöht wird)
3	Schulpflichtiger Junge / schulpflichtiges Mädchen von Angestellten mit staatlicher Sondergenehmigung	Zusätzlich zu den zuvor beschriebenen Erfordernissen zur Beantragung sind alle Unterlagen einzureichen, die Bestimmungen zu den gesetzlichen Sonderregelungen enthalten	

Tab. 2 *Punkteverteilung nach Kategorien*

Kategorie	Benötigte Unterlagen		
	Punkte	*Art der Haushaltsregistrierung (Hukou)*	*Wohnungsform*
1	100	Hukou in Longgang	Wohneigentum im Schulbezirk (Eigentumsrecht liegt bei Eltern oder gesetzlichem Vormund, über 50% Eigentums-Anteil)
		Hukou im Schulbezirk	Mietobjekt im Schulbezirk
2	95	Hukou in anderen Wohnbezirken in Shenzhen	Wohneigentum im Schulbezirk (Eigentumsrecht liegt bei Eltern oder gesetzlichem Vormund, über 50% Eigentums-Anteil)
3 (keine privaten Schulen)	90	Hukou im Schulbezirk	Spezielle Wohnformen von Eltern oder gesetzlichem Vormund wie z.B. selbst erbaute Immobilie, gemeinschaftlich finanzierte Immobilie, Gruppenunterkunft, zu militärischen Einrichtungen gehörende Immobilie
			Eltern oder gesetzliche Vertreter haben ein Mietobjekt im Schulbezirk, oder die Großeltern (väterlicher- oder mütterlicherseits) haben Eigentumsrechte von über 50% an einer gewerblichen Immobilie im Schulbezirk
4	80	Ohne Shenzhen-Hukou	Eltern oder gesetzlicher Vormund haben ein Eigentumsrecht an einer Immobilie im Schulbezirk, der Anteil liegt über 50%
5	75	Hukou in Longgang	Eltern oder gesetzlicher Vormund haben im Schulbezirk ein Mietobjekt oder speziellen Miet-Wohnraum
6	70	Hukou in anderen Wohnbezirken in Shenzhen	Eltern oder gesetzlicher Vormund haben im Schulbezirk ein Mietobjekt oder speziellen Miet-Wohnraum
7	60	Ohne Shenzhen- Hukou	Eltern oder gesetzlicher Vormund haben im Schulbezirk ein Mietobjekt oder speziellen Miet-Wohnraum

Zusatzmaterial	Zusatzpunkte	
	Shenzhen-Hukou oder Sozialversicherung (ohne Shenzhen-Hukou)	Geburtenplanung
	Zusatzpunkte je nach der im Schulbezirk zeitlich ununterbrochenen Wohndauer der Eltern des Kindes, für das die Schulgenehmigung beantragt wird (monatliche Berechnung, 0,05 Punkte für jeden vollendeten Monat)	Einzelkinder: 1 Zusatzpunkt, 2 Kinder auf der Grundlage der staatlichen Regelungen oder im Rahmen der Zwei-Kind-Politik: 0,5 Punkte, Geburten außerhalb der staatlichen Regelungen, aber von Amts wegen anerkannt: 0,25 Punkte
Eingereicht werden muss ein Formular zur „Bestätigung des Immobilienbesitzes" der betreffenden Stadt über den Besitzstand der Familienmitglieder, ausgestellt vom staatlichen Liegenschaftsamt […]		
	Zusatzpunkte auf der Grundlage der Dauer der entrichteten Sozialabgaben in Shenzhen von Eltern oder gesetzlichem Vormund des Kindes, für das die Schulgenehmigung beantragt wird, pro Monat 0,05 Punkte	
	Zusatzpunkte je nach der kontinuierlichen Wohndauer im Schulbezirk der Eltern des Kindes, für das die Schulgenehmigung beantragt wird (monatliche Berechnung, 0,05 Punkte für jeden vollendeten Monat)	
	Zusatzpunkte auf der Grundlage der Dauer der entrichteten Sozialabgaben in Shenzhen von Eltern oder gesetzlichem Vormund des Kindes, für das die Schulgenehmigung beantragt wird, auf der Grundlage der Abgaben über ein Jahr, pro Monat 0,05 Punkte	

Im Juni 2019 teilte uns der Vermieter der „kleinen Dunkelkammer"
mit, dass wir ausziehen müssten. Ich hatte echt genug, als ich das hörte.
Abgesehen davon, dass er die Miete jedes Jahr erhöhte, zwang er uns nun
zum Auszug. Rückblickend auf die letzten Jahre war er keiner seiner Ver-
mieterpflichten nachgekommen: Im März 2017 wollte die Hausverwaltung
im Wohnbezirk die Warmwasserboiler in den Mietwohnungen austauschen, und wir mussten unseren innerhalb eines bestimmten Zeitraums
ersetzen. Wir kauften damals im Supermarkt einen Midea-Wasserboiler
und riefen dann den Vermieter an, um ihn zu bitten, Stromanschlüsse in
der Toilette legen zu lassen, damit wir den neuen Wasserboiler installieren
konnten. Er ignorierte uns jedoch und sagte, dass die Wohnung fertig aus-
gestattet sei und dass wir ausziehen könnten, wenn wir nicht dort wohnen
wollten. Damals war ich wütend und hilflos und seufzte, dass man sich in
Shenzhen ohne eigenes Wohneigentum nicht zugehörig fühlen konnte.

Ende Mai teilte er uns dann ohne Vorwarnung mit, dass wir bis zum
30. Juni ausziehen müssten, sonst würden Wasser und Strom abgestellt,
und für jeden weiteren Tag, den wir dort wohnten, würde weitere Miete
fällig werden. Mitten im heißen Sommer lief ich in unserem Wohnbezirk
von der einen Ecke zur anderen, konnte aber keine Wohnung finden. Ich
war so verzweifelt. Wenn einem die Wohnung nicht gehört, kann der
Vermieter einen ohne weiteres vor die Tür setzen! Schließlich teilte der
Vermieter uns mit, wir könnten wohnen bleiben, die Miete würde aber
um hundert Yuan pro Monat angehoben werden. In unserer Verzweiflung
nahmen wir sein Angebot an.

2018 kauften wir eine Waschmaschine und baten den Vermieter, uns beim
Anschluss der Wasserleitung und der elektrischen Leitungen in der Toilette
zu helfen, aber er tauchte nicht auf. Schließlich musste ich einen externen
Handwerker beauftragen, neue Strom- und Wasserleitungen zu verlegen.

Kurz nach dem Neujahrstag 2019 teilte er uns über **WeChat** mit, dass
die Miete um zweihundert Yuan steigen würde und die Miete für Februar
um den 20. Januar zu bezahlen sei.

Deshalb hatte ich wirklich die Nase voll.

Ich wollte also so schnell wie möglich aus der kleinen Dunkelkammer
ausziehen und sah mich deshalb jeden Tag nach Feierabend in der Nachbarschaft nach einer Mietwohnung um. Mitte Juli fand ich endlich eine
passende neue Wohnung. Weil es am Umzugstag Ende Juli stark regnete

und ich daher erst abends um 23 Uhr mit dem Umzug fertig war, dachte ich, es sei zu spät für die Wohnungsübergabe. Als ich am nächsten Tag die Wohnung zurückgeben wollte, behielt der Vermieter den größten Teil der Kaution ein mit der Begründung, ich hätte die Wohnung erst nach 12 Uhr nachts zurückgegeben, jetzt sei bereits August. Mir lagen unzählige Schimpfwörter auf der Zunge, aber ich hielt mich zurück.

Shenzhen ist eine junge und pulsierende Stadt mit vielen öffentlichen Einrichtungen und Institutionen, die sich der Unterstützung von Wanderarbeitenden widmen. Dennoch herrscht in der Stadt ein großer Mangel an Sozialwohnungen. Das Bruttoinlandsprodukt von Shenzhen gehört zu den höchsten des Landes, aber es gibt nur sehr wenige Schulen, und für Migrantenkinder ist es noch schwieriger, an einem Schultisch im Klassenzimmer Platz zu nehmen. Aber es war doch offensichtlich, dass wir mit unserer eigenen Hände Arbeit diese schöne Stadt mit aufgebaut haben! Es heißt, dass wir, wenn wir nach Shenzhen kommen, Shenzhener sind. Wo haben wir nach so vielen Jahren des Umherziehens in Shenzhen ein Zuhause, das uns gehört? In der Vergangenheit dachte ich, dass die Würde geachtet und respektiert werden sollte, dass die Persönlichkeit oder die Rechte des Einzelnen unantastbar sein sollten. Heute bedeutet Würde für mich, dass eine Familie in ihrem eigenen Haus leben und ihre Kinder zur Schule gehen können. Doch selbst diese Würde wurde mir versagt. Meiner Meinung nach ist Shenzhen eine Stadt, die zwar möchte, dass die Menschen sesshaft werden, dann aber alles tut, um uns Menschen vom „unteren Ende der Gesellschaft" zu vertreiben.

In Pandemiezeiten

Ende des Jahres 2019 waren alle voller Vorfreude auf die Familienzusammenkunft während des Neujahrsfests in der Heimat. Wenn wir uns trafen, waren die ersten Worte: „Fährst du nach Hause?" „Hast du schon das Ticket gekauft?" oder: „Wann fährst du los?" Ich war tatsächlich seit jeher eine Ausnahme – seit meiner Kindheit habe ich Neujahr nie gemocht, und jetzt finde ich das **Neujahrsfest** noch lästiger. Seit Jahren fahre ich fast immer am 26. Tag des letzten Monats im alten Jahr, also vier, fünf Tage vor dem Fest, zur Familie in die Heimat, und dann kann ich es kaum erwarten, am vierten und fünften Tag des neuen Jahres nach

Shenzhen zurückzukehren. Ich war nur eine Woche zu Hause bei meinen Schwiegereltern, und in dieser Woche war ich hauptsächlich mit Putzen und Hausarbeit beschäftigt.

In der Regel war mein Schwiegervater allein zu Hause. Jedes Jahr, wenn wir nach Hause kamen, lagen auf dem Sofa im Wohnzimmer Kleider, Hüte, Ärmelschoner und andere Dinge verstreut. Daneben standen ein paar Säcke mit Reiskleie für die Hühner und dazwischen waren getrocknete Süßkartoffelblätter gequetscht. Ein Platz zum Sitzen war nicht zu finden. Unter dem Sofa lagen verdreckte Schuhe und Ackergeräte, unter anderem Sensen, und unter dem Bett Feldfrüchte wie Süßkartoffeln, Taro und Ingwer. Wir brauchten mindestens einen Tag, bis die Wohnung mit großer Anstrengung halbwegs wieder auf Vordermann gebracht war.

Am nervigsten waren jedoch die Besuche bei Verwandten. Warum wir im Gegensatz zu der älteren Generation, die viele Kinder großgezogen und dazu noch ein Haus im Dorf gebaut hat, nur ein Kind haben und nicht zwei? Das war alles, was wir zu hören bekamen. Jedes Mal konnte ich da nur bitter lachen: Wir haben weder Auto noch Haus, und es ist wirklich schwer, ein Kind großzuziehen!

Noch lächerlicher war, dass das Gesprächsmuster bei den Klassentreffen genauso verlief wie bei den Gesprächen mit Verwandten – nur, dass die Klassenkameraden auch noch ihre Autos vorführten. Jedes Mal, wenn mich meine Klassenkameraden aus der **Mittelschule** zum Klassentreffen einluden, lehnte ich ab. Für mich haben Klassentreffen heutzutage kaum noch eine soziale Bedeutung, es geht dabei doch eher darum, sich untereinander zu vergleichen …

In den letzten Jahren wurden außerdem Veranstaltungen organisiert, bei denen die Frauen, die nach der Heirat das Dorf verlassen hatten, in ihr Elternhaus zurückkehren. Ursprünglich wurde das eingeführt, damit die verheirateten Frauen des Dorfes zusammen zu ihren Eltern zurückkehren und ihnen für die elterliche Fürsorge danken konnten. Währenddessen konnten sie sich außerdem mit den alten Freundinnen des Dorfes treffen, sich über die Familienangelegenheiten austauschen und alte Kontakte und freundschaftliche Gefühle pflegen. Im Laufe der Zeit hat sich der Charakter dieser Veranstaltungen jedoch nach und nach geändert. Es geht um Spenden, darum, sich für den Umzug der Frauen durch das Dorf Kostüme zu leihen und rote Teppiche auszulegen, Festessen zu veranstalten

Illustration: Xiaoxi

und gemeinsame Videos zu drehen – nach meinem Gefühl die reine Show! Ich mag diese Art von Veranstaltung nicht und denke auch, dass der Begriff „sich nach außerhalb zu verheiraten" absolut feudalistisch ist. Außerdem zieht man so lediglich den einfachen Leuten das Geld aus der Tasche! Die Kosten für die gesamte Veranstaltung belaufen sich schnell auf fünfzig- bis sechzigtausend Yuan, oft sogar bis hunderttausend Yuan. Wäre es nicht sinnvoller, das Geld für den Bau einer Dorfbibliothek zu verwenden? Obwohl die Teilnahme an diesen Veranstaltungen und die Spendenaktionen freiwillig sein sollen, kann es sein, dass Frauen, die nicht teilnehmen, nicht mehr auf die Nachbarschaftshilfe der Dorfbewohner bei ihren Familienfesten wie etwa Hochzeiten zählen können. Diese vermeintliche Freiwilligkeit hat sich in Wirklichkeit zu einem unterschwelligen Zwang entwickelt. In unserem Dorf gab es sogar noch krassere Fälle von Frauendiskriminierung: Als wir einmal am Festtag gemäß unserer Tradition die Gräber fegten und die Dorfbewohner die Ahnen um ihren Segen baten, tat sich einer der Männer hervor und rief, er hoffe, die Ahnen (Götter) würden alle anwesenden Männer mit einer Zweit- oder Drittfrau segnen – es war grotesk zu hören, wie die anderen Männer lautstark einstimmten.

Im Januar 2020 kaufte ich für meine Schwiegermutter, meinen Mann und meinen Sohn Fahrkarten für den Hochgeschwindigkeitszug nach Hause, während ich wegen der Arbeit allein zurückblieb. Am Tag meiner Rückkehr nach Hause fuhr ich zweimal mit der U-Bahn und zweimal mit dem Hochgeschwindigkeitszug. Als ich im Zug auf **Weibo** surfte, las ich, dass die Weltgesundheitsorganisation Hinweise zur Prävention des neuen Coronavirus veröffentlicht hatte. Da ich auf Nachrichten aus dem medizinischen Bereich sensibel reagiere, wurde ich ziemlich nervös. Ich postete die von der WHO veröffentlichten Hinweise an meinen Freundeskreis und bat sie, die Hinweise zu beachten. Gleichzeitig war ich ziemlich froh, dass ich eine Maske trug (die Motivation, eine Maske zu tragen, war damals noch, Erkältungen vorzubeugen).

Als ich nach Hause zurückkehrte, informierte ich mich weiter viel über Weibo, um über die Pandemie auf dem Laufenden zu bleiben, während meine Schwiegereltern damit beschäftigt waren, selbst angebautes Gemüse und Süßkartoffeln sowie Hühner und Enten aus ihrer Aufzucht auf der Straße zu verkaufen. Ich sagte ihnen, dass sie Masken tragen und auf Hygiene achten sollten. Sie hörten nicht auf mich und hielten das für Panikmache.

Als die Nachricht vom Lockdown in Wuhan die Runde machte, begann man im Dorf, die Lage allmählich ernst zu nehmen. Leute vom Dorfkomitee gingen von Tür zu Tür, um herauszufinden, wann und von wo wir nach Hause gekommen waren. Sie trugen alles in ein Buch ein und informierten die Dorfbewohner, dass alle Aktivitäten abgesagt seien. Selbst am ersten Tag des neuen Jahres durfte nur eine Person aus einer Familie einkaufen gehen, und dies auch nur für eine begrenzte Zeit. Wenn die Person nach dem Einkaufen zum Dorfeingang zurückkehrte, durfte sie das Dorf nur betreten, wenn sie einen abgestempelten Passierschein erhalten hatte.

Mit dem Beginn des Frühlings nahm die Zahl der Menschen, die auf den Feldern arbeiteten, allmählich zu. Die Leute, die sich zwischen den Feldern trafen, diskutierten über das neue Coronavirus und sagten, dass es unser kleines Dorf niemals erreichen würde. Noch lächerlicher war, dass sie erzählten, dass im Fernsehen davon die Rede war, man könne die Erkrankung mit bestimmten Kräutern heilen. Sie meinten außerdem, dass es in unserem Dorf so viele Heilpflanzen gäbe, dass man überhaupt keine Angst haben müsste. Auch meine Schwiegermutter war davon überzeugt und meinte, wenn wir nach Shenzhen zurückkehrten, könnten wir von zuhause die Rinde einer bestimmten Baumart mitnehmen und diese als Kräutertee gegen das Virus trinken. Ich war fassungslos, als ich das hörte, und sagte, das Allerwichtigste sei jetzt, sich regelmäßig die Hände zu waschen und vorerst keiner Werbung und auch keinen Experten Glauben zu schenken. Meine Schwiegermutter sagte daraufhin: „In den Nachrichten wurde bestätigt, dass dieses Medikament wirkt, warum soll genau das ein Gerücht sein und das, was du sagst, dann keines?" Angesichts dessen fehlten mir die Worte. Die Situation war ähnlich wie im Jahr 2003, als alle sagten, Essig, Salz und die Färberwaidwurzel könnten gegen SARS vorbeugen und es sogar heilen. In Wirklichkeit waren das aber alles nur Methoden, den Dummen das Geld abzuknöpfen.

Meine Firma in Shenzhen teilte mit, dass der Betrieb erst am 10. Februar wiederaufgenommen werden würde. Um dem Rückreiseansturm zu entgehen, kaufte ich am 6. Februar ein Zugticket nach Shenzhen Nord. Am Tag der Abreise füllte ich meinen Koffer mit Gemüse, Süßkartoffeln und Klebreispäckchen. In diesem Moment beneidete ich die Leute, die ein eigenes Auto hatten. Sie konnten sich in dieser Situation mit dem Auto frei bewegen und brauchten keine Angst zu haben, sich anzustecken.

Vom Dorf nach Shenzhen dauerte die Fahrt fast vier Stunden. Als ich aus dem Zug stieg, hatte ich plötzlich das Gefühl, dass „Shenzhen wirklich mein Zuhause ist". Ich nahm die U-Bahn von Shenzhen Nord zur Buji-Station. Alle Fenster in der U-Bahn waren geöffnet und jeder saß mit den anderen Fahrgästen auf Abstand. An der Buji-Station nahm ich einen Bus. Im Bus war ich der einzige Fahrgast, und die ganze Fahrt war ruhig. Die gesamte Stadt war wie ausgestorben. Ich schaute aus dem Fenster und sah, dass die Geschäfte geschlossen waren und es keine Fußgänger auf den Straßen gab. Ich fühlte mich ein wenig fremd.

In meinem Wohnviertel waren viele Ausgänge in den Unterführungen mit einem Zaun abgesperrt, und es gab nur einen einzigen Ausgang. Als die Wachmänner im Wärterhäuschen sahen, dass ich meinen Koffer hinter mir herzog, fragten sie mich gleich, woher ich käme und welches Verkehrsmittel ich genommen hätte. Schließlich maßen sie meine Temperatur, bevor sie mich gehen ließen. Mir wurde auch gesagt, ich solle das Haus nicht verlassen und sie anrufen, wenn ich irgendwelche Probleme hätte. Als ich an meine Wohnungstür kam, zog ich meine Schuhe an der Tür aus, ging auf Socken hinein und stellte anschließend meine Schuhe auf den Balkon. Ich wusch mir die Hände, zog die Jacke aus und steckte sie in die Waschmaschine, ging ins Bad, wusch mir die Haare und duschte. Dann wusch ich meine ganze Kleidung mit flüssigem Desinfektionsmittel in der Waschmaschine, alles mit einer solchen Sorgfalt, als ob man mit der kleinsten falschen Bewegung das Virus anlocken könnte.

Am 10. Februar konnte unsere Firma die Arbeit nicht rechtzeitig wiederaufnehmen, da sich die Unternehmen mindestens fünf Tage (Kalendertage) vor Arbeitsbeginn bei der für sie zuständigen Seuchenschutzbehörde melden mussten. In der Zeit, in der ich auf die Wiederaufnahme der Arbeit wartete, verbrachte ich jeden Tag am Handy, es war eine quälende Zeit. Selbst wenn ich den Müll rausbrachte und jemanden traf, musste ich mir nach der Rückkehr in die Wohnung sofort die Hände waschen, mich umziehen, die Haare waschen und duschen. Die Türklinken wurden immer wieder desinfiziert, der Boden wurde immer wieder gewischt – das war alles ziemlich nervenaufreibend. Tatsächlich rühren unsere Ängste oft aus der Unkenntnis einer Sache her, und diese Angst wird durch unsere eigene Vorstellungskraft nur noch größer.

Es dauerte nicht lange, bis der Antrag unserer Firma auf Wiederaufnahme der Arbeit genehmigt wurde und wir wieder zur Arbeit gingen. An der Rezeption waren die Zimmerpflanzen vertrocknet, vermutlich, weil sie zu oft desinfiziert worden waren. Für den Weg zur und von der Arbeit stieg ich auf ein Leihfahrrad um. Ich brauchte etwa eine Stunde für die fünf Kilometer lange Strecke. Ich war müde, aber ich fühlte mich besser als vorher, weil die Fahrt eine Bereicherung im Alltag war.

Eines Abends fand ich auf dem Tisch das Kündigungsschreiben meines Mannes, datiert auf den Februar. Ich war wütend. „Während der Pandemie einen Job zu finden, ist so schwer, wie kannst du da gerade jetzt deinen Job kündigen?" fragte ich ihn. Er seufzte und sagte: „Die Firma ist bankrott, sie zahlen das Gehalt bis einschließlich Februar. Das Kündigungsschreiben hat die Firma selbst geschrieben und an die Arbeitnehmer geschickt. Wir müssen es unterschreiben an die Firma zurückschicken." In diesem Moment spürte ich zum ersten Mal direkt die Krise, die mit der Pandemie über uns hereingebrochen war. Obwohl meine Arbeit vorerst nicht betroffen war, erhöhte sich meine Arbeitsbelastung noch weiter. Ein Kollege verließ die Firma, doch wegen der Pandemie fand die Firma sehr lange keinen passenden Mitarbeiter.

Am 28. April 2020 wurden wir mitten in der Nacht geweckt, weil das Telefon klingelte. Mein Schwiegervater war am Apparat und berichtete meiner Schwiegermutter, die vorübergehend bei uns wohnte, dass er bis jetzt noch nichts gegessen hätte, dass er nicht klars ehen könne und mehrmals gestürzt sei. Da ich viele populärwissenschaftliche Bücher über Medizin gelesen hatte, vermutete ich sofort, dass mein Schwiegervater einen Schlaganfall gehabt hatte. Ich sprang aus dem Bett und sagte meinem Schwiegervater, er solle den Notruf 120 anrufen und um Hilfe bitten. Meine Schwiegermutter schlug stattdessen vor, mein Schwiegervater solle sich die Haare kämmen und am nächsten Tag ins Krankenhaus gehen, wenn es ihm bis dahin nicht wieder gut gehe. Ich stimmte ihr nicht zu. Da mir klar war, wie dringlich die Situation war, bedrängte ich meinen Mann, Leute im Dorf zu Hause anzurufen, die ihm helfen und ihn ins Krankenhaus bringen konnten. Ich sagte auch allen, dass mit einer Lähmung zu rechnen sei, wenn es zu lange dauern würde. Mein Mann wurde daraufhin sehr nervös, rief seinen Bruder an und bat darum, die 120 anzurufen und den Schwiegervater ins Krankenhaus zu bringen. Am selben Tag buchte ich online Zugtickets für meine Schwiegermutter und meinen Mann, damit sie gleich nach Hause fahren konnten.

Später sagte der Arzt, dass mein Schwiegervater einen Schlaganfall erlitten hatte, der durch eine Hirnblutung verursacht worden war. Er konnte zwar sprechen, hatte aber keine Kraft in Armen und Beinen, um aufzustehen. Es war auch nicht klar, wann er aus dem Krankenhaus entlassen werden würde. Ich war erleichtert, als ich hörte, dass er sprechen konnte. Im Laufe der Jahre hatte mein Schwiegervater allein in seinem Heimatort hart gearbeitet und dabei Mais, Erdnüsse, Reis und Gemüse angebaut. Er züchtete auch Hühner, Enten, Kaninchen und andere Kleintiere. Ich hatte ihm oft gesagt, er solle auf seinen Blutdruck achten und nichts Fettes oder Salziges essen. Er hatte nie auf mich gehört und immer gemeint, er hätte nicht die Kraft zu arbeiten, wenn er nichts Salziges esse. Soweit ich weiß, hat er das ganze Geld, das er mit seiner harten Arbeit verdient hat, in den Kauf von Nahrungsergänzungsmitteln gesteckt. Er war davon überzeugt, dass es diese Gesundheitsprodukte waren, die ihn so fit hielten.

Abgesehen von diesen Ängsten gab es noch zwei weitere Probleme, die mir nachts den Schlaf raubten und mir noch mehr Angst einjagten als die Pandemie: Das erste Problem betraf die Grundschulzulassung meines Sohnes und das zweite meinen Mann.

Im Mai füllte ich online die Bewerbungsformulare für den Schulbesuch meines Sohnes aus. Da ich keinen **Hukou** für Shenzhen besaß, konnte ich keine hohe Punktzahl erreichen. Deshalb reichte ich aus Vorsicht nur eine Bewerbung für eine öffentliche Schule ein, bei den anderen drei Optionen wählte ich Privatschulen. An dem Tag, an dem ich zur Schule ging, um die Unterlagen abzugeben, wurde mir gesagt, dass ich keinen Einzelkind-Nachweis hätte und somit nicht belegen könne, dass unser Kind Einzelkind sei. Also wurde ein Punkt für den Einzelkind-Status abgezogen. Ich sprach darüber in einer **WeChat**-Gruppe, und eine der Mütter aus der Gruppe erzählte mir, dass sie in ihre Heimatstadt zurückgekehrt war, um eine Bescheinigung und einen offiziellen Stempel zu erhalten, bevor sie schließlich als Ein-Kind-Familie eingestuft wurden. Ich beklagte mich über die mangelnde Kompetenz des Familienplanungsbüros: Warum hatte man uns bei der Anmeldung im Wohnviertel nicht darüber informiert, dass Familien, die nicht aus Shenzhen stammen, in ihre Heimatstädte zurückkehren müssen, um diese Bescheinigung zu beantragen? Nach dem Punktesystem haben Personen ohne **Hukou** und ohne eigene Wohnung in Shenzhen die niedrigste Grundpunktzahl, und die Punktezahl aus der **Sozialversicherung** beträgt nur 0,05 Punkte pro Monat. Wie viele Monate müssen also angesammelt werden, um einen Punkt zu erreichen? Und wir hatten offensichtlich nur ein Kind, warum konnten wir also nicht den einen Punkt für den Einzelkind-Status bekommen?

Nach einer langen Wartezeit wurden am 29. Juli in Longgang endlich die Zulassungsergebnisse der Schulen veröffentlicht. Ich verfolgte die Nachrichten in der WeChat-Gruppe und wartete mit größter Anspannung. Schließlich sah ich, wie ein Elternteil die Mindest-Zulassungspunkte für mehrere Schulen übermittelte, darunter auch die Mindestpunkte für die Schule, die ich als zweite Option eingetragen hatte. Als ich sie mir ansah, stellte ich fest, dass es nur einen Punkt Unterschied zwischen der Punktzahl unserer Familie und der der Schule gab. Ich kam zu dem Schluss, dass mein Sohn wegen dieses einen Punktes nicht zugelassen werden würde! Ich weinte und klagte, denn ich hatte ja das Gleiche schon einmal erlebt: Vor vielen Jahren war ich bei dem Aufnahmeverfahren an der Schule meiner Wahl gescheitert, und nun konnte mein Sohn nicht zur Schule gehen, weil ich die erforderliche Punktezahl nicht erbringen konnte! Als meine Kollegen mich weinen sahen, trösteten sie mich und sagten, dass die Situation in diesem Jahr wegen der Pandemie speziell war und viele Kinder in diesem Jahr nicht angenommen worden seien, und vielleicht würde mein Sohn ja bei der ersten Schule meiner Wahl aufgenommen? Um elf Uhr loggte ich mich mit zitternden Händen und ein wenig Hoffnung in das System ein, um den Zulassungsstatus zu überprüfen … und sah plötzlich die Worte „angenommen". Unvermittelt liefen mir Tränen übers Gesicht: Gott hatte schließlich meinen Wunsch erfüllt, dass mein Kind bei mir in Shenzhen bleiben konnte. Doch damit waren unsere Probleme jedoch noch lange nicht vorbei.

Am 14. August rief mich mein Mann um 14 Uhr an, um mir zu sagen, dass er ein paar Tage nicht nach Hause kommen könne, er müsse in XX bei Ermittlungen mitwirken. Er sei am Flughafen und wolle gleich ins Flugzeug steigen. Ich wurde sehr nervös und fragte sofort nach: „Was hast du denn gemacht? Warum kann die Untersuchung nicht in Shenzhen stattfinden?" Noch bevor ich eine Antwort erhalten hatte, hörte ich, wie jemand ihn zum Auflegen drängte, dann wurde das Telefongespräch abgebrochen …

Ich rief ihn in der darauffolgenden Woche immer wieder an, aber das Telefon war immer ausgeschaltet. Am Montagnachmittag war nach langem Versuchen das Handy zwar an, aber er nahm nicht ab. Als ich ein zweites Mal anrief, war das Telefon wieder ausgeschaltet. An diesem Punkt überflutete mich ein Gefühl des Verlusts, vermischt mit Hassgefühlen. Jahrelang hatte er gesagt, dass er all sein Geld brauchen würde, um seine Schulden (Kreditschulden wegen der Kreditkarte aus der Zeit, als er das Geschäft hatte) zurückzuzahlen. Daher musste stattdessen ich allein für alle Ausgaben unseres Sohnes aufkommen. Machte er, der seine väterlichen Pflichten so lange vernachlässigt hatte, sich jetzt heimlich aus dem Staub?

Später nahm ich Kontakt zu einem Anwalt auf, um über ihn herauszufinden, worum es bei dieser Sache ging. Schließlich informierte mich der Anwalt darüber, dass es sich wahrscheinlich um einen Betrugsverdacht in Zusammenhang mit der Arbeit meines Mannes handelte und er deshalb in Untersuchungshaft war. Er schlug vor, dass ich zur Polizeiwache gehen und nachfragen sollte. Also ging ich erneut zur Polizeiwache (ich war schon einmal dort gewesen, und man hatte mir gesagt, dass sie die Akten nicht einsehen konnten). Diesmal sagte ich der Polizeiwache direkt, dass mein Mann verschwunden war, und bat die Polizeiwache zu überprüfen, ob mein Mann an jenem Tag tatsächlich einen Flug genommen hatte. Die Polizeistation bestätigte tatsächlich den Flug meines Mannes und teilte mir schließlich mit, dass er unter Betrugsverdacht stand. Ich war fassungslos, als ich das hörte. In der ganzen Zeit hatte ich meinen Mann nie als schlechten Menschen wahrgenommen.

Ich stolperte verstört nach Hause und weinte lange Zeit. Es war das erste Mal, dass ich in all den Tagen, in denen mein Mann verschwunden war, weinte. Ich konnte nicht verstehen, warum er das getan hatte. Ich rief erneut meinen Anwalt an, der mir riet, am besten einen Anwalt vor Ort mit der Angelegenheit zu betrauen. Daraufhin gab ich fünftausend Yuan aus, um einen Anwalt zu beauftragen, mit meinem Mann Kontakt aufzunehmen und ihm den folgenden Brief zu übergeben:

Lieber Y!

1. Zu Hause ist alles in Ordnung. Ich habe unserem Sohn gesagt, dass Du auf Monsterjagd bist (Geschäftsreise). Wir wohnen jetzt in der Nähe der neuen Schule.

2. Die Familie möchte wissen, ob Du noch Kredite oder Kreditkarten-Schulden abbezahlen musst. Vielleicht können die Schwester und der Bruder Dich dabei kurzfristig unterstützen. Ich bin nicht mehr in der Lage, Dir bei diesen Schulden zu helfen. Du weißt ja, ich habe all die Jahre die Ausgaben für die Familie allein getragen. Die Kaution und die Miete für die Wohnung, die ich gerade gemietet habe, sind jetzt viel höher als früher, und der Umzug hat viel Geld gekostet. Wegen der Kosten für die Schuluniform und den Ausgaben für das Mensaessen unseres Kindes habe ich kein Geld mehr, um Dir zu helfen, es tut mir leid!

3. Egal, welche Straftat Du begangen hast und ob Du überhaupt etwas Strafbares gemacht hast – ich hoffe, dass Du mit der Polizei kooperierst und bei allen Fragen aktiv mit dem Anwalt kommunizierst, damit Du bald nach Hause kommen kannst. Wenn Du uns etwas sagen möchtest, oder wenn wir etwas für Dich tun sollen, sage das bitte in jedem Fall dem Anwalt, er wird es an mich weiterleiten.

Nachdem sich der Anwalt mit meinem Mann getroffen hatte, konnte ich herausfinden, was geschehen war. Nachdem mein Mann im Februar seine Arbeit verloren hatte, hatte er eine andere Arbeit angenommen. Weil die Geschäfte wegen der Pandemie nicht öffnen konnten, hatte er jedoch keine Geschäftsprovisionen erhalten können.

Als der Vater meines Mannes im Mai eine Hirnblutung und einen Schlaganfall erlitten hatte, wurde ebenfalls eine gewisse Geldsumme benötigt. Zufällig lernte mein Mann zu dieser Zeit im Internet jemanden kennen, der ihm sagte, er könne fünftausend Yuan im Monat verdienen, indem er bei einem Kurierdienst aushalf. Da er dringend Geld brauchte, nahm er den Job tatsächlich an. Ihm wurde gesagt, er müsse nach Erhalt der Ware die zugeschickten Telefonkarten einzeln testen. Wenn sie funktionierten, solle er den Internetkontakt informieren und die Telefonkarten dann an die Adressen schicken, die ihm mitgeteilt wurden. Im Mai und Juni erhielt er insgesamt elftausend Yuan. Davon wurden tausend Yuan als Kuriergebühr abgezogen, so dass er zehntausend Yuan als Honorar erhielt. Jetzt weiß ich, dass die SIM-Karten, die in China nur mit echtem Namen erworben werden können, weiterverkauft wurden, was Betrug und eine Verletzung der Privatsphäre bedeutet und somit strafrechtlich verfolgt werden kann.

Ich dachte daran zurück, wie mir mein Man im Juni fünftausend Yuan über Alipay überwiesen hatte, und ich damals gedacht hatte, dieser Geizhals gibt mir endlich zum ersten Mal seit so vielen Jahren – und so bereitwillig – Geld! Im Laufe der Jahre hatte ich so viel allein auf mich genommen, und es schien, dass er kleine Fortschritte machte. Zum Beispiel hatte er, da ich so viele wissenschaftliche Belege gegen das Rauchen ins Feld führte, vor fast zwei Jahren das Rauchen aufgegeben. Er spielte normalerweise, wenn er zuhause war, mit unserem Sohn oder machte Hausarbeit, ohne dass ich ihn dazu auffordern musste … Ich war der Meinung, dass ich nach all den Jahren harter Arbeit endlich gute Tage erleben könnte. Ich hätte nie gedacht, dass ich wegen dieses Geldbetrages in den Abgrund stürzen würde.

Ich frage mich auch, ob mein Mann ohne die Pandemie eine so verzweifelte Entscheidung getroffen hätte. Die Pandemie ist noch nicht vorbei, aber es scheint, dass mein Leben mit oder ohne Pandemie gleichermaßen ungewiss ist. Die Pandemie mag eines Tages enden, aber mein Leben scheint endlos.

Erster Entwurf: 28. Juli 2020
Fertiges Manuskript: 10. Februar 2021

4 Hongli, Krebspatientin

Tagebuch, begonnen am 23. September 2020

Autorin: Shi Hongli
Schreibhilfe: Jing Y.[1]
Übersetzerinnen: Lisa Heinrich, Ryanne Flock, Sara Landa

Prolog: Rückkehr zur Arbeit

Am 20. Februar 2020 wurde die Sperrung der Überlandstraßen in der Provinz Sichuan aufgehoben.

Bei meinen Verwandten und Freunden, die ungeduldig darauf gewartet hatten, wieder zur Arbeit gehen zu können, löste das regelrechte Freudensprünge aus. Das kleine Lokal, das einer meiner Neffen in einem Gässchen in der Stadt eröffnet hatte, bekam endlich wieder Kundschaft. Es ist ein gewöhnlicher Laden, den er gemeinsam mit seiner Frau betreibt. Vor Neujahr ist ihnen auch noch ein Teil der Vorräte verdorben, jetzt beißen sie sich irgendwie durch.

Sechs Verwandte sind am 26. Februar wieder zurück auf den Bau an unterschiedliche Orte in Sichuan gegangen: Mein jüngerer Cousin und sein Sohn sowie noch ein weiterer Cousin und eine Cousine jeweils mit ihren Ehepartnern. Am 20. März ist mein anderer kleiner Bruder zusammen mit seiner Frau und seinem Sohn, zwei Cousins und ihre Ehefrauen, der Mann meiner Tante und sein Sohn, insgesamt neun Leute, zum Arbeiten ab nach Xinjiang. War da etwas zu verdienen? Das war erstmal nicht wichtig, Hauptsache raus aus dem Dorf.

Natürlich gab es eine Familie, bei der die Dinge anders lagen, und zwar die von meinem älteren Cousin. Damals hatte seine ganze Familie den Gürtel enger schnallen müssen, um ihm die Schulbildung zu bezah-

---

1 Der Grund, warum hier „Hilfe" steht anstatt „Mentorin" wie bei den anderen Texten, ist der, dass die in dem Text zum Ausdruck gebrachten Gedanken zum größten Teil von der Autorin selbstständig entwickelt wurden. Da sie sich gleichzeitig noch in der Chemotherapie befand und außerdem nicht mit der Nutzung eines Computers vertraut war, bestand der Arbeitsprozess darin, dass teilweise auf **WeChat** gesendete Erläuterungen durch Jing Y. in einen zusammenhängenden Text verwandelt wurden (Anm. d. chin. Red.).

len: Damit er es nach einigen Ehrenrunden auf die Uni schaffen konnte, mussten seine jüngeren Geschwister die Schultasche beiseitelegen und auf dem Feld arbeiten. Heute ist er bei der Bahn angestellt, ein mittlerer Beamter. Seine Frau ist eine sanftmütige Natur, eine Seele von Mensch. Sie lehrt nur, aber belehrt die Leute nicht, und macht keine Vorschriften. Schüler mögen solche Lehrerinnen. Sie war schon seit einem Jahr in Rente und sollte dann wieder an die Schule zurückkehren. Ihre Tochter hat einen Abschluss an der Pädagogischen Huadong Universität. Sie ist Lehrerin der 12. Klasse, besitzt ein harsches Stimmorgan und bringt die Schüler mit einer mäkelnden Art zum Lernen. Angeblich funktioniert das gut – sie hat die Traditionslinie ihrer eigenen Lehrerin in der 12. Klasse weitergeführt und fortentwickelt. Im Moment schafft es ein beachtlicher Anteil auf die Universität, in Sachen Gehalt hat sie ihre Mutter längst überholt.

Also hat die Familie meines Cousins, obwohl sie alle im Februar nicht wieder zur Arbeit gegangen sind, wie immer ihr Gehalt bekommen. Sie waren gutsituiert und bester Laune. Das Einzige, was die Pandemie ihnen beschert hat, war der verhaltene Kummer, nicht ins Ausland reisen zu können.

Erst im März ist mein Cousin wieder zur Arbeit gegangen; aber wegen der Pandemie wechselten sie sich bei ihm im Büro immer ab. Am ersten April hat seine Tochter mit dem Unterricht begonnen. 19 Tage später, also am 20. April, hat seine Frau offiziell wieder angefangen zu unterrichten.

Im Dorf gibt es eine Gruppe, die Landschaftspflege betreibt. Diese besteht überwiegend aus Leuten im mittleren und fortgeschrittenen Alter, die dort wohnen geblieben sind. Sie übernehmen vor allem Gelegenheitsarbeiten, legen in den umliegenden Ortschaften und Landkreisen Blumenbeete an, um sich ein bisschen was dazuzuverdienen. Für die Hin- und Rückfahrt nehmen sie ein Mietauto, brechen frühmorgens auf und kehren spätabends zurück. Zur Mittagspause haben sie eine Lunchbox dabei. Liegen die Ortschaften ein wenig weiter entfernt, wohnen mehrere von ihnen für ein paar Tage zusammen in einem Billighotel, bis die Arbeiten erledigt sind. Die Entlohnung für einen solchen Job beträgt 60 Yuan pro Tag. Am 22. April hatte sich meine Mutter dieser Gruppe angeschlossen; das lässt sich auch als Rückkehr zur Arbeit zählen.

Mittlerweile waren alle meine gut zwanzig Verwandten wieder arbeiten gegangen. Und ich selbst? Mein Beruf ist Kindermädchen. Am Neujahrsfest habe ich Beijing nicht verlassen, das Problem mit der Rückkehr an den Arbeitsplatz stellte sich also nicht. Womit ich mich nach wie vor viel öfter konfrontiert sehe, ist die Arbeitslosigkeit. Wenn die Wirtschaft schwächelt, ist die Zahl der Arbeitgeber überschaubar, und man steht notgedrungen immer mit einem Bein in der Arbeitslosigkeit.

Die eigentlichen Ereignisse: Tagebuch, begonnen am 23. September

23. September 2020

Am frühen Morgen des 2. September, dem „Tag der wandernden Seelen", schreckte ich aus einem Alptraum auf. Im Traum kämpfte ich mit einem unbekannten Geist, doch am Ende war ich es, die den Sieg davontrug. In mir regten sich Sorge und Furcht: Ich hatte schon seit Jahren geschwollene Milchdrüsen. Konnte es sein, dass dieser Traum eine Art Warnung war? Nachdem ich aus der Tür war, ging ich unruhig zum Beijinger Anzhen-Krankenhaus, um mich untersuchen zu lassen.

Innerhalb von zehn Tagen rannte ich vier Mal dorthin. Beim ersten Mal antwortete ich auf die Frage des Arztes, warum ich mich untersuchen lassen wollte, dass ich im Traum einen Geist gesehen hätte. Er hob den Kopf, guckte mich schief an und sagte, wir würden erstmal einen Ultraschall machen und dann weitersehen. Beim zweiten Mal sagte der Arzt gar nichts, er wollte zum Abgleich noch eine Mammographie machen. Beim dritten Mal stand ich im Stau, der ganze Weg war umsonst. Beim vierten Mal bekam ich endlich eine Sprechstunde bei einem Spezialisten.

Es war ein dünner, langer Kerl, etwa um die fünfzig, mit gesundem, kastanienbraunen Teint. Zu dem Zeitpunkt hatte ich noch keine Biopsie gemacht, aber der Arzt, vermutlich wegen seiner langjährigen Erfahrung, kam aufgrund der Röntgenbilder zu dem Schluss, dass es mit Sicherheit Brustkrebs war und die 5-Jahres-Überlebensrate bei 20% liege. Wenn er außerdem Metastasen gebildet habe, betrügen die Überlebensaussichten möglicherweise nur ein paar Monate. Noch heute erinnere ich mich deutlich daran, wie der Arzt, nachdem er meinen Fall einmal eingehend von allen Seiten betrachtet hatte, lächelnd und in spottendem Ton zu mir sagte: „Wenn ihr Leute, die ihr in der neuen ländlich-kooperativen Krankenversicherung versichert seid, in unserer Klinik behandelt werden wollt, müsst ihr erstmal mit jemandem abklären, ob ihr die Kosten rück-erstattet bekommt. Habt ihr Geld, könnt ihr auch ein paar 100.000er ausgeben und euch bei uns in der Klinik behandeln lassen." Sein Blick bedeutete mir: Wenn du Geld hast, dann nichts wie ins Krankenhaus, wenn nicht, verzieh dich.

24. September 2020

Nach einigen Tagen, in denen ich nur am Heulen war und einen nerv-lichen Zusammenbruch erlitt, kehrte ich am 19. nach Chengdu zurück. Die Luft in meinem Heimatdorf war feucht und frisch. Ursprünglich hatte ich geplant, direkt zurück nach Jianyang zu gehen, um mich ope-rieren zu lassen, aber am Ende sträubte sich etwas in mir doch dagegen. War es nicht denkbar, dass das Schicksal mir einen Streich gespielt hatte und sie sich im Anzhen-Krankenhaus geirrt hatten? Jemand riet mir, viel Geld auszugeben, um einen Termin bei einem Brustspezialisten im Huaxi-Krankenhaus zu bekommen, die Biopsie zu beschleunigen und den Krebs chirurgisch entfernen zu lassen, aber das war in meinem Fall keine Option. Von anderer Seite sagte man, ich solle in die Notaufnahme des Huaxi-Krankenhauses gehen und erstmal schauen, ob ich über diesen Weg ins Krankenhaus aufgenommen werden konnte. Aber als ich dort hin ging, ähnelte die Notaufnahme des Huaxi-Krankenhauses einem Dorfmarkt, und dieser Plan platzte ebenfalls. In meinen Ohren hallte die Ermahnung des Spezialisten im Anzhen-Krankenhaus wider: Es muss unverzüglich operiert werden, alles andere ist zweitrangig. Krebszellen vermehren und teilen sich sehr schnell, Zeit ist Leben.

25. September 2020

Gerade warte ich im Xibu-Zhanqu-Generalkrankenhaus in Chengdu, um die Biopsie zu machen. Als Patientin besitzt man wirklich keine Würde! Wenn ich daran denke, wie großtuerisch und einschüchternd sie im Anz-hen-Krankenhaus gewesen waren; der Spezialist im Renmin-Krankenhaus in Sichuan dagegen hielt das Mammografie-Bild in der Hand und fragte mich, warum denn keine Mammografie gemacht wurde. Die Ärztin im Huaxi-Krankenhaus meinte, dass das Ultraschallbild vom Anzhen-Kran-kenhaus nicht deutlich genug sei und schickte mich ins einen Straßenzug entfernte Likang-Krankenhaus, um ein neues zu machen. Als ich ihr den gerade gemachten Ultraschall überreichte, schaute sie nur eine Minute lang darauf, und riet mir dann, im Yihe-Krankenhaus eine Biopsie, eine Operation und eine Chemotherapie zu machen. Sie wollte damit sagen, dass das Huaxi-Krankenhaus überlastet ist, und man auf eine Biopsie und eine Operation bis zum Sankt-Nimmerleinstag warten muss. Selbst wenn der Tumor platzt, muss man abwarten, bis man an der Reihe ist. Das Yihe ist ein zweitklassiges Krankenhaus und billiger, das leuchtete mir ein. Aber zum Schluss schrieb sie mir einen Zettel und wollte, dass ich einen gewissen Arzt aufsuche und sage, dass sie mich geschickt hat. Angesichts eines solchen Verhaltens bekam ich den Verdacht, dass da etwas nicht stimmen konnte … letztendlich bin ich nicht dorthin gegangen.

26. September 2020

Seit meiner Rückkehr nach Chengdu bin ich schon zu vier Fachkliniken gerannt. Nach der Untersuchung meinten alle Ärzte, dass vom Bild her zu schließen die Wahrscheinlichkeit groß sei, dass es sich in der rechten Brust um Krebs handle – bei der linken Brust ließe es sich nicht gut einschätzen.

Ach, wenn ich das vorher gewusst hätte, wäre ich gar nicht erst ins Anzhen-Krankenhaus gegangen. Obwohl eine so schwere Krankheit festgestellt wurde, bin ich im Zwiespalt, ob ich mich überhaupt mit westlicher Medizin behandeln lassen will. Vor allem weil man nach der Operation viele körperliche Arbeiten nicht mehr verrichten kann. Ich sterbe lieber vor Erschöpfung als vor Hunger.

28. September 2020

Ich habe im Xibu-Zhanqu-Krankenhaus eine Biopsie gemacht: Die zwei Krankenschwestern, ungefähr um die 20 und mit schneeweißer Haut, fragten nach jeder Punktion mit gesenkter Stimme die Ärztin, die vor dem Computer saß, ob sie die richtige Stelle getroffen hätten. Nach der Biopsie müssen die Patienten noch 20 Minuten zur Beobachtung neben der Tür sitzen bleiben, um sicherzugehen, dass keine allergischen Reaktionen oder sonstige unerwünschte Nebenwirkungen auftreten. In dieser Zeit saß die kleine Gruppe von Wartenden zusammen und diskutierte darüber, ob der Arzt oder die Familienangehörigen dem Kranken die Wahrheit über seinen Zustand mitteilen sollten. Ein älterer Mann in der Gruppe erzählte vom Fall seines Schwagers. Bei diesem hatte der Arzt damals

Krebs im Endstadium diagnostiziert und geschätzt, dass ihm noch zwei bis drei Monate zum Leben blieben. Am Ende haben sich seine Kinder dazu entschieden, es dem Kranken zu verheimlichen und dafür zu sorgen, dass er was Ordentliches zu Essen bekam und noch etwas Schönes erleben konnte. Über ein Jahr verging und sein Schwager war das blühende Leben, rund und kerngesund. Die Kinder flüsterten hinter vorgehaltener Hand: „Kann es sein, dass die Diagnose falsch war?"

3. Oktober 2020

In den letzten paar Tagen habe ich die Krebs-Buchserie von Makoto Kondo gelesen und die *Tumorheilkunde in der chinesischen Medizin*. Ich habe auch über den Selbstmord von Leuten wie Jiang Xulin, Lin Jiawen und Cha Zhuanxia[2] nachgedacht.

„Man braucht Brot für einen Tag, um einen Tag zu leben, ein Bett für eine Nacht, um sich eine Nacht zur Ruhe zu legen!" Mein Mann kam mit einem Lungenfehler zur Welt, er hat ein Lungenemphysem, ein Lungenherz, außerdem eine sehr ernste Bronchiektasie und ist nun schon seit fünf Jahren zum Leben auf ein Sauerstoffgerät angewiesen. Ich darf nicht schlappmachen! Krebs hin oder her.

4. Oktober 2020

Das Warten auf den Tod im Dorf war weitaus schlimmer als die Zeit unmittelbar nach der Krebsdiagnose. Dieser eine Monat war zweifellos der hilfloseste und beängstigendste in meinem ganzen Leben.

Ich lese zum zweiten Mal Auszüge aus Yu Juans Buch *Das Leben ist noch nicht zu Ende*. Darin schreibt sie (und das sind auch die Zeilen, die am häufigsten im Internet auftauchen): „An der Grenze zwischen Leben und Tod werden Sie feststellen, dass alle Überstunden, der zu große Druck, den Sie sich selbst gemacht haben, die Notwendigkeit, ein Haus und ein Auto zu kaufen, nichts als flüchtige Wolken sind. Wenn Sie Zeit haben, verbringen Sie sie mit Ihren Kindern, kaufen Sie mit dem Geld für das

---

2 Jiang Xulin war ein vierzigjähriger Universitätsangestellter an der Pädagogischen Universität Huabei, und Lin Jiawen war ein 18-jähriger Schüler an einer oberen Mittelschule in Xi'an, der in jungen Jahren bereits hochgepriesene geschichtswissenschaftliche Bücher publiziert hatte. Beide nahmen sich im Jahr 2016 das Leben. Cha Zhuanxia war der älteste Sohn des berühmten Kampfsport-Autors Louis Cha (1924-2018). Er nahm sich 1976 im Alter von 19 Jahren das Leben (Anmerkung d. Übers.).

Auto Ihren Eltern ein Paar Schuhe. Ein größeres Haus ist nicht unbedingt notwendig. Wenn man mit dem geliebten Menschen zusammen ist, kann man es sich auf weniger Platz auch kuschelig machen."

Als ich Yu Juans Worte las, wurde mir noch elender als sterbenselend. Wenn sie hätte kämpfen müssen, um aus dem Dorf herauszukommen und Hochschullehrerin zu werden, wäre sie dann noch dazu fähig gewesen, etwas Derartiges zu schreiben? In dieser Gesellschaft haben besonders die Arbeitenden aus der Unterschicht nicht einmal Gelegenheit dazu, hart zu arbeiten, Überstunden zu machen und Nachtschichten zu schieben, selbst, wenn sie es wollten. Wenn man eine Krankheit bekommt und in sein Heimatdorf zurückkehrt, wartet man, um es direkt zu sagen, nur noch auf den Tod. Man hat keinerlei Einkommen; mit ein paar Quadratmetern Boden pro Person ist man auf den Himmel angewiesen, um sich zu ernähren, selbst zum Essen reicht es nicht, geschweige denn für alles andere.

Wenn ich damals nicht aus dem Dorf raus wäre und Nachtschichten geschoben hätte, dann hätte mein Schwiegervater gar nicht erst so viele Jahre durchgehalten, und mein schwerkranker Ehemann wäre wohl auch längst von uns gegangen. Als meine Tochter sehr klein war, habe ich sie gefragt: Wie wäre es, wenn Mama nicht arbeiten geht und zu Hause bei dir bleibt? Als meine Tochter älter wurde, habe ich sie noch einmal gefragt, ob sie es bereut, dass ich nicht zu Hause war, als sie klein war. Die Antwort, die sie mir gab, war beide Male dieselbe: Wenn du nicht arbeiten gegangen wärst, hätte ich nichts zu essen gehabt und hätte nicht auf die Schule gehen können.

5. Oktober 2020

Gestern musste ich erfahren, dass sich ein Nachbar, weil er von Schmerzen gepeinigt war und seinem Sohn nicht zur Last fallen wollte, am Vorabend erhängt hat.

7. Oktober 2020

Gestern bin ich mitten in der Nacht aus einem Traum geschreckt. Ich träumte, dass im Norden Schnee gefallen war und meine Tochter und mein Mann die blühende, von einer frischen Schneedecke überzogene Landschaft fotografierten.

In Liebesdingen läuft es bei meiner Tochter im Moment nicht sehr gut, aber ich dränge sie nicht. Ich kann sie nicht dazu zwingen, nur um meiner schweren Krankheit willen jemanden zu heiraten, den sie nicht mag.

Ach! Ich darf mich nicht weiter so hängen lassen, ich muss den Stift aufs Papier setzen und etwas schreiben, um meine Gefühle rauszulassen und mich bis auf Weiteres in Selbstmitleid zu suhlen!

8. Oktober 2020

Millionen Mal habe ich mir schon gesagt: „Lies keine Bücher mehr über Krebs!" Trotzdem bin ich schwach geworden und habe wieder stundenlang mit Lesen verbracht. Um ehrlich zu sein, sind diese Bücher mir keinerlei Hilfe, sie machen einen nur noch wehmütiger. Es ist halt schwer, sich in dieser Gesellschaft einen Namen zu machen. Um einen Bestseller zu landen, muss man Auffassungen verbreiten, die sich von der Allgemeinheit unterscheiden, ein Geschäft mit der Angst machen und etwas schreiben, was die breite Masse lesen will.

Der Nachbar, der sich erhängt hat, wird morgen beerdigt, die ständigen Trauerklänge bringen einen ganz durcheinander. Eigentlich bewundere ich ihn ziemlich: Er hat sich umgebracht und dabei niemanden mit hineingezogen. Mochte das Leben noch so hart sein, hat er trotzdem keinen Aufstand angezettelt, also ist er eigentlich ziemlich würdevoll gestorben.

Wenn ein Mensch dabei ist zu sterben, wird sein Herz versöhnlich. Werde ich sterben? Ich fange an, meinen Lehrern aus der Schulzeit zu vergeben: Frau Wei, Herr Liu und Herr Xiao. Wie haben sie ihre Schützlinge fehlgeleitet!

Als Frau Wei gegen die **Ein-Kind-Politik** verstieß, stiftete sie, nachdem ihr die Lehrerlaubnis entzogen wurde, die Schüler dazu an, den Unterricht zu boykottieren und die neue Lehrerin zu sabotieren. Herr Liu war ein Spieler, der oft mit meinem Vater bis in die Morgenstunden beim Glückspiel war. Herr Xiao hingegen hatte es sich zur Herzensaufgabe gemacht, Schüler von der Schule zu ekeln. Als ich die Schule abbrach, war die Hälfte der Klasse bereits weg. Wenn ein Mädchen mit einem Jungen sprach, keifte er, das wäre eine frühe Liebelei. Wie groß war diese Sache im Grunde wirklich? Was konnte man damals als Schulabbrecher schon machen? Ein Leben lang in der Unterschicht versauern. Und so etwas durfte sich Lehrer schimpfen.

Aber gut, es sei ihnen vergeben, diesen Nichtsnutzen.

11. Oktober 2020

In ein paar Tagen gibt es die Ergebnisse der Biopsie aus dem Xibu-Zhan-qu-Krankenhaus, dann folgt die Operation. Was, wenn auf beiden Seiten Krebs ist? So ein Pech werde ich doch nicht haben, oder?

Jeden Tag suche ich auf dem Handy nach Infos zum Thema Tod und Krebs. Nur wenn ich über zehn Stunden mit Lesen verbringe, tut es nicht mehr so weh. Selbstbetäubung. Wann wird das nur enden?

21. Oktober 2020

In den letzten Tagen konnte ich schon wieder schlafen, seit der anfänglichen Panik ist langsam wieder Ruhe eingekehrt. Krebs ist halt eine Frage der Gene, es bringt nichts, sich den Kopf zu zerbrechen. Heute komme ich ins Krankenhaus, am Ende habe ich mich für das Jianyang-Krankenhaus entschieden. Es liegt in meiner Heimatregion, ist am günstigsten, und es ist leicht, eine Rückerstattung von der Versicherung zu bekommen. Ich habe mit meinem Mann und meiner Tochter bereits abgesprochen, dass, falls ich die Operation nicht überlebe, alle brauchbaren Organe gespendet werden sollen; ich heiße keine unnötigen, traumatischen Wiederbelebungsversuche gut.

Zum ersten Mal, seitdem ich krank wurde – präziser sollte man eigentlich sagen, seitdem ich die Diagnose vom Arzt erhalten habe –, ging ich meine alte Mutter besuchen. Als ich sie sah, war meine über siebzigjährige Mutter immer noch schwer mit Feldarbeit beschäftigt. Ich sagte zu ihr, dass jemand, der in diesem Alter krank wird und seine Eltern nicht pflegen und zu Grabe tragen kann, keine gute Tochter ist. Also egal was passiert, ihr habt nichts, worüber ihr traurig sein müsst. Solche Worte von mir mochte sie nicht hören. Sie sagte, ich solle mir keine Sorgen ums Geld machen und gab mir ihre eigene Sozialversicherungskarte, auf der jeden Monat 900 Yuan waren. Ich habe sie nicht genommen, wie könnte ich es übers Herz bringen, auch noch das Geld auszugeben, das sie zum Überleben braucht?

Ich habe nach meiner über hundert Jahre alten Großmutter gesehen, die noch ausgezeichnet hört und sieht und vollkommen selbstständig leben kann. Als sie von meiner Krankheit erfuhr, tröstete sie mich: Keine Sorge, wenn es erstmal rausgeschnitten ist, wird schon alles gut werden. Großmutter mag es gesellig, einmal meinte sie, sie hoffe sehr, dass sie diese Welt direkt vor oder nach dem **Neujahrsfest** verlassen werde, weil dann alle, die auswärts arbeiten, daheim sind. An dem Tag ließ sie mir über meinen Vater 200 Yuan zukommen. Als ich sie nahm, spürte ich einen Stich im Herzen!

Jeden Tag sehe ich nach dem Gemüse, das wir anbauen. Es ist saftig grün und gedeiht prächtig. Auch die Seidenreiher sind zurückgekehrt und spazieren gelassen durch die abgeernteten Reisfelder. Ganz anders als im Norden ist mein Dorf im Spätherbst immer noch eine grüne Welt.

Ich denke an die Familien, bei denen ich in Beijing im Dienst war – einige meiner Kunden waren Christen, andere Buddhisten. Meine gute Freundin Frau Jing Y. sagt, dass man nur einen einzigen Glauben haben darf. Wenn man einmal zu Gott betet und einmal zu Buddha, wird man von keiner der beiden Gottheiten gesegnet. Weil auch Götter Anhänger wollen, die sich ganz einer Sache widmen. Aber obwohl ich mich zu einer Opfergabe machen und Gott weihen will, trage ich am Körper doch buddhistische Segenszeichen. Warum sich entscheiden? Sie sind beide gleich groß, gleich gütig, gleich allgegenwärtig. Man kann an alle glauben, oder nicht?

22. Oktober 2020

Heute bin ich ins Krankenhaus gekommen. Der Chefchirurg, ein Professor, ist von imposanter Gestalt und hat viel Geduld gegenüber Patienten und – was noch seltener vorkommt – er respektiert den Patientenwillen. Er sagte, dass beide Brüste amputiert und darüber hinaus wahrscheinlich die Lymphknoten entfernt werden müssten. Die Milchdrüsenleiter an der rechten und linken Brust sind beide angeschwollen und er hat den Verdacht, dass es von der rechten auf die linke Seite gestreut hat.

In bettelndem Tonfall fragte ich nach den Details der Operation und erzählte von meinem familiären Hintergrund. „Können Sie die Lymphknoten auf der linken Seite nicht lassen?", fragte ich. Der Arzt sagte, dass er während der Operation gemäß dem Befund der Gefrierschnittanalyse entscheiden werde, wie abschließend auf der linken Seite zu verfahren sei. Als ich ihn das sagen hörte, legte sich meine Angst ein klein wenig. Am Ende fügte er hinzu, dass man bei einer beidseitigen Entfernung der Lymphknoten beim Büro für Zivile Angelegenheiten einen Behindertenausweis beantragen könne. Ich sagte, ich wäre lieber arbeitsfähig.

Meine Mutter, Nichten und Brüder rufen mich jeden Tag zigmal an, um mich zur Operation zu überreden. Ich selbst bin hin- und hergerissen, was die Operation anbelangt. Ich hänge immer noch der irrsinnigen Hoffnung an, dass der Tumor vielleicht von selbst verschwindet. Ist es günstiger, wenn man mit der Behandlung wartet, bis es mit mir bergab geht? Wenn sich Fernmetastasen gebildet haben, macht eine Operation dann nicht alles nur noch schlimmer?

Im Nachbarbett liegt eine 64-jährige Frau, der heute Nachmittag die linke Brust amputiert wurde und die, seitdem sie wieder da ist, unablässig vor sich hin stöhnt, weil das Krankenhaus keine PCA-Pumpe hat. Mir wird mulmig zumute. Im Internet steht, wenn ein Krebsschmerzpatient stirbt, seien seine Augen weit aufgerissen, sein Mund wutverzerrt, die Haut hänge von den Knochen, die Gliedmaßen seien verrenkt, die Wirbelsäule verbogen und die Hände wie Hühnerkrallen, gerade wie der leibhaftige Teufel auf Erden. Beim Gedanken an ein solches Elend gibt es nichts, wovor man Angst haben muss. Egal ob friedlich oder grausig, der Tod ist das Ende. Morgen ist ein neuer Tag, alles wird vergehen.

24. Oktober 2020

Gestern bin ich in den zweiten Stock gegangen, um mit einem Ultraschall die Position in der linken Brust bestimmen zu lassen. Dabei wurde bestätigt, dass in der rechten Brust Krebs ist, die linke Brust wurde punktiert und eine Präkanzerose diagnostiziert. Ob es Krebszellen gibt, lässt sich abschließend erst bei der Gefrierschnittanalyse feststellen.

Die junge Frau in Bett Nummer 35 ist vierunddreißig Jahre alt und Mutter eines erst vierjährigen Kindes. Sie hat sich dieses Jahr im Mai scheiden lassen, das Geld für die Operation stammt von ihrer Mutter. Während unseres Gespräches erzählte sie mir, dass sie eine Verhärtung in der Brust hat, und ich riet ihr, es zur Sicherheit untersuchen zu lassen. Die junge Frau erwiderte, sie würde nicht gehen, sie könne die Nervosität nicht ertragen. Wer hätte schon ahnen können, dass sich die schlimmsten Befürchtungen bestätigen würden. Nach der Operation war sie überglücklich, weil sie annahm, dass es sich um einen gutartigen Knoten handelte, aber leider war das ein Irrtum! Es waren doch Krebszellen.

Die alte Dame in Bett Nummer 33 lebt in ärmlichen Verhältnissen. Die Tochter ihres ältesten Sohnes ist achtunddreißig Jahre alt, sie ist hübsch und ruhig und pflegt die alte Dame. Das Paar hat einen Supermarkt in der Stadt eröffnet und verdient so seinen Lebensunterhalt. Als die Schwiegertochter vierzehn Jahre alt war, hat ihre Mutter sich mit Tabletten das Leben genommen; als sie sechsundzwanzig war, ist ihr Vater an Leberkrebs gestorben. Als sie das Dorf verließ, um zu arbeiten, kamen ihre Hände unter die Maschine. Von der Entschädigung hat sie sich in der Heimat ein kleines Häuschen gebaut. Große und kleine Baustellen – diese Menschen haben es auch nicht leicht im Leben. Die alte Dame hat schon vier Jahre lang einen Knoten in der Brust, bis jetzt hat Nichts wehgetan; diesmal ist sie nur ins Krankenhaus gegangen, weil die Schmerzen unerträglich wurden. Sie sagte, als sie nach dem Ultraschall den Arzt flüstern sah, da habe sie gleich verstanden. Sie habe keine Angst vor dem Tod, so reich gesegnet mit Kindern und Enkelkindern wie sie sei.

Im Krankenhaus liegt ein Mann mit Lungenkrebs, der ein paar Jahre älter ist als ich und schon zwei Chemotherapien durchgemacht hat. Er erzählte, sein Sohn habe zu ihm gesagt, dass es ein Tumor sei, kein Krebs. Ich fragte ihn lachend, ob der Tumor gutartig oder bösartig war. Bösartig, sagte er. Sein Sohn habe ihm drei Versicherungen gekauft, alle Kosten würden rückerstattet, er müsse kein bisschen Geld ausgeben. In Wahrheit hatte er einen guten Sohn, der ihn angeschwindelt hatte. Nie im Leben hat ein Bauer eine Versicherung, die alle Kosten deckt. Ich schätze, sein Sohn hat das nur gesagt, weil er sich sonst vielleicht nicht hätte behandeln lassen. Eigentlich wusste der Mann über alles Bescheid, er hat heimlich an der Tür gestanden und das Gespräch zwischen dem Arzt und seinem Sohn belauscht. Wenn der Sohn jetzt behauptet, dass es ein bösartiger Tumor sei, dann nimmt er das einfach so hin und lässt die Sache auf sich beruhen.

27. Oktober 2020

Gestern gab es insgesamt sechs Operationen, ich war die dritte. Ich wartete angespannt und nervös im Flur, als meine Mutter kam. Wegen der ernsten Pandemielage konnte mir nur eine Person Beistand leisten. Wenn meine Mutter da war, war ich ruhig, selbst der Tod erschien ein wenig freundlicher. Am Nachmittag um drei Uhr kam ich in den Operationssaal und am Abend um acht wieder heraus. Frau Jing Y. sagt, sie wolle mir Tausend Yuan Manuskriptgeld im Voraus zahlen. Ich habe wieder ein wenig Hoffnung, dass ich leben werde.

29. Oktober 2020

Heute wurde die alte Dame von Bett 33 aus dem Krankenhaus entlassen. Da sie in armen Verhältnissen lebt, geht manches nicht, und sie muss das Leiden ertragen.

Im Krankenzimmer unterhielten wir Patienten uns miteinander und ich sagte, dass ich in diesen vierzig Tagen ständig darüber nachgedacht habe, mich umzubringen. Sollte ich mich erhängen oder vielleicht doch lieber vergiften? Die alte Dame hat trotz ihrer nur einjährigen Schulbildung einen gescheiten Kopf und meinte, ich sei ein Dummerchen: Die Erhängten würden im Jenseits wieder gehängt; wer sich vergiftet, müsse wieder Gift trinken. Wenn du dich selbst tötest, wird dich der Gott der Unterwelt foltern.

Sie erzählte außerdem von einer Frau in ihrem Dorf, die ebenfalls Brustkrebs habe. Sie sei ungefähr so alt wie ich und bereits fünf Jahre krank. Sie habe sich keiner Operation oder Chemotherapie unterzogen, sondern bekäme in Jianyang oder im Dorf nur ein paar Mittelchen. Trotzdem gehe sie noch ihrer täglichen Arbeit auf dem Feld nach. Als die alte Dame ins Krankenhaus aufbrach, riet diese Brustkrebskranke ihr ab und sagte: „Geh nicht, dort drängen sie dich nur gleich zur Operation." Aber der Sohn bestand auf einen Krankenhausbesuch und nachdem der Arzt unermüdlich auf sie eingeredet hatte, wurde sie schließlich operiert. Ich bat die alte Dame, sich nach der Telefonnummer dieser Frau zu erkundigen, um sie nach ihren Erfahrungen im Kampf gegen den Krebs zu fragen.

Inzwischen bin ich operiert und fange ein neues Leben an. Der Arzt, der mir den Wundverband wechselte, meinte, das Auftreten von Krebs sei sehr komplex. Man wisse längst, dass es mit Strahlung zu tun hat, aber es gibt zu viele andere Gründe. Also sei nichts zu bereuen, man könne letztlich auch vom Essen Krebs bekommen.

8. November 2020

Vor bereits acht Tagen wurde ich aus dem Krankenhaus entlassen. Es ist wirklich seltsam, wenn der Mensch einen bestimmten Punkt erreicht hat, ist die Frage nach Leben und Tod plötzlich nur noch eine kleine Sache. Dieser Tage sah ich die Filme *Kinder des Himmels* und *Jenseits der Wolken* und dachte, so beendet man also sein Leben. Die ganze Zeit fragte ich mich, ist Indien nicht doch reicher als unser Land? Wie sonst bekämen die

Jungs aus der Unterschicht, die dort Drogen verkaufen, und die Mädchen, die sich prostituieren, ihre Kunden? In meiner Umgebung gab es einige, die sich nicht einmal satt essen konnten, wie will man da Drogen kaufen oder zu Prostituierten gehen? Ja, „erst kommt das Fressen, dann die Lust".

Der Autor Yuan Ling schickte mir auf **WeChat** eine Nachricht, um sich nach meiner Gesundheit zu erkundigen. Ich sagte ihm, wenn manche Leute über Krebskranke schreiben, beschreiben sie nie deren Zähigkeit und Stärke. Vor allem die Todkranken aus der Unterschicht beeindrucken mit ihrem Durchhaltevermögen. Sie haben kein Vitamin B und keine Möglichkeit, Geld aufzutreiben. Noch im letzten Atemzug lieben sie das Leben und ihre Familie; sie nehmen das Sterben mit Fassung an. Das ist nicht so, wie es in einigen Dokumentarfilmen gezeigt wird, oder in den Büchern, in denen die Patienten ihre ganze Lebensart bereuen und sich heiser schreien, wenn sie Himmel und Erde verfluchen. Tja, nur wenn man ein ungerechtes und unvernünftiges Leben geführt hat, wenn die Rechnung von Geben und Nehmen nicht aufgeht, dann stellt man natürlich infrage, bereut und flucht.

9. November 2020

Im frühen Winter ergießt sich tagsüber in Sichuan eine angenehme Wärme über die Erde. Die Abende und Nächte im Dorf sind ruhig und wunderschön. Die Sterne flackern vereinzelt am Himmel auf, unten auf der Erde zirpen die Grillen ohne Unterlass und gelegentlich hört man einen Hund bellen. Nach der Operation sind meine Mutter und die kleinen Brüder extra angereist, um nach mir zu sehen. Mutter hatte eines ihrer wilden Hühner gefangen, ihr selbstgepresstes Öl mitgebracht, Fleisch gekauft und einige ihrer selbst eingelegten Tausendjährigen Eier hervorgeholt. Meine Brüder gaben mir zweitausend Yuan und kauften mir Obst sowie ein paar Snacks.

Mein Vater meinte, er wolle mir ein Schwein schenken. Ich solle doch zu Hause Schweine züchten, anstatt wieder für die Arbeit wegzugehen. Ständig unterwegs zu sein, sei zu anstrengend. Ich kann da nur seufzen. Sie wissen überhaupt nicht, was Krebs bedeutet und wie eingeschränkt der Körper nach der Operation ist. Ich kann ja keine schweren Dinge heben. Außerdem ist mein Mann lungenkrank, seine Bronchiektasie hat sich zur Hämoptyse ausgeweitet. Er muss täglich inhalieren und hängt am Sauerstoffgerät. Wir bekommen weder **Grundsicherung**, noch erfüllen wir die Kriterien für die Armenhilfsprogramme. Wenn ich das Land bestelle und ein Schwein halte, haben wir kaum genug zu essen, geschweige denn, um die immensen Kosten für die Medikamente zu decken. Und private Schweinezucht fällt in den Bereich des Umweltschutzes, ich weiß nicht, seit wann das auch schon wieder verboten ist.

Beim Mittagessen fragten meine Eltern nach dem Problem mit der Grundsicherung.

In unserem Dorf gibt es 14 dörfliche Kleingruppen[3] und acht Plätze für die Grundsicherung. Um an einen dieser Quotenplätze zu kommen, setzen alle Himmel und Erde in Bewegung. Eine Familie wie die meine, mit einer Krebskranken sowie einem Patienten mit chronischer Hämoptyse und verstopfter Lunge, konnte keine Grundsicherung ergattern. Es gibt einfach zu viele Familien mit schweren Krankheiten. Die paar hundert Yuan der Grundsicherung für den Lebensunterhalt sind den meisten egal. Wichtig sind ihnen hingegen die hohen Kosten für Medikamente und Arztbesuche. Die Rückerstattungen dafür sind bei der Grundsicherung um ein Vielfaches höher als bei der neuen ländlich-kooperativen Krankenversicherung. Und die Zähne beißt man sich an den Arzneikosten aus.

Früher, als ich noch in der Stadt gearbeitet habe, wusste ich wenig vom Dorf. Erst seit ich krank geworden bin und mich draußen mit den Leuten unterhalte, begreife ich das Elend dieser Welt. Im Umkreis von den paar Quadratkilometern sind zwanzig, dreißig Krebskranke, einige davon wie ich vierzig Jahre oder etwas älter. Einige gehen nach einem Monat, manche nach einem Jahr, bei manchen dauert es auch zwei Jahre.

Ich kann mich nicht damit anfreunden, fünf Jahre lang nur den Krebs zu bekämpfen. Währenddessen soll ich nichts tun, als an Krebs denken? Woher würde ich dann das Geld für diesen Kampf nehmen? Plötzlich erinnere ich mich an Cao Xueqins *Traum der roten Kammer* und wie sehr Cao Mozis[4] wirtschaftliche Ideen bewunderte. Später hat er auch noch die *Gesammelten Aufsätze über Handwerkskunst für Behinderte* verfasst, ein Buch über Techniken und Tätigkeiten, die Behinderten helfen, den

---

3   Ein Dorf wird über ein Dorfkomitee verwaltet, dem wiederum dörfliche Kleingruppen unterstehen. Offiziell gehören Dorforgane nicht zum Verwaltungsapparat, in der Praxis helfen sie jedoch dem Staat, seine Politik durchzusetzen. Auch bei der Genehmigung der Grundsicherung kommt den dörflichen Kleingruppen eine wichtige Rolle zu (Anm. d. Übers.).

4   Chin. Philosoph aus dem 5. Jhd. v. Chr., der den sogenannten Mohismus begründete (Anm. d. Übers.).

eigenen Lebensunterhalt zu bestreiten. Um über die Runden zu kommen, müssen Krebskranke Cao Xueqins Denkweise folgen. Wenn man vor dem Berg steht, findet man einen Weg. Ich werde nicht zu Hause Schweine halten und Felder bestellen.

14. November 2020

Zurzeit ist es immer um die zwanzig Grad warm. Die weißen Rosen haben den Höhepunkt ihrer Schönheit erreicht. Leider habe ich nur zwei Stück, eine habe ich in eine Vase gesteckt und die andere am Zweig gelassen. Die Blüten, die niedrig hingen und deren Geruch die Sinne erfrischte, wurden von den Hähnen abgepickt. Ich habe den Eindruck, dass besonders Enten es lieben, an Blumen zu knabbern. Als meine Tochter klein war, hatte ich in Chengdu einen Strauch Kamelien gekauft; innerhalb von wenigen Minuten hatten die Enten ein gutes Dutzend weggepflückt. Meine Tochter schwindelte ich an und sagte ihr, die Blüten seien von allein abgefallen.

15. November 2020

Um drei Uhr nachts bin ich aufgewacht und habe mich hin und her gewälzt, ohne wieder einschlafen zu können. Vor der Operation habe ich mehrere Krankenschwestern gefragt, wie man den Körper oder einzelne Organe spenden kann. Die Schwestern von der chirurgischen Abteilung meinten nur allesamt lächelnd: Im Krankenhaus gäbe es gar keinen Organspendendienst, man müsse selbst eine Institution für Organspenden finden, doch sie wüssten nichts darüber. Mich ließ die Frage nicht los, und ich stellte sie meinem behandelnden Arzt, Doktor Yang. Doktor Yang, ein begabter Arzt von mittlerer Größe in seinen Dreißigern, meinte nur: „Steigern Sie sich doch nicht in solche Fantasien hinein, wir wollen ja auch nicht, dass Sie nicht mehr vom OP-Tisch herunterkommen. Unser Krankenhaus hat keinen Organspendendienst." Das war so, als hielte man das Opfertier in den Händen und fände die Tempeltüre nicht.

Gestern habe ich mich mit Wu Xiaomei per Video unterhalten. Sie sagte, dass der Enkel ihrer Patentante seit seiner Geburt wegen Gelbsucht in einem Frau-und-Kind-Krankenhaus in Chengdu behandelt würde. Schließlich sei der Arzt herausgekommen und habe den Familienangehörigen gesagt, sie sollten das Kind in die Arme nehmen, denn es hätte höchstens noch eine Stunde zu leben. Vielleicht lag es an meinem Beruf

Illustration: Zou Shunqing

als Pflegerin für Mütter und Neugeborene, dass ich unentwegt weinte, während sie sprach.

Ich habe Wu Xiaomei nicht gefragt, ob sie die Organe gespendet hätten, zu so einer Frage hätte ich nicht einmal den Mund aufbekommen.

19. November 2020

Vorgestern habe ich das Tumorzentrum angerufen. Der Arzt meinte, man müsse erst acht Einheiten Chemotherapie machen und danach noch ein Jahr gezielte Krebstherapie. Ich fragte, ob es nicht ohne Chemotherapie ginge. Der Arzt meinte, nein.

Heute habe ich von einem Nachbarn für fünfzig Yuan hundert Pfund Süßkartoffeln gekauft. Wenn man sie auf der Straße verkauft, bekommt man nur 38 Fen pro Pfund. Um sich die einmalige Hospitalisierung für einen Krebspatienten leisten zu können, müsste man also dreißigtausend Pfund Süßkartoffeln verkaufen. Wenn jemand vom Land erkrankt, ist es wirklich ein Elend.

21. November 2020

Heute hat es in Beijing geschneit. Das hatte auch einen Einfluss auf unser Dorf. Der Temperaturunterschied von gestern auf heute ist wie der zwischen Feuer und Eis. Gestern Nacht konnte ich nicht schlafen und sah mir bis zum Morgengrauen einen indischen Film an, *Die Zeit der Frauen*. Soweit ich das mit meiner begrenzten Perspektive sagen kann, ist der Widerstand der indischen Dorffrauen wirklich bewundernswert. Wenn man so darüber nachdenkt, sind Menschen, die man indoktriniert hat, wirklich zu bedauern. Im Internet gibt es tatsächlich Leute, die sagen, dass es keinen Unterschied mache, ob Nora[5] weggeht, Aschenputtel hätte letztlich auch nur an einem anderen Ort weiter den Boden gewischt. Im Jahr 1879 war es noch ein unerhörter Skandal, wenn eine Frau ihr Zuhause verließ, das war ein Symbol von Widerstand und Unabhängigkeit. Und wenn Aschenputtel woanders den Boden wischt, dann hat sie dafür gekämpft, ist an einen guten Ort gezogen und wischt dort nun einen guten Boden.

Mutter hat noch einmal angerufen und mich gedrängt, die Chemotherapie zu machen. Vielleicht liegt es an meiner Blutarmut, dass bei der

---

5 Nora ist die Hauptfigur in *Nora oder Ein Puppenheim*, einem Theaterstück von Henrik Ibsen (Anm. d. Übers.).

Drainage immer noch viel Flüssigkeit herauskommt. Der Arzt meinte, erst wenn es drei Tage in Folge weniger als 5 ml wären, könne man den Schlauch entfernen. Aber ich habe mehr als zwanzig Tage nach der Operation immer noch jeden Tag um die 50 ml, die Fäden sind auch noch nicht entfernt und alles zieht sich in die Länge.

Am Nachmittag wurde der kalte Wind stärker und die Äste und Zweige des Bambus schwangen hin und her, während die kalte Brise einem in den Nacken zog. Im Garten blühte schon die Winterblüte und die spärlichen goldenen Blumen dufteten. Das Dorf lag verlassen in der Kälte da, nur am Morgen des Markttages waren einige Fußgänger in Zweier- und Dreiergruppen auf der Dorfstraße unterwegs. Allenfalls der Mahjong-Salon bildete eine Ausnahme. Ich denke, eine Krebskranke wie ich, die über viele Jahre auswärts arbeitet und von einem Job zum nächsten springt, und dann mit leeren Händen krank nach Hause zurückkehrt, kann sich gesellschaftlich nicht anmaßen, Mahjong zu spielen. Auch wenn alle meinen, dass Mahjong Spaß mache und Kranken guttäte, halte ich mich dennoch davon fern. Mein Mann ist zurzeit ständig daheim am Kochen, Geschirr spülen und so müde, dass man ihn unablässig schnaufen und ächzen hört.

23. November 2020

Ich möchte noch über die Katheter-Geschichte am Renmin-Krankenhaus in Jianyang sprechen. Um vier Uhr nachmittags war die Operation, raus kam ich dann um acht Uhr dreißig. Als ich aufwachte, wollte ich unbedingt pinkeln, konnte es aber nicht, und das war sehr unangenehm. Die Krankenschwester meinte, es sei normal, dass man sich mit dem Katheter ein wenig unwohl fühle. Aber mir ging es immer schlechter und schließlich lief der ganze Urin aus und auf mein Bett. Danach schickte man nach einigen Schwestern, um den Katheter zu prüfen, aber die sagten, es sei alles in Ordnung. Mir blieb nichts, als laut zu brüllen, bis sie schließlich noch eine andere Schwester herbeiriefen. Diese schmiss den Urinbeutel mit aller Kraft auf den Boden und der leere Beutel füllte sich sofort bis oben hin mit Urin. Ich fragte, was zum Kuckuck da los war, aber keine von ihnen gab einen Ton von sich. Ich vermute, dass etwas verheddert gewesen war – nachdem der Katheter gelegt worden war, hatten sie gar nicht alles richtig kontrolliert.

24. November 2020

Seitdem ich krank bin, hat mein Leben eine philosophische Dimension angenommen; ich denke oft über den Sinn des Lebens nach. Lohnt es sich gleich nach der Krebsdiagnose, all meine Zeit, mein Geld und meine Kraft im Krankenhaus zu verbrauchen? Hat es einen Sinn, seine Würde aufzugeben und überall um Almosen zu bitten? Muss man sein Leben nach kalten, nackten Zahlen bewerten oder auf seine innere Stimme hören?

27. November 2020

Heute war ich zur Entfernung der Fäden in der Klinik. Das Renmin-Krankenhaus ist der überfüllteste Ort in dieser Kreisstadt. Die Lebensbedingungen der Bauern sind besser, und sie können unter Zähneknirschen die Behandlungskosten aufbringen. Vor allem Familien, die als arm eingestuft werden, **Grundsicherung** oder die **Fünf Garantien** erhalten, hätten sich früher nicht getraut, ins Krankenhaus zu gehen.

Ich erinnere mich, wie mein Mann 2008 in Sichuan in der Ambulanz des Renmin-Krankenhauses war und dort zwei Ärzte aufsuchte. Einen Mann, der hieß irgendetwas mit Jie und eine Frau, Luo Hong. Der mit dem Namen Jie gab ihm für ein halbes Jahr Erythomycin. Luo Hong war genauso chaotisch und verordnete täglich Infusionen. In sechs Tagen gaben wir fünftausend Yuan aus. Und damit nicht genug, danach wurde der Husten meines Mannes noch schlimmer. Er begann, Blut zu spucken, und fühlte sich beim Gehen erschöpft. Am siebten Tag sagte ich Luo Hong, wie es um meinen Mann stand. Während des Gesprächs erwähnte ich, dass die Infusionen sehr teuer und wir etwas knapp bei Kasse wären, und vielleicht könne man auf eine billigere Medizin umsteigen? Mit wutverzerrtem Gesicht nahm sie das Rezept für die Infusion, riss es in Stücke, knüllte es zusammen und warf es in den Müll. Das Erythomycin nahm mein Mann für eine Weile, aber sein Magen vertrug es nicht, so dass wir den Rest schließlich wegwarfen. Danach gingen wir in die Tongrentang-Klinik für traditionelle chinesische Medizin zu einer Ärztin namens Xiao Qilan, die ihm mehrere Dosen chinesischer Medizin verschrieb. Erst dann besserte sich sein Zustand langsam.

2008 lag der Monatslohn einer Haushaltshilfe in Chengdu bei rund tausend Yuan. Wer sollte es da von den Dorfbewohnern wagen, ins Krankenhaus zu gehen?

Seit zwölf Jahren dürfen die Preise für Arzneimittel nicht weiter ansteigen und so sind Behandlungskosten sogar etwas gesunken.

Nachdem die Fäden gezogen worden waren, fuhr ich mit dem Bus nach Hause. Die Landhäuser, die man durch die Fenster sah, waren alle staubüberzogen. Vereinzelt hatten sich schon die goldgelben duftenden Blüten der roten Chilipflanzen geöffnet. Überall sah man Dorfbewohner, die Kohl und Rüben ernteten; vielleicht lag es an der Pandemie, dass in diesem Jahr das Gemüse billig war.

30. November 2020

Nachdem ich wegen meiner Erkrankung nach Hause zurückgekehrt bin, habe ich bei einem Straßenstand einige Setzlinge gekauft, um Gemüse anzubauen und einzulegen. Ich bewundere Li Ziqi[6], ich habe ihre Videos zwar nicht gesehen, aber sie kann den harten und kargen Alltag als idyllisches Landleben darstellen, das ist beeindruckend. Das Leben auf dem Dorf ist wirklich grausam, die Bewohner müssen selbst sehen, wie sie irgendwie über die Runden kommen. Eine entfernte Verwandte von mir hat wie mein Mann eine schwere Lungenkrankheit. Erst wenn ihre Familie offiziell als Armenhaushalt gilt, wird sie beginnen, sich behandeln zu lassen. Auf den Schultern der Dorfbewohner lastet nicht ein Berg, sondern ein großer Grabhügel.[7]

In letzter Zeit habe ich ein Übermaß an Freizeit und bin noch im Zwiespalt darüber, ob ich mich auf die westliche Medizin und Chemotherapie einlassen soll oder nicht. Vor vielen Jahren habe ich Machiavellis *Fürst*, Clausewitz' *Vom Kriege* und Smiths *Der Wohlstand der Nationen* gelesen, aber daran habe ich nicht die geringste Erinnerung. Eigenartigerweise kann ich mich aber an 1984 erinnern.

---

6 Li Ziqi ist eine dank YouTube auch außerhalb Chinas bekannt gewordene Influencerin, die ein idealisiertes und ästhetisch ansprechendes Landleben in der Provinz Sichuan zeigt (Anm. d. Übers.).

7 Seit den 1950er-Jahren spricht man in China von den „drei Bergen" – Imperialismus, Feudalismus und bürokratischer Kapitalismus – die vor der Gründung der Volksrepublik auf den Schultern des Volkes gelastet hätten. Später wurde das Wortbild auf Bauern übertragen und die in den Dörfern herrschende Armut. Darauf bezieht sich die Autorin in ihrem Wortspiel (Anm. d. Übers.).

8. Dezember 2020

Mehrere Tage in Folge blies ein kalter Wind; der Regen war eiskalt, der Himmel von düsteren Wolken verhangen, aber schließlich ist die Sonne doch noch herausgekommen.

Heute bin ich auf den Markt gegangen und habe am Eingangstor auf meinen Mann gewartet. Eine Dame dort hat eine Tüte mit Mandarinen hochgehoben und sich etwas umgesehen, bevor sie auf mich zugeeilt kam und mich aufforderte, sie zu kaufen. Ehrlich gesagt, handelte es sich bei ihren Mandarinen um unverkaufte Restware, klein und schrumpelig und nicht einmal billig; ich wollte sie nicht kaufen. Als sie den Drainage-Schlauch an mir sah, hat sie mir sofort einige Hausmittel gegen Krebs genannt, eines davon war in Kräutersud aufgekochtes Katzenfleisch. Die Dame meinte, dass sie mir die Kräuter mitbringen könne. Natürlich habe ich gleich ihre Tüte Mandarinen gekauft.

Bei mir im Dorf nennt man jeglichen Tumor einen Klumpen und wenn irgendwelche wildfremden Leute meinen Schlauch sehen, empfehlen sie gleich Rezepte zur Behandlung meines Klumpens und meinen beiläufig, ich solle es nicht so hart nehmen. Wenn ich solche Worte höre, stößt es mir sauer auf. Scheinbar gibt es schon zu viele Krebsfälle, und alle wissen Bescheid. Um es klar auszusprechen: Ich habe einen Tumor im späten Stadium und kein Geld für die Klinik. Mir bleibt nichts Anderes übrig, als mit den alten Methoden wie gekochtes Huhn, Ente oder Kröte meine Existenz zu verlängern.

Die Welt ist wunderschön, und ich tue alles, um weiterzuleben.

9. Dezember 2020

Bevor ich Krebs hatte, bin ich eher selten nach Hause zurückgekehrt, man hat einander zugenickt oder zugewunken, unterhalten habe ich mich wenig. Seitdem ich Krebs habe, geht alles langsamer, und ich unterhalte mich auch wieder mehr mit den Dorfleuten.

In unserer Gruppe ist ein Mann mit einem wachen Geist, groß und schlank. Da er der jüngste unter seinen Geschwistern ist, nennen ihn alle Junger Pa. In seiner Jugend wurde er beim Bau eines Wasserreservoirs verletzt und hat daher nie geheiratet. Dem Eindruck nach ist Junger Pa ein gewissenhafter Arbeiter. Jeden Tag packt er auf dem Land seiner Neffen mit an und besitzt eine scheinbar unerschöpfliche Energie. Pa sieht jung aus, aber wer hätte das gedacht, er erzählte mir, dass er schon 78 Geburtstage hinter sich hat und bald 79 wird. Er hoffe, schnell zu sterben. Ich meinte, er sei doch bei solch guter Gesundheit und könne ohne Probleme noch über zehn Jahre leben. Aber der eigentliche Sinn seiner Aussage war, dass er jetzt noch arbeiten und bei seinem älteren Neffen mitessen kann. Wenn er in Zukunft keine Kraft mehr hat, wäre sein Neffe nicht in der Pflicht, sich um ihn zu kümmern. Man muss alles nehmen, wie es kommt, es ist vom Himmel vorherbestimmt.

Junger Pa befindet sich in einer misslichen Lage. In seinen letzten, verletzlichen Jahren hätte er am ehesten Sozialhilfe gebraucht, aber keinen Anspruch darauf. Das ist eine lange Geschichte.

Als man Land und Besitz aufgeteilt hat, war er mit seinem jüngsten Neffen in einem Haushalt geblieben. Während er die Felder bestellte und sich um seine Großneffen kümmerte, arbeiteten sein Neffe und dessen Frau außerhalb. Mit 42 Jahren kehrte sein Neffe aus Shanghai ins Dorf zurück und sagte immer wieder, er sei erschöpft und habe keine Energie mehr. Junger Pa riet ihm, sich im Krankenhaus untersuchen zu lassen. Aber der Neffe ging nicht, und nach einem Monat starb er. Junger Pa beklagte, dass seine Krankheit heilbar gewesen wäre. Es war kein Krebs, und er hätte Geld gehabt. Ich antwortete, Geld sei schwer zu verdienen, und man gebe es ungern her. Außerdem hätte er ja auch zwei Kinder gehabt, die Geld brauchten, und er hätte sicher gedacht, es sei nicht so ernst.

Nachdem die Frau seines Neffen in eine andere Familie geheiratet hatte, hätte Junger Pa eigentlich Anspruch auf die **Fünf Garantien** gehabt. Das Problem ergab sich mit dem **Hukou**. Er war ursprünglich als Haushaltsvorstand eingetragen gewesen, und auch wenn sein Neffe gestorben war, standen dessen Frau und Kinder im Hukou-Pass. So hatte er keine Möglichkeit, die **Fünf Garantien** oder **Grundsicherung** zu bekommen.

Junger Pa hat ein Jahreseinkommen von zweitausend Yuan, eine Altersunterstützung von rund tausend Yuan und ein Entschädigungsgeld für die Verletzung beim Wasserreservoir von weiteren tausend Yuan. Er hilft dem älteren Neffen mit der Arbeit und isst dafür umsonst bei ihm mit.

Wenn ich das vom Leben gezeichnete Gesicht des Jungen Pa sehe, bete ich aus ganzem Herzen, er möge auf immer bei guter Gesundheit sein. Aber natürlich wünsche ich allen, gesund zu bleiben.

Illustration: Zou Shunqing

10. Dezember 2020

Von der Diagnose bis heute sind drei Monate vergangen. Ich lebe noch und das nicht, weil ich keine Angst habe, sondern weil der Tumor meine Organe noch nicht ganz zerfressen hat. In der freien Zeit blättere ich etwas in den ersten fünf Kapiteln des *Shiji*[8] und in einigen Geschichten der Han-Zeit. Yao, Shun, Liu Bang, Liu Che, Liu Xiu, sie alle haben tagein, tagaus, tausende Staatsangelegenheiten erledigt, gekämpft und getötet, standen an allen Fronten. Ihre Lebensspanne war aber nicht kurz, dagegen lebten ihre Nachkommen nicht lang – sind sie etwa auch an Krebs gestorben?

Seit ich Krebs habe, muss ich über Lebensmittelsicherheit nachdenken. Beim Gemüseanbau im Dorf benutzt man schon keine natürlichen oder biologischen Dünger mehr, nur noch Herbizide, Insektizide, Kunstdünger, Pflanzenhormone usw., um den Ertrag zu steigern.

Jetzt sind es drei Monate, und ich danke Frau Jing Y., der Familie von Großmutter Xu Qi, den Frauen Wu sowie meinen Verwandten, die mir Mut zugesprochen haben, und den fremden Freunden. Das Leben muss man nehmen, wie es kommt, auch wenn mein Arm schwer und taub geworden ist.

14. Dezember 2020

Heute spüre ich ein wiederholtes Stechen in der Brust. Aber ich habe keinerlei Möglichkeit, meinen Arzt zu kontaktieren und kurz nachzufragen. Tja, diesen Schmerz muss ich wohl aushalten.

Wenn man bei uns im Dorf an Krebs erkrankt, muss man sich gleich um den Nachlass kümmern. Es ist wichtig, das Unglück auch mit lebensfrohen Festen bekämpfen zu können.

Ich muss heute ins Dorf, um Fotos zu machen — Beerdigungsfotos. Wäre schon ärgerlich, wenn ich plötzlich nicht mehr bin und es gäbe nicht einmal diese Bilder von mir. Ich hoffe, dass sie heiter werden und nicht allzu traurig wirken. Bei uns sind Erdbestattungen immer noch erlaubt, aber die Bestattung an sich, der Sarg, der Grabhügel sind unglaublich teuer. Bei einer Feuerbestattung sind die Preise ebenfalls hoch. Die Kosten

---

8 Das Shiji (wörtlich Aufzeichnungen des Chronisten) wurde dem am Hof der Han-Dynastie tätigen Gelehrten Sima Qian (ca. 145-90 v. Chr.) verfasst und gilt heute als das erste bedeutende Werk chinesischer Geschichtsschreibung. Die hier erwähnten teils mythologischen, teils historischen Figuren sind in China jedem Schulkind bekannt (Anm. d. Übers.).

sinken erst, wenn man bei der Einäscherung auf den Pappsarg, die Sarg-
träger, die Abschiedszeremonie, selbst auf die Urne verzichtet und vor
allem darauf, als erste Leiche verbrannt zu werden.[9] Wäre ich doch nur
Tibeterin, ich könnte eine Himmelsbestattung haben. Andererseits, wäre es
nicht respektlos, Daikini im Himmel diesen kranken Körper anzubieten?
Bei diesem Gedanken muss ich über mich selbst lachen.

Denk nur, in meiner Kindheit, wenn in der **Produktionsgruppe** ein
Schwein oder ein Rind starb, war es ein Festtag für das ganze Team. Alt und
Jung waren gut gelaunt und in meinen schönen Kindheitserinnerungen
gibt es immer Kohl mit gebratenem, krankem Fleisch. Ich hoffe, wenn
nach der Beerdigung die Nachbarn und andere Leute aus dem Dorf über
mich reden, dass dann aus ihren Mündern kommt: „Als die Frau vom
Jüngeren Li gestorben ist, wurde das gut gemacht. Die scharfen Krebse
und das Pfefferhuhn waren lecker. In wessen Familie ab heute jemand
stirbt, der sollte diesen Koch anheuern, seine Kunst ist unbeschreiblich."

16. Dezember 2020

Heute gab es eine kleine Freude. Frühmorgens – der sanfte Regen hatte noch
nicht aufgehört – kamen meine Eltern und jüngeren Brüder und gratulierten
mir zum Geburtstag. Die lieben Jungs sind im Regen ins Dorf, um Fleisch
und Gemüse zu kaufen. Das war wirklich nicht billig, das Lammfleisch kostete
fünfzig Yuan das Pfund, Schweinefleisch fünfundzwanzig Yuan, Schnittlauch
sieben und Tomaten fünf Yuan. Ich überlege, wie viele Geburtstage ich noch
feiern kann und wie großartig es ist, dass die Familie noch einmal zusam-
menkommt. Gerät das Leben in Not, dann liegt einem selbst Alltägliches
wie Fleisch und Gemüse dicht am Herzen. Bei diesem Gedanken kommt
mir Bild für Bild meine bittere Vergangenheit in den Kopf:

Als ich in die dritte Klasse ging, war das gerade in dem Jahr, als das
Ackerland auf die Haushalte verteilt wurde.[10] Die Lehrer waren ganz heiß
darauf, ein Nebengewerbe anzugehen. Neben dem Unterricht hieß es also,
drei Tage fischen und zwei Tage die Netze trocknen. In jenem Halbjahr
brachen in der gesamten Schule die Pocken aus, und die Hälfte der Kinder
aus der Klasse ging nach Hause. Das gesamte Halbjahr ging so verloren.

---

9 Die erste Verbrennung wird als sauberer angesehen, da noch keine Asche anderer Menschen im
   Ofen liegt. Deshalb ist sie teurer (Anm. d. Verf.).
10 Siehe dazu im Glossar „Reform und Öffnung" (Anm. d. Übers.).

Von Mathe hatte ich keinen blassen Schimmer. Nicht einmal ein X konnte ich zeichnen, und wie man Zähler und Nenner unterscheidet, hatte ich auch nicht verstanden. Zum Schluss haben von den 56 Schülern aus der Klasse nur fünf inklusive mir die Prüfung zur unteren **Mittelschule** bestanden; die anderen sind alle nach der Grundschule abgegangen und danach in die Landwirtschaft.

Nach der Hochzeit merkte ich, dass mein Mann oft Blut spuckte. Arm wie wir waren, konnten wir nur zum Dorfarzt, um Medikamente verschreiben und ab und an eine Spritze verabreichen zu lassen.

Als meine Tochter ein Jahr alt war, fing die von mir betriebene Eierbrutanlage Feuer und alles verwandelte sich in Asche. Ich meldete mich in einer Nähklasse an, aber letztendlich hatten wir nicht einmal mehr blanken Reis zu essen. Mir blieb also nichts anderes übrig, als den Nähunterricht aufzugeben, erstmal einen Job zu finden und meinen Mann zu Hause zu lassen, damit er sich um das Kind kümmern konnte. In dieser Zeit wurde er krank, und erst 1997 hatten wir den Kredit abgezahlt. Erst im Jahr 2000 hatten wir dann die Agrarsteuer, die wir der **Produktionsgruppe** schuldeten, beglichen.

Ich kann nicht weiter über diese bittere Plackerei schreiben. Wenn man für Blut und Schweiß nichts bekommt, muss man seine Niederlage nun mal eingestehen.

2002 ist mein Schwiegervater schwer erkrankt und kam ins Krankenhaus. 2009 ist er dann gestorben.

2012 wurde die Hämoptyse meines Mannes ernster, und er verlor seine Arbeitsfähigkeit.

2015 ging mein Mann wiederholt ins Krankenhaus. Dabei wurde er immer in Krankenhäusern der unteren Kategorie behandelt. Er begann, ein Sauerstoffgerät zu benutzen.

Am 24. März dieses Jahres spuckte mein Mann wieder Blut, und aufgrund der Pandemie erholte er sich zu Hause.

Am 10. September wurde bei mir im Anzhen-Krankhaus in Beijing Brustkrebs diagnostiziert.

In den vielen Jahren in der Ferne bin ich nur dreimal zum **Frühlingsfest** nach Hause – als ich das erste Jahr auswärts arbeitete, 2009, als mein Schweigervater starb, und 2018, als meine Tochter sich mit einem potenziellen Ehekandidaten traf.

Zwischen den Jobs habe ich begeistert an Schulungen teilgenommen – Computerklassen, Unterricht in Kochen und Hauswirtschaft, Genossenschaftstraining, Fahrstunden und technische Schulungen. Liegt es daran, dass mein Bildungsniveau zu niedrig ist und meine Berufsausbildung einfach, oberflächlich und unqualifiziert? Bin ich zu dumm und nicht fleißig genug? Oder was? Was habe ich falsch gemacht?

30. Dezember 2020

Kaum war ich im Krankenhaus, überschüttete mich der verantwortliche Chirurg mit Vorwürfen: Zwei Monate nach der OP hätte ich noch keine Chemotherapie begonnen. Ich sei wohl lebensmüde! Ich antwortete, dass der Drainageschlauch noch nicht rausgezogen sei und ich Angst habe, die Wundheilung würde gestört werden. Er meinte, dass sei kein Problem und dass er frühestens in sieben Tagen mit der Chemotherapie beginnen könne. Außerdem seien meine Lymphknoten metastasiert und ich bräuchte sofort eine Chemotherapie.

Aufgrund meines Unbehagens gegenüber der Chemo hatte ich den Krankenhausbesuch immer wieder hinausgezögert. Von der Diagnose bis jetzt waren fast vier Monate vergangen. Aber noch war ja nicht alles verloren, also fangen wir mal damit an. Das Krankenhaus antwortete, an Neujahr hätten sie geschlossen, an diesen Tagen gäbe es keine Chemotherapie und ich solle nach den Feiertagen wiederkommen.

Als ich nachmittags zurückfuhr, waren zufällig viele Leute im Bus ebenfalls von der Untersuchung im Renmin-Krankenhaus auf dem Weg nach Hause. Alle waren sich erschreckend ähnlich: In der Jugend von Ort zu Ort gezogen, um ihr Leben zu bestreiten, richteten sie sich nun im Alter krank in der Heimat ein. Der ganze Bus war am Quatschen, diskutierte Armut, Sozialhilfe und die **neue ländlich-kooperative Krankenversicherung**. Ein kleiner schlanker Mann – nach eigenen Angaben 65 Jahre alt – bat mich, die rechte Hand auszustrecken. Er guckte kurz und schlussfolgerte, dass ich nicht an Krebs sterben würde. Dass der kleine Finger das äußere Gelenk des Ringfingers überragte, wurde zum Beweis. Innerlich war ich ein bisschen erleichtert.

Abends rief mich meine Mutter an und wir sprachen kurz über Alltag und Familie. Unter anderem unterhielten wir uns über die Krankheiten meines bereits verstorbenen Schwiegervaters. Meiner Meinung nach ist ein Leben, mit dem man anderen nur noch zur Last fällt, nicht viel Wert. Außerdem hasse ich die moralischen Fesseln im Namen der **Kindespietät.** Mein Mann war danach etwas niedergeschlagen und meinte, wenn er vor mir stürbe, solle er verbrannt und seine Asche nicht aufgehoben werden.

7. Januar 2021

Heute schneit es – Schneeregen. Wahrscheinlich, weil ich bereits einige Jahre in Beijing arbeite, ist Schnee für mich nicht mehr so besonders. Auf der onkologischen Station ist es warm, und da ich Angst habe, mich zu erkälten, bleibe ich einfach drinnen und stelle mir im Zimmer die Schönheit der Schneelandschaft vor.

Ich habe lange über den Portkatheter für die Chemotherapie nachgedacht. Der Arzt wollte mir einen PICC-Zugang legen, die Kosten von mehr als 1800 Yuan könne man sich erstatten lassen. Ich war sehr dagegen. Es wäre zu nervig und aufwendig, bräuchte ich doch jede Woche Krankenpflege. Von meinem Haus aus gehe ich mehr als einen Kilometer, bis ich zur Hauptstraße komme. Erst von dort aus kann ich den Bus in die Stadt nehmen. Das Schlimmste ist jedoch, dass ich mit dem Port keine Feldarbeit, wie Hacken und Ernten, verrichten kann. Ich wollte eine Stahlnadel. Die benutzt man einmal und zieht sie danach wieder raus. Die muss ich nicht jede Woche spülen, und sie behindert auch meine Arbeit nicht. Der Arzt sagte allerdings, ich könne keine Stahlnadel benutzen, denn ich habe lymphatische Metastasen, und die Nebenwirkungen der Medikamente seien sehr stark, sodass meine Hände unbrauchbar wären, kämen sie aufs Hautgewebe.

Ich fragte den Arzt, wie mein Behandlungsplan aussähe, und er erwiderte, die internationalen Standards seien überall auf der Welt gleich. Wenn sie überall gleich sind, dachte ich, warum gehen dann die Reichen ins MD Anderson Krebszentrum oder die Mayo-Klinik in den USA?

Was den Behandlungsplan anbelangte, waren sich die drei Ärzte in der onkologischen Klinik und der stationären Abteilung uneinig. Dr. A sagte, acht Chemotherapien, ein Jahr zielgerichtete Krebstherapie, danach 25 Chemotherapien und fünf Jahre endokrine Behandlung. Er verlangte dabei einen FISH-Test, um festzustellen, ob die Behandlung gezielt sein könne. Nach Ansicht von Oberarzt B war ein FISH-Test nicht erforderlich, man könne einfach die Medikamente für eine gezielte Therapie einsetzen. Dr. C machte sich über die wilden Bemerkungen von Oberarzt B lustig, denn wenn her2(++) instabil sei und der FISH-Test negativ ausfalle, wären die gezielten Medikamente nutzlos und das Geld zum Fenster rausgeschmissen. Der stationäre Arzt hatte noch eine andere Lösung parat: Nach vier Runden Chemotherapie könne man auch bei einem negativen FISH-Test die gezielten Medikamente einsetzen, allerdings könne der negative Test nicht von der Krankenversicherung erstattet werden. Gibt es nicht ein Sprichwort in der Krebsbehandlung? Über die gezielte Therapie, für die Haus und Hof draufgeht? Ich wünsche mir nur, dass dies die richtigen Behandlungen sind.

8. Januar 2021

Die onkologische Abteilung befindet sich im neunten Stock. Wenn man am Fenster steht und hinausschaut, wird man von sanften, flachen Hügeln begrüßt. Die Landschaft ist heute mit einer dünnen Schneeschicht auf den Anhöhen im Osten und Westen bedeckt. Auf den Kiefern und Zypressen ist der Schnee etwas dichter, gebündelte Kristalle, ganz anders als die silbrige Unendlichkeit im Norden.

Ich habe endlich einen billigen PICC-Katheter für meine morgige Chemotherapie gelegt bekommen.

Immer wenn mir Chemo-Medikamente verabreicht werden, verlangt die behandelnde Ärztin, dass ein Familienmitglied bei mir ist – vielleicht um Unfällen vorzubeugen. Vor dem Aufenthalt müssen mein Mann und ich jedoch im Krankenhaus einen Nukleinsäure-Test für Covid-19 machen. Die meisten Onkologie-Patienten leben in Dörfern, die weit vom Kreiskrankenhaus weg sind. Jeder Test dauert einen Tag und kostet eine Menge Geld für die Hin- und Rückfahrt. Die momentane Regelung ist, dass man für eine Woche Krankenhausaufenthalt die Testkosten für zwei Personen erstattet bekommen kann. Das gilt jedoch nur für die Tests des gleichen Krankenhauses, und lediglich eine Begleitperson ist erlaubt. Neben dem Begleitpersonen-Zertifikat braucht man noch eine Kopie des Personalausweises der Begleitung. Sich in die stationäre Onkologie-Abteilung einzuschleichen, ist manchmal etwas schwierig.

Ich habe von der Putzfrau gehört, dass vor der Epidemie die Gänge der Onkologie mit zusätzlichen Betten vollstanden, die nach dem Ausbruch wieder verschwanden. Wenn Betten knapp sind, beeinflusst das dann die Behandlung? Meine Mitpatienten verstehen alle, dass sie sich durch das Tragen von Masken selbst schützen und gegenüber anderen verantwortlich handeln. Dennoch, man bekommt kaum Luft. Die hilfsbereiten Krankenschwestern teilten uns mit, wir sollten die Masken abnehmen, durchatmen, wieder aufsetzen – immer im Wechsel. In einem der Überlandbusse eine Maske zu tragen, ist viel schlimmer, denn es gibt viele Fahrgäste, und die Busse sind klein. Dann bleibt mir nichts Anderes übrig als – wie im Krankenhaus gelernt – die Maske heimlich kurz abzunehmen und wieder aufzusetzen.

7. Februar 2021

Es ist schon eine Weile her, dass ich geschrieben habe. Ich sollte wieder einmal damit anfangen, sonst werde ich ganz unruhig.

Heute war die zweite Chemotherapie, und die Krankenschwester hat den PICC-Katheter geprüft und gereinigt. Nachdem der Schlauch circa zehn Zentimeter rausgezogen war, meinte sie, ich hätte mich überanstrengt und dass unter diesen Umständen häufig Blutgerinnsel entstehen könnten. Sie schlug vor, eine Ultraschalluntersuchung und ein Röntgenbild der Brust machen zu lassen. Ersteres zeigte jedoch, dass kein Blutgerinnsel vorhanden war. Am Tag vor meiner Entlassung rieten mir wieder mehrere Krankenschwestern, den Schlauch entfernen und neu legen zu lassen. Denn in diesem Zustand sei das Risiko für ein Blutgerinnsel zu hoch. Ich hing an dem Geld – 1880 Yuan. Damit konnte man im Dorf siebenhundert Pfund guten Reis kaufen. Das ist eine Jahresration für zwei Personen.

Als ich am nächsten Tag aus dem Krankenhaus entlassen wurde, erkundigte ich mich bei der behandelnden Ärztin über die Entfernung und Neulegung des Ports. Sie wurde wütend und bat meinen Mann, ihr zu zeigen, welche Krankenschwester dies vorgeschlagen hatte. Warum solle man einen funktionierenden Port einfach entfernen? Das würde den Patienten zusätzlich belasten. Mein Mann reagierte klug, schob seine Brille zurecht und antwortete: „Ich bin kurzsichtig, ich habe sie nicht deutlich gesehen." Die Ärztin belehrte mich noch mit ein paar Sätzen, und die Sache war erledigt.

Meine Ärztin ist jung und hübsch und in meinen Augen eine gute Ärztin. Vor der Chemotherapie hatte ich immer wieder betont, dass ich keine teuren neuen Medikamente möchte, keine nebenwirkungsarmen Liposome, sondern einfach günstige Chemotherapeutika. In der Onkologie einer Kreisstadt wie dieser sind die meisten Konflikte mit Armut verbunden.

Am Tag meiner Krankenhausaufnahme wurde gerade ein 34-jähriger junger Mann vom Nachbarbett entlassen. Mit Kopfschmerzen, Übelkeit und Erbrechen hatte er den Arzt aufgesucht. Es stellte sich heraus, dass er Lungenkrebs im fortgeschrittenen Stadium mit Multiorganmetastasen hatte. Er ist etwa 1,70 m groß, ziemlich schlank und arbeitet in einem gemeindeeigenen Unternehmen. In der unteren **Mittelschule** hatte er den Vater verloren, die Mutter war verrückt, die Familie arm, und erst mit 30 Jahren hatte er seine jetzige Frau geheiratet. Er hat einen Sohn, der jetzt zwei Jahre alt ist. Die Frau des jungen Mannes ist in ihren Zwanzigern, spricht undeutlich und ihre Gliedmaßen sind etwas unkoordiniert, sodass sie leicht geistig behindert wirkt. Gleichzeitig hat sie ein explosives Temperament. Der junge Mann war niedergeschlagen und flehte seine Frau kraftlos an: „Das Krankenhaus drängt jeden Tag auf Geld … Ich werde nicht einmal mehr medizinisch behandelt, beruhige dich also, ich sterbe sowieso." Seine Frau schien verstanden zu haben, packte schluchzend ein paar Sachen zusammen und verließ das Krankenhaus. Sie nuschelte etwas von „der Kleine ist erst zwei Jahre alt, erst zwei Jahre alt, was mach ich nur, was mach ich nur?" Keine zehn Minuten nachdem der junge Mann entlassen wurde, kam der alte Herr Guo herein.

Herr Guo ist 72 Jahre alt. Noch bis er siebzig war, hatte er als Wärter bei einem Unternehmen des Stadtdistrikts gearbeitet. Er hat dichtes silbernes Haar, ist voller Energie und erzählt gerne von früher und frisch von der Leber weg. Ihm sei medizinische Vorsorge wichtig, und er unterzöge sich jedes Jahr einer Ganzkörperuntersuchung. Darüber hinaus schließe er immer das umfassendste Paket bei der neuen ländlich-kooperativen Krankenversicherung ab. Bei der Untersuchung im Mai dieses Jahres wurde bei ihm Lungenkrebs diagnostiziert. Seine Tochter und sein Schwiegersohn verschwiegen es ihm jedoch und unterschrieben eine Einverständniserklärung zum Verzicht auf die Behandlung. Als der Oktober kam, hatte Herr Guo Zahnschmerzen, wollte sich den Zahn ziehen lassen, und der Arzt verlangte seine Krankenakte. Da erst erfuhr er von seinem Lungenkrebs. Doch der Überlebenswille ist ein Instinkt. Herr Guo ging also heimlich ins Krankenhaus und beriet sich mit einer Onkologin: Könne seine Krankheit noch behandelt werden; würde es teuer; leide man nach der

Chemotherapie mehr oder würde sich dadurch sein Zustand verschlechtern und er schneller sterben? Die Ärztin sagte ihm, dass es sicherlich nicht billig würde, aber nur mit Behandlung gäbe es Hoffnung. Auch könnten nach einer Chemotherapie Nebenwirkungen auftreten, aber, dass man schneller stürbe, sei dummes Gerede. Auch wenn es im Volksmund heißt „Talent ist alles", so ist das Leben selbst doch am wichtigsten.

Herr Guos Tochter ist über vierzig Jahre alt, fegt die Straßen der Stadt und verdient etwas mehr als zweitausend Yuan im Monat. Sie kleidet sich schlicht und ist eine schweigsame Person. Sie sagte daher nur: „Seit wann kann man Krebs heilen, das ist unnötige Geldverschwendung", und „von Operationen und Chemotherapie stirbt man schneller". Sie ging davon aus, dass die Ärztin den alten Mann zu einer Chemotherapie angestachelt habe. Die Tochter sagte ihr, wenn ihr Vater die Chemo wolle, dann solle er halt. Aber wenn er nicht möchte, solle man ihn auch nicht überreden und es noch schlimmer machen. Die behandelnde Ärztin erwiderte ihr, dass sie die Wünsche der Patienten respektieren und niemanden überreden würde. Die Betten seien ohnehin sehr knapp.

Ein anderer Patient im Bett nebenan ist Herr Wei, sechzig Jahre alt. Bevor er an Krebs erkrankte, hatte er als Maurer gearbeitet und war Soldat in der Armee gewesen. Er bekommt mehr als tausend Yuan Rente. Letztes Jahr hatte er die Lungenkrebs-OP und dieses Jahr am 5. September war er plötzlich ins Koma gefallen. Fünf Ärzte haben ihn untersucht und zwei Möglichkeiten gesehen: Die erste bestand darin, ihn zur Wiederbelebung auf die Intensivstation zu verlegen; die zweite, die Behandlung abzubrechen. Frau Wei und ihre Kinder entschieden sich angesichts der hohen Kosten der Intensivstation für die zweite Option. Als Herr Wei damals krank geworden war, hatte seine Tochter viel Geld ausgegeben, um ein siebenteiliges Totengewand im Tang-Stil zu kaufen. Als dann der Rettungswagen eintraf, war die Familie in der Eile nicht mehr dazugekommen, das Totengewand anzuziehen. Nachdem sie also die Wiederbelebung aufgegeben hatten, schleppten sie ihn wieder nach Hause. Auf diese Weise konnten Freunde und Verwandte kommen, um sich zu verabschieden, und es blieb Zeit, ihm das Totengewand anständig anzuziehen. Der Wagen fuhr also über eine holprige Straße zurück. Die Familie wusch ihn hastig und wechselte die Kleidung ... doch wer hätte gedacht, dass Herr Wei bei dem ganzen Hin-und-Her-Geschubse aufwachen würde – vielleicht hatte sich Schleim im Hals gelöst. Ich fragte Bruder Wei, ob die Welt der Glückseligkeit sei, wie vom Taling beschrieben: glitzerndes, strahlendes Licht, Blumen in voller Blüte, Alles von Gold bedeckt. Er erwiderte verärgert, das Jenseits sei wie das Diesseits: Wer kein Geld hat, ist ein armer Geist.

Dieses Mal war ich wegen der Chemotherapie fünf Tage im Krankenhaus, und die Klinik war fest in der Hand der Pandemie. „Das ist eine gute Sache", meinte die Krankenschwester: „Amerika ist arm und die Krankenversorgung nicht umsonst, daher sterben viele Menschen an Covid. Doch jetzt, wo wir in den Genuss kostenloser Behandlung kommen, dürfen wir der Regierung nicht noch mehr Ärger bereiten." Wir Krebspatienten hielten uns also alle eilig an unseren Sauerstoffschläuchen fest, setzten unsere Masken auf und wussten brav jede Sekunde zu schätzen. Jetzt habe ich gehört, dass einige Krebspatienten den neuen Corona-Impfstoff unter ärztlicher Aufsicht erhalten. Hoffen wir, dass das alles bald vorbeigehen wird.

9. Februar 2021

Das **Neujahrsfest** steht vor der Tür – genau die Zeit, in der man bei der Pandemiebekämpfung nicht lockerlassen darf. Im Krankenzimmer schräg gegenüber lag eine ältere Frau, um die sich ein älterer Mann kümmert. Die beiden hatten weißes Haar, Gesichter voller Falten und der Mann einen leichten Buckel. Die Frau saß bei ihrer Entlassung in einem Rollstuhl, während er auf seinem Rücken einen Tragekorb schleppte. Er telefonierte und schimpfte, und als er auflegte, liefen ihm Tränen übers Gesicht. Vom Pfleger hörte ich, dass die Kinder des Mannes baten, die beiden sollten allein nach Hause gehen. Sie müssten erstens noch arbeiten und ohne Nukleinsäure-Testzertifikat käme man doch gar nicht ins Krankenhaus. Drittens sei es schwer, in Pandemiezeiten Geld zu verdienen, während der Test bloß Zeit und Geld koste. Man musste für den Test 120 Yuan bezahlen, und er war nur sieben Tage gültig. Letztlich half der Pfleger, die alte Frau aus dem Krankenhaus zu schieben.

17. Februar 2021

Frühraps und Kirsche stehen in voller Blüte. Die Sonne ist warm und die Frühlingsbrise angenehm. Die Nebenwirkungen der Chemotherapie sind mild – so mild, dass ich immer noch Unkraut jäten, Gemüse pflanzen, Hühner füttern und Brennholz sammeln kann. Nachdem ich die Hühner versorgt hatte, ging ich spazieren und kam bis zur Plauderecke. Dort waren um die zwanzig Leute aus dem Ort versammelt. Aufgrund der Pandemie steckten die zurückgekehrten Dorfprotze und all die unterschiedlichen Leute, die auswärts ihren Lebensunterhalt verdienten, etwas länger fest als sonst – aber natürlich kürzer als im letzten Jahr.

Diesmal hörte ich kurz den jeweiligen Erfolgsgeschichten zu. Doch am meisten redeten sie über die damaligen Probleme mit der Grundschul-bildung von Kindern. Jetzt sind diese Kinder ungefähr dreißig Jahre alt. In der gesamten Gruppe gibt es etwa zwanzig und viele davon haben die Grundschule nicht abgeschlossen. Wir sind hier kein abgelegenes Felsendorf, bis nach Chengdu sind es doch nur zwei Stunden mit dem Bus.

Die Dorfgrundschule wurde 2004 aufgelöst und mit einer anderen zusammengelegt. Zuvor gab es für die sechs Klassen sechs Lehrer. Der Dorfvorsteher, der Parteisekretär, der Buchhalter – die Söhne der drei hatten zwar nur die untere Mittelschule besucht, arbeiteten aber dennoch als Lehrer. Die Abgänger der oberen **Mittelschule** im Dorf waren hingegen ohne gute Beziehungen und hatten keine Chance, in der Dorfgrundschule zu unterrichten. Manche von denen, die über Beziehungen Lehrer wurden, schlichen während des Unterrichts zum Kiosk nebenan, um Karten zu spielen; andere arbeiteten während des Unterrichts auf dem Feld. Eine Lehrerin war noch unverschämter. Es gab einen Schüler, der von der Dorfgrundschule auf die zentrale Grundschule der Gemeinde versetzt wurde. Da ist sie dann tatsächlich hingelaufen und hat die Schwächen des Schülers so übertrieben, dass er hinterher wieder von dort verwiesen wurde.

Als meine Tochter im zweiten Jahr der oberen Mittelschule war, erzählte sie mir, dass sie es eigentlich als Kind geliebt habe, Aufsätze zu schreiben. Aber der damalige Lehrer beschuldigte sie, abgeschrieben zu haben und wollte, dass sie unbedingt das kopierte Original vorlegte. Seitdem ist ihr Interesse an Romanen und Belletristik abgeflacht. Ein weiterer Vorfall ereignete sich im Jahr 2002, als die Schülerzahlen drastisch zurückgegangen waren. Alle waren davon ausgegangen, dass die Grundschule aufgelöst und mit einer anderen zusammengelegt werden würde. Deshalb wechselte meine Tochter die Schule. Auf dem Hin- und Rückweg zum Unterricht musste sie dann an der Dorfgrundschule vorbei und sobald der Lehrer sie sah, machte er sich über sie lustig. Später machte sie daher einen Bogen um den Hügel und ging durch den bewaldeten Friedhof nach Hause.

Einige der von der Schule verwiesenen Kinder waren von ihren Eltern in die Stadt gebracht worden, um eine **Migrantenschule** zu besuchen, die untere Mittelschule oder eine berufsbildende Schule abzusitzen. Dafür wurde sich dann überschwänglich bedankt. Einige andere haben zu Hause ein oder zwei Jahre Schafe und Schweine gehütet, gejobbt oder geheiratet. Ich muss hier nicht näher ins Detail gehen, denn es geschieht nichts Neues unter der Sonne.

Am Ende der Diskussion gab es zwei Meinungen: Die einen dachten, ob man nun die Grundschule oder die Universität besuchte, das spätere Gehalt sei ungefähr gleich. Die anderen waren hingegen überzeugt, mit etwas mehr Bildung könne man leichter Geld verdienen. Die Hähne krähten nun ohne Unterlass, und der Duft der Rapsblüten hing in der frischen Luft. Das Leben muss immer weitergehen.

Erster Entwurf: 17. November 2020
Fertiges Manuskript: 11. März 2021

5 Xiaonas Zweifel

Vorstellungen im Kriechen

Autorin: Huang Xiaona
Übersetzer: Philipp C. D. Immel, Lisa Heinrich

Kriechend durch scheinbar bessere Zeiten

Immer wenn er über das Leben sprach, sagte mein Vater seufzend, dass wir heute in besseren Zeiten leben würden als früher: Man brauche sich keine Sorgen zu machen, am nächsten Tag nichts mehr zu essen zu haben und müsse sich nicht jeden Tag abplacken. Am Ende gab er mir noch mit: „Sieh nicht nur die dunklen Seiten im Leben, sondern auch seine Schönheit."

Als mein Vater das zu mir sagte, hatte ich gerade erst meinen Abschluss gemacht und in Shenzhen Fuß gefasst, einem Ort, der sich, wie es heißt, unter der Arbeit von abertausenden Menschen von einem Fischerdorf in eine blühende Metropole verwandelt hat. Ich entschied mich für eine Stelle bei einer gemeinnützigen Graswurzel-Organisation. Meine tägliche Arbeit bestand darin, im hektischen, staubigen und farblosen Industriegebiet rechtliche Aufklärungsarbeit zu leisten sowie im Veranstaltungsraum der Organisation Fälle anzunehmen und Freizeitaktivitäten zu organisieren. In dieser Zeit kam ich auch mit einer Gruppe von Menschen in Berührung, die in meinem Leben zwar schon einmal aufgetaucht, aber nie zuvor wirklich ein Teil davon gewesen waren – sie fallen unter den Sammelbegriff „Wanderarbeiter". Früher waren diese Menschen für mich nur ein Konzept, eine Zahl, ein Label. Vielleicht gerade deswegen trafen mich, nachdem ich tatsächlich mit ihnen zu tun hatte, ihre Bescheidenheit, ihre Verlorenheit, ihre Kompromissfähigkeit und ihre Kämpfe so sehr: Ich warf die Lehrbücher weg, auf die ich mich früher verlassen hatte, und begann, die Welt mit eigenen Augen zu betrachten. Und was war das für eine üble Welt, die ich dann sah! Ich begriff nicht, wie die Regeln unserer Gesellschaft so beschaffen sein konnten, dass sie vielen Menschen Ungerechtigkeit und Not brachten! Ja, wir scheinen in besseren Zeiten zu leben, aber zu viele Beispiele führen mir vor Augen, dass zahlreiche Menschen in unserer Gesellschaft sich immer noch kriechend vorwärtsbewegen.

Frau Mou

Als Frau Mou ihre Heimat verließ, um auf Arbeitssuche zu gehen, war sie bereits über 30 Jahre alt. Ich lernte sie kennen, weil sie in die Organisation kam, um sich über die Bezahlung von Überstunden zu erkundigen. Sie sagte, sie habe zufällig die Info-Materialien gesehen, die unsere Gruppe verteilt hatte und erst da begriffen, dass ihr Lohn weit von dem Mindestlohn, der im Arbeitsrecht festgelegt ist, entfernt sei. Nachdem sie von uns noch mehr über das Arbeitsrecht und die Vorgehensweise anderer Arbeiterinnen erfahren hatte, begann sie, sich in die Materie zu vertiefen und unternahm rechtliche Schritte. Trotz ihrer zerbrechlich anmutenden Erscheinung beauftragte sie dabei keinen Anwalt, sondern nahm die Angelegenheit von Anfang bis Ende selbst in die Hand: Am Ende bekam sie etwa zwanzigtausend Yuan Kompensation für ihre Überstunden. In einer Zeit, in der der Mindestlohn bei neunhundert Yuan lag, war das eine ziemlich große Summe; die Summe ihrer angesammelten Überstunden übertraf sie aber noch bei weitem.

Danach wechselte sie einige Male die Fabriken, was immer in einem Rechtsstreit endete. Weil sie kein Dach über dem Kopf hatte, wohnte sie manchmal weiterhin in der Fabrik, obwohl sie diese verklagte, mit der Begründung, dass das Arbeitsverhältnis noch nicht aufgelöst sei. Ihr wiederholter Einsatz für ihre Rechte führte dazu, dass sie auf den schwarzen Listen der Fabriken landete und viele sie nicht mehr einstellen wollten. Wir besprachen auch im Privaten, ob sie nicht übermäßig kleinlich und stur sei: Lernen wir nicht aus der Erfahrung, uns im Leben immer einen Ausweg offenzuhalten? Aber sie beharrte entschieden auf ihrer Art, die Dinge zu regeln, und schreckte nicht davor zurück, ihrer Unzufriedenheit Luft zu machen.

Eines Abends war ich allein im Veranstaltungsraum, als Frau Mou hereinkam. Wie immer trug sie ihre schon etwas in die Jahre gekommenen Klamotten. Sie sprach über ihre Familie, obwohl sie sonst sehr zurückhaltend war, was ihr Privatleben betraf. Vielleicht weil sich zu viel widerfahrenes Unrecht in ihr angestaut hatte, strömte es aber an jenem Tag nur so aus ihr heraus.

Sie erzählte, sie habe die Trägheit ihrer Familienmitglieder nicht mehr ertragen können und wollte nicht mehr der Armut entgegenblicken, als warte man auf den Tod. Deshalb war sie allein fortgegangen. Damals hatte sie weder ein konkretes Ziel noch einen Plan, und als der Fernbus sie in der Morgendämmerung am Rand der Henggang-Straße absetzte, wusste sie nicht, was sie tun sollte, und hatte auch niemanden, an den sie sich hätte wenden können. Weil sie dringend eine Arbeit suchte, fing sie zunächst an, sich in einer kleinen Werkstatt zu verdingen. Der Lohn war niedrig, aber sie wusste nicht, wie viel es hätte sein sollen. Zu jener Zeit war sie schon zufrieden, solange sie nur einen höheren Lohn bekam als in ihrem Heimatdorf. Als sie später erfuhr, dass es hier sehr viele Fabriken gab und dass dort die Löhne höher waren, ging sie direkt in die Fabrik. Das Geld, das sie in diesen Jahren verdiente, sandte sie alles, so wie sie es erhalten hatte, zurück an die Familie.

Illustration: Huimin

Und was für eine Familie war das? Eine, die in den Ruin gestürzt wurde, als der Vater von seinem Partner bei der Zusammenarbeit betrogen wurde. Sie nahm ihrem Vater übel, dass er die Familie in die Armut getrieben hatte und dass er sie dazu gedrängt hatte, zugunsten des kleinen Bruders nach der Grundschule die Ausbildung abzubrechen. Diesem verübelte sie, dass er seine Chance, eine höhere Schulbildung zu erhalten, vergeudet hatte. Aber was sie am meisten erzürnte, war die Gefräßigkeit und Faulheit ihrer Brüder.

„Zu Hause gibt es nur gelegentlich Arbeit, sie suchen auch nicht aktiv nach einer Tätigkeit, sondern warten einfach ab. Feldarbeit machen sie auch nicht, nur meine Mama macht ein wenig …. Mein kleiner Bruder hat noch zwei Kinder, seine Frau bleibt zu Hause und kümmert sich um sie, die Familie hat keinerlei Einkommen …", und sowohl verärgert als auch mit tiefster Hilflosigkeit stieß sie aus: „Aber was soll man machen, sie sind meine Familie."

Sie wusste wahrscheinlich auch nicht, wie dieses Dilemma am besten zu lösen war. Sie konnte nur ohne Unterlass arbeiten und feilschte gar um jeden Cent, alles nur für die Familie. Wenn wir als Sozialarbeiterinnen einen Fall sehen, der einen Durchbruch darstellt, verwenden wir unbewusst Worte wie „mutig", „selbstbewusst" oder „widerstandsfähig", um die Frauen zu beschreiben, und machen sie zum Vorbild für andere Arbeiterinnen. Aber solches Lob kann eigentlich nur sehr selten die Unterdrückung beseitigen, die tiefer in der Sache selbst verborgen liegt. Zum Beispiel hat Frau Mou ihr Streben nach persönlichem Glück faktisch so gut wie aufgegeben. Sie sagte: „Wenn ich heirate, was machen sie dann? Falls es mit der neuen Familie nicht gut läuft, kommt lediglich eine weitere familiäre Verantwortung dazu, die ich schultern muss. Wenn ich darüber hinaus meine Eltern so ansehe, weiß ich schon, dass Ehe nicht notwendigerweise Glück bedeutet."

Eigentlich gefällt es mir nicht, dass ich es jedes Mal, wenn ich über Frauen spreche, nicht umhin kann, auf das Verhältnis zu ihren Familien einzugehen. Aber Fakt ist, dass Frauen immer eng mit ihren Familien verbunden sind. Jemand sagte mal, „Familienmitglied' ist eine Ausrede, unendlich fordern zu können, aber auch ein Grund, unendlich zu geben." Aber wieso ist der Anteil der Männer an denjenigen, die fordern, größer, und auf der anderen Seite immer die Frauen diejenigen, die unendlich geben? Viele Arbeiterinnen haben mir erzählt, dass ihre Familienmitglieder immer von ihnen verlangen, Geld nach Hause zu schicken, damit die Brüder zur Schule gehen, ein Haus bauen oder heiraten können. Aber sehr selten hört man einen Arbeiter sagen, dass von ihm gefordert würde, Geld nach Hause zu senden, damit die Schwestern auf die Schule gehen können oder damit die Schwestern eine höhere Mitgift erhalten. Von ihnen wird meist gefordert, dass sie sich eine Frau nehmen und Kinder bekommen, und es scheint, als wäre das schon genug. Und diese sozialen Normen sind mittlerweile so fest verankert, dass die Menschen vergessen haben zu hinterfragen, ob in ihnen nicht eine Ungerechtigkeit liegt, ob sie nicht zu Ohnmacht führen.

Lili

Lili wurde in den Neunzigern geboren. Als sie in die untere **Mittelschule** kam, hatte sie aufgrund der Armut ihrer Familie keine andere Wahl, als auf eine günstigere Schule zu gehen, die aber weit entfernt von ihrem Zuhause lag (die Fahrt dauerte jedes Mal fast zwei Stunden). Es war keine allzu gute Schule und ihre Mitschüler mochten das Lernen nicht. Darüber hinaus hatte sie das Gefühl, dass es ihre Familie zu sehr belastete. Daher schloss sie sich im selben Jahr, in dem sie 15 wurde, dem Arbeiterstrom an.

„Mein erster Job war direkt in einer taiwanischen Fabrik, wo ich am Fließband Verpackungen für Zahnbürsten herstellte. Das war der Horror, jeden Tag zwölf Stunden. Am Anfang war ich bei der Arbeit noch so unerfahren, dass meine Hände blutig wurden."

Als die finanzielle Situation es ihr erlaubte aufzuatmen, wechselte sie ihre Arbeit und jobbte als Kellnerin, als professionelle Gamerin in einem Internetcafé, verkaufte Handys und arbeitete in einigen Fabriken. Der Lohn war nie hoch, und den Großteil sandte sie auch nach Hause. Das, was sie nicht zurücksenden konnte, wurde ihr von Fahrern illegaler Motorradtaxen und Menschen, die sich als Studenten ausgaben, abgeschwindelt und von einem Dieb, der sich in das Wohnheim eingeschlichen hatte, gestohlen.

Einmal brauchte ihr kleiner Bruder Schulgeld – gerade als sie gekündigt hatte und eine andere Arbeit suchen wollte. Also konnte sie es sich nur von anderen Leuten zusammenleihen.

Ein anderes Mal zahlte die Fabrik für ein halbes Jahr keinen Lohn aus, also aßen sie und ihre Mitbewohnerinnen aus dem Wohnheim einen Monat lang Fertignudeln, und das ausgerechnet über das **Frühlingsfest**.

Eines Tages hatte sie nur einen halben Yuan in der Tasche und überwältigenden Hunger. Sie wanderte durch die Straßen und überlegte, wie sie mit diesem halben Yuan über den Tag kommen sollte. Als sie hörte, dass die Löhne in den großen Fabriken hoch waren und man für Überstunden gemäß dem Arbeitsgesetz doppelt bezahlt wurde, machte sie sich rasch dorthin auf.

Sie hatte ihre Heimat verlassen und Arbeit gesucht mit dem Ziel, Geld zu verdienen und ein besseres Leben zu haben. Aber weil sie nicht mehr Bildung und kaum gesellschaftliche Erfahrung besaß, sah sie sich in der Stadt mit nicht wenigen Schwierigkeiten konfrontiert. Sie wusste, dass sie ihre Kenntnisse verbessern musste. So versuchte sie trotz ihres geringen Selbstvertrauens EDV, Buchhaltung und Englisch zu lernen, in der Hoffnung, einen Bürojob zu bekommen. Aber solche Weiterbildungen waren zu schwierig für sie. Später sah sie, dass andere Leute Kosmetik lernten, und schloss sich ihnen an. Durch die Fähigkeiten, die sie als Kosmetikerin erworben hatte, konnte sie zuletzt etwas Geld ansparen, das sie ihrem kleinen Bruder für den Hausbau gab. Später begann auch sie sich zu überlegen, wie sie ihr eigenes Leben gestalten sollte.

„Als ich früher in der Fabrik arbeitete, war ich wie in einem Käfig: Ich hatte keinen Austausch, Informationen waren unzugänglich, und ich traute mich kaum, mir meine eigene Zukunft vorzustellen. In der Schönheitspflege ist es hingegen anders, die zählt zum Dienstleistungsgewerbe, da muss man mit Menschen und nicht mit einer Maschine in Kontakt treten. Beim Kontakt mit Menschen sind Empfindungen im Spiel, und wenn du dich mit ihnen unterhältst, kannst du sehen, wie unterschiedliche Menschen leben und denken und entwickelst langsam auch eigene Ideen. Selbst wenn man in diesem Beruf von morgens bis abends beschäftigt ist, gibt er dir doch nicht das Gefühl einer geraden Linie, und das erlaubt dir manchmal ein wenig mehr Vorstellungskraft, mehr Raum zum Nachdenken."

„Früher in der Fabrik dachte ich nur daran, zu arbeiten und Geld zu verdienen, und später in mein Heimatdorf zurückzugehen – ich hatte relativ einseitige Vorstellungen. Aber jetzt denke ich nicht über eine Rückkehr nach Hause nach, sondern glaube, dass es in Shenzhen auch ganz gut sein kann, vorausgesetzt man hat die richtigen Qualifikationen. Auch wenn es schwierig sein wird, habe ich wenigstens angefangen, über die Möglichkeit hierzubleiben nachzudenken."

Als ich das hörte, dachte ich, Lili hätte sich bereits entschieden. Aber als wir uns über die Zukunft unterhielten, wurde sie wieder zögerlich. Abgesehen davon, dass ihr Beruf sehr anstrengend und stressig war, war da ja auch noch die Frage der Heirat. Gerade als sie angefangen hatte, in der Stadt zu arbeiten, lagen ihr die alten Leute von zu Hause ständig in den Ohren, mit niemandem von auswärts eine Beziehung anzufangen. Die Ratschläge hingegen, die sie ab und an von ihren Kolleginnen erhielt, waren anders. Sie sagten ihr, welche Dinge man in welchem Alter tun müsse, wann man auf jeden Fall eine Beziehung haben und wann man auf jeden Fall heiraten sollte. Nicht wenige Kundinnen trichterten ihr dasselbe ein. Lili selbst beschäftigte sich eigentlich nicht so sehr mit ihren Gefühlen, ich hatte den Eindruck, dass es ihr ein wenig Angst machte. Außerdem würde sie, wenn sie heiratete, auf lange Sicht nicht mehr dort, wo sie jetzt war, arbeiten können. Denn mit der Ehe würden Kinder kommen, um die sie sich dann würde kümmern müssen … aber wie konnten die harte Arbeit und die vielen Jahre der Einsamkeit in ihr nicht die Sehnsucht wecken, die Lasten und Freuden des Lebens mit jemandem zu teilen?

„Wenn ich mich von allem befreien könnte, würde ich zum Potala-Palast[1] gehen", sagte Lili am Ende.

Frau Qing

Frau Qing verließ schon 1998 ihr Heimatdorf und hatte bis zum Jahr 2019 bereits seit zwanzig Jahren in der Stadt gearbeitet.

Gerade angekommen landete sie bei einer Kleidungsfabrik, die Leute brauchte, um Fäden zu verbinden. „Ich zahlte fünfzig Yuan Kaution, aber nachdem ich angefangen hatte, fand ich heraus, dass es Betrüger waren. Die Leute in der Fabrik sagten, dass sie etliche Monate keinen Lohn ausbezahlt bekommen hatten. Also ging ich einfach, ohne die Kaution zurückzufordern. Das war fast das gesamte Geld, was ich zu dieser Zeit an mir hatte, es hat echt wehgetan." Später arbeitete sie in einer Elektronikfabrik als Reinigungskraft. Obwohl sie im Monat bloß dreihundert Yuan verdiente, hielt sie es dort fünf, sechs Jahre aus. „Zu jener Zeit war es nicht einfach, eine Arbeit zu finden. Ich hatte Angst, dass ich nichts mehr zu essen haben würde, falls ich die Fabrik verließe." Später war sie in einer Firma als Köchin angestellt, über zehn Jahre. Sie hatte noch nie etwas von einer **Sozialversicherung** gehört.

---

1 Der Potala-Palast steht in Lhasa, der Hauptstadt Tibets, und ist eine beliebte Touristenattraktion. In der Vorstellung der chinesischen Mittelschicht ist es ein exotischer und spiritueller Ort (Anm. d. Übers.).

„Das können sich nur Beamte leisten", sagte Frau Qing. Mit „Beamten" meinte sie die Management-Ebene. Es machte ihr nichts aus: „Ich finde auch, dass ich keinen Anspruch darauf habe." Erst 2008, als der Staat es für Unternehmen verpflichtend machte, Sozialversicherungsbeiträge für die Arbeiter zu entrichten, erhielt sie ein eigenes Sozialversicherungskonto und begann, in die Rentenversicherung einzuzahlen. Trotzdem hatte Frau Qing, kurz bevor sie das Rentenalter erreichte, noch nicht die fünfzehn vollen Beitragsjahre gezahlt, die die Grundvoraussetzung für den Erhalt der Rente sind. Zu dieser Zeit begann Frau Qing, die Angelegenheit ernst zu nehmen. Sie war sehr frustriert und meinte, dass ihre fehlende Bildung ihr jetzt zum Verhängnis geworden war. Als wir ihr sagten, dass sie nur zehn volle Jahre zu zahlen brauche und die übrigen fünf Jahre in einer einmaligen Zahlung nachzahlen könne, begann Hoffnung in Frau Qings Augen aufzuflammen. Als wir ihr erzählten, dass die Nachzahlung die Ko-operation der Fabrik erfordere und dass die Nachzahlung im Namen der Fabrik geleistet werden müsse, trat etwas mehr Entschlossenheit in ihren Blick. Später ging Frau Qing zum Management der Fabrik, um ihnen die Situation zu erklären und sie dazu zu bewegen, ihr bei der Nachzahlung in die Rentenversicherung zu helfen.

Heute ist Frau Qing schon in Rente und hat im April die erste Renten-zahlung erhalten. Aber zur Ruhe gesetzt hat sie sich nicht: Sie arbeitet weiter und muss sich zusätzlich um die finanzielle Situation ihrer Familie sorgen.

„Mein jüngerer Sohn hat letztes Jahr zum Heiraten vier-, fünfhundert-tausend Yuan ausgegeben und hat fast dreihunderttausend Yuan Schulden; mein älterer Sohn verdient im Monat sieben- bis achttausend Yuan, aber die Geburt seines zweiten Kindes steht kurz bevor; in diesem Jahr habe ich für die Geschichte mit meiner Rente etwa einhunderttausend Yuan ausgegeben; die Firma hat mich noch mit einem Kredit von fünfzigtau-send Yuan unterstützt – also müssen jetzt erstmal langsam die Schulden abbezahlt werden, dann mal sehen."

Sie ist die erste Arbeiterin, die wir kennen, die städtische Rente erhält. Es gibt viele Arbeiterinnen wie sie, die ganz zu Anfang überhaupt nichts von der Altersversorgung wissen, und wenn sie später davon erfahren, sind sie der Ansicht, sie bräuchten sie nicht. Dahinter verbergen sich zwei Gründe: Erstens ist die Fluktuation in der Arbeiterschicht groß, weil man schlecht sagen kann, ob man am nächsten Tag gefeuert wird; zweitens wird der ohnehin schon sehr niedrige Lohn nur noch niedriger, wenn man davon noch einen Teil an einen Pensionsfonds abgibt. Als der Staat 2008 verpflichtende Einzahlungen in die Rentenversicherung verordnete, gab es viele Arbeiter, die aus der Rentenversicherung austraten, bevor das Gesetz in Kraft trat, und den gezahlten Arbeitnehmeranteil mitnahmen.[2] Für diese Generation von Arbeitern war es immer klar, dass sie am Ende in ihre Heimat zurückkehren würden, wo sie auch ihren Lebensabend verbringen wollten. Sie hatten noch nie etwas davon gehört, dass irgendein Arbeiter Rente erhalten würde. Würden sie sie wirklich erhalten, wenn die Zeit gekommen war? Und selbst wenn, müssten sie dann nicht jeden Monat dafür in die Stadt rennen?

Für viele Arbeiterinnen ist der wichtigste Ort die Familie, die ihnen ein Gefühl der Zugehörigkeit und Sicherheit gibt. Eine der reellen Grundlagen, auf denen diese Vorstellung fußt, hat mit dem Ruhestand zu tun. Oft hört man Leute mittleren Alters auf dem Dorf sagen: „Wenn ich erstmal alt bin, dann kann sich Soundso um mich kümmern". Auch hört man sie über die Familien diskutieren, in denen die alten Leute niemanden haben, der sie versorgt, trotz der vielen Söhne. Vielleicht schätzen und verhätscheln die Frauen auf dem Land auch aufgrund dieser Sorgen ihre Söhne besonders. Denn sie haben dort keine Heimat, lediglich eine Familie, in die sie hineingeheiratet haben. Egal wie die Situation in Wirklichkeit auch sein mag: In ihrer Vorstellung ist die engste Bezugsperson in der Familie, die ihnen Sicherheit und Versorgung im Alter bieten kann, der Sohn. Daher betrachte ich die Rente als einen der wichtigsten Faktoren für die Unabhängigkeit von Arbeiterinnen. Obwohl man bei Frau Qing sehen kann, dass sie weiterhin fortwährend Opfer bringen muss, hat sie im Vergleich zu anderen Dorffrauen doch etwas mehr Gelassenheit gewonnen und einige Sorgen und Ängste weniger.

Diese drei Geschichten über Arbeiterinnen unterschiedlichen Alters handeln von Rechtsschutz, Familie und Ehe, von Bildungschancen und dem Erwachsenwerden, von Altersversorgung und Absicherung.

---

2 Vor 2008 stand es den Arbeitnehmern frei, ihre persönlichen Beiträge aus der Rentenversicherung abzuziehen. Nach der Einführung des „Arbeitsvertragsgesetzes" im Jahr 2008 war das nicht mehr zulässig. Gleichzeitig verstärkten die Aufsichtsbehörden ihre Kontrolle und verlangten von den Unternehmen, dass sie die Sozialversicherungsbeiträge für alle Beschäftigten abführen (Anm. d. chin. Red.).

Ich unterhielt mich einmal mit einer Freundin über den Einfluss der **Urbanisierung** auf Arbeiterinnen aus dem Dorf. Vor der Reform und Öffnung hatten Frauen vom Dorf kein eigenständiges Einkommen, keinen Status, kein Mitspracherecht, waren also in vielen Bereichen nicht unabhängig. Die **Reform und Öffnung** gab diesen Frauen die Gelegenheit für Veränderungen: Sie begannen ein eigenes Einkommen zu haben und konnten aus beschränkten Wahlmöglichkeiten ihren eigenen Berufs- und Bildungsweg aussuchen. Sie konnten zu einem gewissen Grad selbst über ihre Heirat entscheiden und die gesetzlichen Regelungen boten ihnen größeren persönlichen Schutz. Aber die gesellschaftlichen Entwicklungen brachten auch Unterdrückung und Ausbeutung durch die Wirtschaft mit sich, wodurch gleichzeitig immer mehr Machtbeziehungen entstanden. Zum Beispiel zwischen den Entscheidungsträgern auf oberer und unterer Ebene oder zwischen denjenigen, die Arbeit anboten und denjenigen, die sie suchten. Statt das mit einem flotten Spruch in der Art von „das Leben ist voller Fallstricke" abzutun, sollten wir vielleicht beginnen, darüber nachzudenken, mit welcher Haltung wir dem aktuellen politischen und gesellschaftlichen System begegnen sollten.

Wenn das eine Nummer zu groß ist, könnten wir es zumindest in Angriff nehmen, uns über die untrennbare Beziehung zur Familie Gedanken zu machen: Wie können wir aufrichtig und frei mit dieser Frage umgehen; ohne Zögern, ohne Entrüstung und ohne Resignation?

Mein Vater sagte damals, dass wir heute in besseren Zeiten leben würden als früher. Und jetzt möchte ich ihn fragen: Haben wir uns etwa aufgerichtet und stehen auf zwei Beinen? Oder bewegen wir uns nicht in Wirklichkeit immer noch kriechend vorwärts?

Er sagte auch: „Sieh nicht nur die dunklen Seiten im Leben, sondern auch seine Schönheit." Jetzt möchte ich ihm sagen: Wenn Arbeiterinnen, obwohl sie wissen, dass sie auf dem Boden kriechen, trotzdem weiterhin mühsam das Licht im Leben suchen, wenn sie den Schmerz, den sie erfahren haben, herausschreien, damit mehr Menschen ihn hören, dann sehe ich Schönheit – die Schönheit, der Dunkelheit ins Auge zu blicken.

Spielraum für die Vorstellungskraft

Kurz bevor ich mit dem Studium fertig wurde, berichteten sie in den Nachrichten darüber, dass der Premierminister Löhne für Wanderarbeiter

Illustration: Xiaoxi

aushandelte, dass das Arbeitsvertragsgesetz verabschiedet werden sollte und dass die Eisenleger in Hongkong für höhere Tageslöhne in den Generalstreik gingen. Auseinandersetzungen entstanden aufgrund von Interessenskonflikten, und bei Interessenskonflikten musste es einen rechtlichen Ausgleich geben. All dies bestätigte eine angehende Juristin wie mich in dem Glauben, dass das Rechtswesen in unserer Zeit eine mächtige Waffe für sozial Benachteiligte darstellte.

Ich weiß noch, dass ich schon in meinem ersten Monat bei der Organisation ganz allein über sechzig Fälle übernahm. Zusätzlich hatte die Organisation noch diverse Arbeitsgruppen, darunter eine, die Geschichten für und über Arbeiter schrieb, eine, die Ausflüge und abendliche Veranstaltungen organisierte und eine, die sich speziell um Arbeiterinnen kümmerte. Meine Kolleginnen und ich gingen mit Feuereifer an die Arbeit. Wenn wir nur hartnäckig blieben, so glaubten wir, würden wir die Situation der Arbeiter verbessern können.

Jedes Mal, wenn die Arbeiter mit unserer Hilfe erfolgreich ihren Lohn oder ihre Abfindung erhalten hatten, teilten sie ihre Erfahrungen mit uns. Darunter mischte sich die Unzufriedenheit über Arbeitgeber und Rechtsprechung. Arbeiter, die für ihre Rechte eingetreten waren oder gerade dabei waren, organisierten sich in kleinen Gruppen, um sich gegenseitig zu vernetzten und zu unterstützen. Dies ist, egal ob damals oder heute, für die fern von der Heimat lebenden Arbeiter wahrhaftig keine Selbstverständlichkeit. Etwas für sie zum Besseren zu ändern, gab meinen Kolleginnen und mir große Motivation und Befriedigung.

Nicht lange danach stellten wir jedoch fest, dass die Arbeiter, die für ihre Rechte eingetreten waren, die betreffenden Fabriken rasch verließen, manche sogar von hier fortzogen. Mag sein, dass sie mit unserer Hilfe gelernt hatten, wie sie ihre Rechte einfordern konnten, aber für die damals ca. 120 Millionen Wanderarbeiter kam das kaum einer substanziellen Veränderung gleich. Ich hatte angenommen, dass der Aktivismus der Arbeiter und die Abstimmung mit den Füßen ein Umdenken in den Fabriken bewirken und zu verbesserten Bedingungen führen würde und auch immer mehr Arbeiter erfahren würden, welche Rechte sie haben und wie sie dafür kämpfen können. Aber wenn wir abermals in dasselbe Industrieviertel gingen oder in das nächste Viertel, um Aufklärungsarbeit zu leisten, liefen die Fabriken im gewohnten, dröhnenden Takt, immer noch entschied das Management über die Verteilung des Profits, immer noch waren die Arbeiter schicksalsergeben und abgestumpft und immer noch übernahmen wir Fall um Fall und verabschiedeten einen fassungslosen Arbeiter und eine fassungslose Arbeiterin nach der anderen.

Die Sonne ging weiter auf.

Ich aber begann am Rechtssystem zu zweifeln.

Das Recht legt Mindestabsicherungen fest, hemmt aber gleichzeitig die Vorstellungskraft. Solche Mindestabsicherungen erlauben es den Arbeitern, am nächsten Tag aus dem Bett zu kriechen und weiter die Maschinen zu bedienen. So wie eine Maschine, wenn man ein bisschen Öl hinzugibt, noch viele weitere Tage und Nächte durchschuften kann. Gleichzeitig haben diese Mindestabsicherungen auch zur Folge, dass die Arbeiter ihre Realität akzeptieren. Es würde ihnen nie in den Sinn kommen, so wie die Eisenleger eine Erhöhung ihres Lohnes zu fordern.

Um über den Mindestlohn hinauskommen und sich ein zusätzliches Essen leisten zu können, Freunde zu treffen, Geld nach Hause zu schicken oder Buchhaltung oder ähnliches zu lernen, müssen sie unablässig Überstunden machen. So sieht der grundlegende Lebensentwurf einer Arbeiterin aus. Über die Jahre haben sich viele schon so sehr daran gewöhnt, dass sie gar nicht mehr darüber nachdenken, wie das Leben eigentlich sein sollte.

Was hemmt ihre Vorstellungskraft?

Das Rechtssystem? Die psychologischen Beratungsräume und die Räume mit den Boxsäcken, die die Fabriken eingerichtet haben? Die Popmusik, von der sie sich einlullen lassen? Oder die Selbsthilferatgeber mit ihren Erfolgsstandards und falschen Hoffnungen?

Ich wusste es nicht, aber damals verdächtigte ich sie allesamt!

Als ich zu einem Zeitpunkt nur noch das Gefühl hatte, wie eine Maschine meine Fälle abzufertigen, nahm ich am „1. Festival für Kunst und Kultur für neue Arbeiter" teil und führte zusammen mit anderen Gleichgesinnten, denen das Schicksal dieser sozialen Schicht am Herzen lag, ein Theaterstück auf. Auf dem Festival erlebte ich auf einem Diskussionsforum zur kulturellen Darstellung der Arbeiterschicht die Freude und die Kraft an der Dekonstruktion, der Analyse und in der Entrüstung. Ich wünschte mir sehr, dass die Arbeiter, die mit meiner Organisation in Berührung kamen, auch ein solches Erlebnis haben könnten. Das

Kunstfestival weckte meinen Tatendrang: Ich lernte Gitarre spielen und organisierte eine Gitarrengruppe für Arbeiter, da ich hoffte, dass sie durch die Musik eine Sprache finden würden. Ich verliebte mich auch in das Theaterspielen und gründete eine Theatergruppe, um durch das Spiel die Arbeiter zum Nachdenken anzuregen.

Die zwei Gruppen fanden jede Woche im Wechsel statt. In beiden Gruppen waren größtenteils dieselben Leute, später gaben wir uns zusammen den Namen „Graswurzel-Kunstgruppe". Jeden Sonntagabend kamen wir im Veranstaltungsraum zusammen und lernten entweder Gitarre spielen und sangen Arbeiterlieder oder unterhielten uns über Geschichten aus unserem Umfeld und versuchten dann, sie in Form eines Theaterstückes zu verarbeiten. Wir wählten auch ein paar dieser Stücke aus, um sie bei einem kulturellen Abend zu präsentieren, und regten die Arbeiter im Publikum dazu an, ihre Empfindungen mit uns zu teilen.

Ein Stück, an das ich mich erinnere, erzählte vom Schicksal der Arbeiterschicht. „Wir sind genau wie ein Haufen Hühner, die auf der Farm Eier für den Bauern legen", sprachen die Darsteller. Der Bauer patrouilliert jeden Tag über die Farm, in seiner Hand hält er ein Messer. Er inspiziert die Legeleistung der Hühner und gibt denjenigen, die viele Eier gelegt haben, als Ansporn eine Extraration Futter; diejenigen, die keine Eier gelegt haben, werden an Ort und Stelle getötet, und der letzte Wert ihres Lebens ist es, zu Suppe verkocht und von den Menschen verspeist zu werden. Mag diese Metapher einem in ihrer Nacktheit und Grausamkeit auch Unbehagen bereiten, so lässt sich doch keinesfalls abstreiten, dass sie der geteilten Realität entspricht: Die anwesenden Arbeiter wurden bleich und erkannten sich darin wieder.

In einer anderen Geschichte ging es um das Wohnungsproblem. Im Wohnheim, sprach ein Arbeiter, gibt es zum Schlafen nichts als ein hartes Holzbrett. Gegen die Wanzen darin nützt weder schrubben noch trocknen in der Sonne. Wenn man darauf schläft, juckt es einem am ganzen Körper und auf dem halben Rücken bekommt man rote Flecken. Danach begannen alle eine Vorstellung davon zu bekommen, wie eine ideale Wohnsituation aussehen könnte: Das Wohnheim sollte sauber und ordentlich sein, vorzugsweise mit nicht mehr als sechs Personen pro Zimmer; es sollte jederzeit warmes Wasser geben und die Türen sollten verschließbar sein. Auch sollte es separate Zimmer für Ehepaare geben, damit diese sich, wenn sie einmal zusammenkamen, nicht in die Wohnheimzimmer quetschen mussten; am besten sollten zudem Parkanlagen, Bibliotheken und Sportanlagen innerhalb von 15 Minuten erreichbar sein. Am Ende waren sich alle einig, dass sicherer Wohnraum genauso wie soziale Sicherheit ein Grundrecht war, das gewährleistet werden sollte. Diese verschiedenen Vorstellungen mochten vielleicht nur so dahingesagt sein, aber ich bin der Ansicht, dass dabei eigentlich die grundlegenden Bedürfnisse zur Sprache kamen, die man als Menschen zum Wohnen braucht.

Ich konnte spüren, dass alle mit dem Nachdenken angefangen hatten. Bei der Frage, was die Vorstellungskraft von Arbeitern hemmt, ist das Mitspracherecht möglicherweise ein wichtiger Faktor: einerseits, weil jene, die ein Mitspracherecht besitzen, auf harte oder weiche Art allerlei sichtbare und unsichtbare Normen festgelegt haben; andererseits, weil jene, die dieses Recht nicht besitzen, die Fähigkeit, das Verlangen sowie das Selbstvertrauen zum und in den eigenen Ausdruck verlieren. Die praktische Erfahrung hat in mir den Glauben wachgerufen, dass sich die Vorstellungskraft von Arbeitern erweitern lässt, wenn man ihnen nur mehr kreative Werkzeuge an die Hand gibt und sie zum Selbstausdruck ermutigt.

Aber der Weg dorthin ist lang und steinig. Langsam wird mir klar, dass es viel Zeit brauchen wird, ihn zu gehen.

Trotzdem erlauben es die objektiven Bedingungen nicht, sich Zeit zu lassen.

Zwei Jahre später wurde in Shenzhen die Industrie modernisiert. Personal wurde abgebaut, wo es nur ging, Produktionsstätten verlagert und die Menschen in den Industrievierteln wurden sichtbar weniger. Ebenso wie die Teilnehmer der Gitarren- und Theatergruppe. Deswegen kamen ein paar musikbegeisterte Arbeiter und ich auf die zündende Idee, eine Band zu gründen. Alle Mitglieder arbeiten schon seit einigen Jahren in Shenzhen, manche in der Glaserei, im Wachdienst, in der Schuhfabrik oder als Spielzeuglackierer. In dieser Gegend, in der vorwiegend Arbeiter leben, war das eine noch nie dagewesene Sache, eine regelrechte Blüte im Industrieviertel. An diesem Beispiel versuchte ich den Arbeitern klarzumachen, dass Kunst nicht nur etwas für die gesellschaftliche Elite ist.

Unsere Band macht ihre eigene Musik. Wir treten durch die Musik mit den Arbeitern in den Dialog und versuchen auch, in die Öffentlichkeit zu gehen und dadurch mit anderen Menschen ins Gespräch zu kommen.

Beinahe unaufhörlich berichten wir von unserer Vergangenheit und Gegenwart. Wir freuen uns über sympathische Reaktionen von Seiten der Arbeiter und darüber, wenn andere Menschen uns Fragen stellen. Kurz, wir freuen uns über alle, die sich anhören, was wir zu sagen haben. Wir hoffen sehr, dass noch mehr Menschen unsere Stimme hören werden, aber in der Realität wird sie von der lärmenden Welt verschluckt, so als hätten wir keine.

Deswegen haben wir damit angefangen, in verschiedene Viertel zu gehen und gemeinsame Musikworkshops zu veranstalten. Mal bringen wir Arbeitern bei, ein Instrument zu spielen, mal helfen wir ihnen dabei, eine Band zu gründen, mal musizieren und komponieren wir gemeinsam. Wenn viele Menschen rufen, haben wir uns gedacht, wird der Ton von selbst lauter.

Bei diesen kreativen Übungen müssen wir ein paar realistische Faktoren berücksichtigen. Der Großteil der Arbeiter hat noch nie etwas in dieser Richtung gelernt und hat im Alltag auch nicht viel Zeit zum Üben. Deshalb sind die Fähigkeiten, die sie sich aneignen können, begrenzt, und das versetzt ihrem Enthusiasmus einen Dämpfer. Im Verständnis der Arbeiter ist Kunst nur etwas für die gesellschaftliche Elite. Sie machen sich oft selbst klein und sagen, sie hätten keine Bildung, könnten sich nicht richtig ausdrücken, nicht gut singen, nicht gut schauspielern etc. Die Erfahrung lehrt uns, dass sie erst im Kollektiv den Mut zum Ausdruck und zum Handeln bekommen. Zu Beginn meiner Tätigkeit in der Rechtshilfe haben die Arbeiter oft miteinander Kraft und Selbstbewusstsein gefunden, sei es durch das Mitempfinden, die Erfahrung der Resonanz oder aufgrund eines geteilten Schicksals und einer gemeinsamen gesellschaftlichen Position. Solidarität und gegenseitige Unterstützung sind für einen Menschen, der sich in einer Position der Schwäche befindet, in jedem Fall eine unverzichtbare Form der Selbsthilfe. Jedes der im Laufe der gemeinsamen Auseinandersetzung entstandenen Werke hat seinen eigenen Charakter. Und obwohl sie damit vielleicht nicht hundertprozentig zufrieden sind oder viele Dinge noch ungesagt bleiben, glaube ich, dass die Arbeiter über diesen ersten Schritt, den sie getan haben, begeistert sein können und es für sie selbst ein großes Erfolgserlebnis bedeutet. Sie fangen an, Selbstvertrauen in den eigenen Ausdruck zu bekommen und daran zu glauben, dass auch sie Kunst machen können.

„Wir sind die Herren unserer Produkte, wir sind nicht ihre Sklaven, wir müssen unsere Freiheit zurückerobern, unsere Würde bewahren." Das ist aus *Handys und Ringe*, geschrieben von einem Foxconn-Arbeiter.

„Ich will ein Zuhause, ein Zuhause, wo alle zusammen sind und nie getrennt, wo die Sonne scheint und Blumen wachsen. Ich will eine Arbeit, eine Arbeit, in der man mit einem Acht-Stunden-Tag eine Familie ernähren kann, mit Gefühl, mit Liebe und auch mit dieser besonderen Person." Das ist aus *Ich will*, geschrieben von der Arbeiterin W.

„Ich glaube, dass ich dazu in der Lage bin, selbst zu entscheiden, was ich machen möchte. Ich will nicht, dass mein Traum unter einem Berg an Arbeit begraben wird; es macht mir nichts aus, in der Küche zu stehen, aber ich will auch ein eigenes Leben. Die Welt ist so groß, ich will sie sehen." Es sind schlichte, aber gleichzeitig nicht einfache Wünsche. „Bedeutet Heirat für sie etwa Endstation?" Solche Gedanken macht sich eine junge Arbeiterin über ein selbstbestimmtes Leben.

Im Laufe des kreativen Prozesses, in dem diese Werke entstanden sind, haben sich die Arbeiter Schritt für Schritt von ihren gedanklichen Fesseln befreit. Uns ist bewusst, dass die Welt sich nicht wegen ein paar Stimmen verändern wird, aber wenigstens wagen wir zu denken! Eigentlich sollte eine solche Vorstellungskraft doch bereits die Grundlage unseres Lebens bilden: Ich erinnere mich, dass die chinesische Regierung im Jahr 2008 den Slogan „würdevolle Arbeit" verbreitet hat. Ein Soziologe definierte „würdevolle Arbeit" folgendermaßen: „Arbeiter sind in der Lage, mit Selbstachtung ihre ständig wachsenden Bedürfnisse nach politischer Partizipation, materiellen Gütern und Kultur etc. zu befriedigen und in Würde gesellschaftlich wertvollen und vermögensbildenden Aktivitäten nachzugehen." Über die Frage aber, was Selbstachtung und Würde bedeuten, haben die Arbeiter vielleicht in ihrer Kunst bereits nachgedacht und ihre eigenen Antworten gefunden. Und vielleicht bringt es diejenigen, die unsere Lieder hören, ja auch zum Nachdenken?

Erster Entwurf: 17. November 2020
Fertiges Manuskript: 3. Februar 2021

2021. 12. 13日

Illustration: Huimin

Nachwort

Autorin: Jing Y.
Übersetzerinnen: Ryanne Flock, Lisa Heinrich

Arbeitsbeschreibung einer „Schreibmentorin ": Über den Verlauf des Projektes

In diesem Nachwort möchte ich Ihnen den Prozess der Zusammenarbeit mit den Autorinnen dieses Buches offenlegen. Ich möchte die Bedeutung und die Grenzen meiner Rolle als „Schreibmentorin" und „Schreibhilfe" erläutern sowie die Gründe meiner Eingriffe, ihren Kontext, ihre Besonderheiten und Grenzen. Gegen Ende meiner Ausführungen haben Sie dann die Möglichkeit, etwas über meinen Schreibkurs und mich aus der Perspektive der Autorin Yanzi zu erfahren.

Die Autorinnen dieses Bandes – Yang Mo, Yanzi und Shi Hongli – waren alle in meinen Schreibkursen, welche ich innerhalb meines Kunstprojekts im Rahmen von BEIJING22 sowie später bei zwei gemeinnützigen Organisationen angeboten habe. In diesem Zusammenhang bin ich ihnen auch zum ersten Mal begegnet. Traumregen hat ebenfalls meine Schreibkurse besucht, aber wir kannten uns schon vorher. Allerdings stehen die Texte dieses fünften Bandes von Writing · Mothers und die Ergebnisse unserer Schreibklasse nicht in direktem Zusammenhang.[1] Lediglich meine Rolle als Schreibmentorin und die erlernten Methoden wurden weitergeführt. Dies begleitete auch die Freundschaft zwischen mir und den jeweiligen Schülerinnen und entwickelte sich zu einer persönlichen, langfristigen Kommunikation und Unterstützung. In dieser Begegnung von Mensch zu Mensch konnte ich jeder von ihnen, je nach Persönlichkeit und Hintergrund, unterschiedliche Hilfestellungen beim Schreiben geben. Natürlich sind die Ergebnisse dieser Arbeitsweise nicht immer die gleichen, und sie werden im Laufe der Zeit immer wieder neu auf den Prüfstand gestellt und neu bewertet.

---

1   Einzig Yang Mos „Von Xiamen nach Gansu: Die Epidemie kostete mich meinen Job" ist ein Text aus einem früheren Schreibkurs.

Bevor wir mit dem Schreiben beginnen, verteile ich üblicherweise Fragebögen, um herauszufinden, auf welchem Niveau sich die Teilnehmerinnen befinden, welche Art von Lektüre sie normalerweise lesen und was sie vom Schreiben erwarten. Ich kommentiere regelmäßig, was sie schreiben, und ermutige sie, die von mir gestellten Fragen zu beantworten, damit sich ein Dialog entwickelt – in meinen Augen ist dies eine Form des natürlichen Aufeinandertreffens und des Austausches von Worten und Ideen. Ich möchte keine Vorschriften machen oder ein Thema vorgeben, ich wünsche mir, dass sich alle möglichst frei entfalten können.

Aber nach einer Weile stellte ich fest, dass Dialog und freie Entfaltung Voraussetzungen erfordern, die bei den Arbeiterinnen oft nicht gegeben sind. Sie sind weder ein unbeschriebenes Blatt, noch kann alles einfach mit mangelnder Erfahrung oder geringer Bildung begründet werden. Meiner Ansicht nach sind sie hochgradig „vorbelastet" und „indoktriniert".[2] Aufsatzschreiben ist ein sehr wichtiger Teil der Chinesisch-Prüfungen in unserem **Bildungssystem** und hat einen großen Einfluss auf die Durchschnittsnoten. Die Aufgabe besteht zumeist darin, einen bereits festgelegten Standpunkt zu loben oder zu kritisieren. Die Schülerinnen und Schüler werden bewusst nicht dabei unterstützt, Fakten von Meinungen zu trennen. Zu den „Vorbelastungen" gehören auch die Schreibmethoden, die ihnen in der **Mittelschule** eingetrichtert werden, wie zum Beispiel die Konzentration auf ein Kernthema und die Struktur von Einleitung - Hauptteil - Schluss. Beim Schreiben von Aufsätzen werden lyrische Ausdrücke und feststehende Phrasen bevorzugt, die Autorität einiger „klassischer Werke" hochgehalten, der Schreibweise in der Belletristik und den Erfolgsratgebern nachgeeifert. Es wird ein blindes Vertrauen in Wortwahl und Satzbau, rhetorisches Geschick und verknüpfte Überleitungen gelegt; sogar Opfer-Narrative werden bestärkt. Diese verinnerlichten Worthierarchien schaden nicht nur der Ausdrucksfähigkeit der Arbeiterinnen, sondern auch ihrer Psyche und erzeugen starke Minderwertigkeitsgefühle. Viele meiner Schülerinnen und Schüler kommen mit einem solchen Hintergrund in meinen Schreibunterricht.

---

2 Das betrifft nicht nur Arbeiterinnen, sondern ist ein allgemeines Phänomen. Allerdings ist die Wahrscheinlichkeit, dass sie sich selbstständig dafür entscheiden, diese „Vorbelastungen" loszuwerden, deutlich geringer als bei anderen sozialen Gruppen. Dies bedeutet nicht, dass es nicht auch Gegenbeispiele gäbe, wie etwa Shi Hongli, die Autorin des vierten Kapitels.

Ich habe nicht immer nur mit Wanderarbeiterinnen gearbeitet, deshalb war diese Erkenntnis für mich sehr wichtig. Der Umgang mit einer Bevölkerungsgruppe, die von impliziten Normen beherrscht wird, verlangt zunächst, diese Normen zu erkennen und zu klären. Dies ist ein reales Problem und hat nichts mit der Natur der Arbeiterinnenklasse zu tun. Dieser Prozess ist ein Prozess von Menschen mit mehr kulturellen Ressourcen, Verantwortung zu übernehmen für Menschen mit weniger kulturellen Ressourcen, und ich möchte sichergehen, dass er interaktiv ist. Diese Entscheidung und Erkenntnis haben die Praxis stark beeinflusst. Später stellte ich fest, dass die Art, mit der ich auf die Situation reagierte, sich sehr von den bereits allgemein üblichen Ansätzen unterschied. Diese Unterschiede brachten auch eine Menge Spannungen und Kontroversen mit sich, doch zunächst möchte ich auf meinen spezifischen Ansatz eingehen.

Nachdem ich realisiert hatte, dass die Voraussetzungen, die es für den Dialog und eine freie Entfaltung gebraucht hätte, nicht gegeben waren, änderte ich meine Strategie in den Ansatz: „Schreibe, worüber du am meisten schreiben willst". In Yanzis Fall war ihr Lieblingsthema ihre Sehnsucht nach Shenzhen, denn ihr Kind stand vor dem Dilemma, dort nicht zur Schule gehen zu können. Zuerst reichte sie ein Gedicht ein, in welchem sie die wunderbare Stadt Shenzhen in einem anbetenden Ton anflehte, sie und ihr Kind bleiben zu lassen. Ich las es und schlug vor, mit einigen Geschichten über sie und Shenzhen zu beginnen, also ging sie zurück und schrieb aufs Neue. Kurz darauf erhielt ich eine Nachricht von ihr über **WeChat**: „Frau Jing, ich mache es falsch, ich habe zu viel geschrieben! Mir ist klargeworden, dass ich bei meiner Kindheit beginnen muss, wenn ich über Shenzhen schreiben möchte. Oder wäre dann das Thema verfehlt?" Ich war von dieser Nachricht begeistert. Das war ein Zeichen, dass sie das Schreiben zum ersten Mal durchdrang! Sie nutzte das Schreiben nun als Werkzeug für ihren selbstständigen Wunsch, in die Vergangenheit zurückzukehren.

Aber auch wenn Yanzi die Initiative zum Schreiben ergriff, setzte sie sich gewohnheitsmäßig Standards, worüber sie schreiben durfte und worüber nicht. Unbewusst wählte sie einfache Schlussfolgerungen oder ließ ein Thema fallen, wenn sie nicht wusste, wie sie es strukturieren sollte. In solchen Momenten bat ich sie, alle ihre Ideen aufzulisten und dann die Beziehungen zwischen diesen Ideen offenzulegen, bevor sie darüber entschied, worauf sie näher eingehen wollte. So sprach sie beispielsweise einige Male über das Thema sexuelle Belästigung von Frauen auf dem Land, als sie mit mir über WeChat chattete, aber sie erwähnte diese Dinge nie in einem offiziellen Text. Daraufhin schlug ich ihr vor, die Chats zu ordnen und den Texten zuzufügen, wie sie es für angemessen hielt.

Auf diese Weise begann Yanzis Schreiben langsam, sich auf ihre eigene Lebenserfahrung zu beziehen, anstatt passiv an die Normen gebunden zu sein, die ihr beigebracht worden waren. Aber Erfahrung ist schließlich die Erfahrung, die jede und jeder Einzelne für sich macht, und nur, weil das Schreiben damit zusammenhängt, heißt das nicht, dass es von Natur aus mit einer tieferen Analyse verbunden ist. Deshalb möchte ich das Schreiben weiter in Richtung Reflexion lenken. Auf welche Weise und gemäß welchen Kriterien? Nach einigem Ausprobieren habe ich mich schließlich für den „Realismus" entschieden. Ich möchte durch Schreiben und Nachdenken über die Realität die Vorbelastungen und die Indoktrinierung durchbrechen. Was verstehe ich unter Realismus? Zunächst glaube ich, dass nicht alles, was Arbeiterinnen sagen, automatisch authentisch oder originell ist, nur weil sie Arbeiterinnen sind. Zweitens ist es wichtig, der Frage nachzugehen, ob die Erfahrungen, die die Erzählerin gemacht hat, wahr und umfassend sind. Dieses Kriterium ist nicht neu und kann im Allgemeinen mit erfahrenen Redakteurinnen und Redakteuren erreicht werden. Genauer gesagt gehört zu meinem Standard: Geht es um Gefühle, sollte man diese so gründlich wie möglich beschreiben. Das heißt, sie sollten vielschichtig sein und nahe an der Wirklichkeit bleiben. Geht es um Standpunkte, sollte man sie anhand von Beispielen und Beobachtungen begründen und ausführlich argumentieren.

In den Texten traf ich immer auf jede Menge Allgemeinplätze und heruntergebetete Phrasen. Als Traumregen beispielsweise ihre Vorfreude auf das **Neujahrsfest** zum Ausdruck bringen wollte, schrieb sie in tragendem Ton: „Nach einem langen, arbeitsamen Jahr, das wir im Haus unserer Arbeitgeber zugebracht hatten, warteten wir auf den Tag, an dem wir wieder mit unseren Lieben vereint sein würden." Diese Beschreibung scheint von Emotionen und Erfahrungen zu sprechen, aber für mich waren es nicht „ihre eigenen Emotionen", sondern eher Ausdruck dessen, was sie aus dem Fernsehen kannte. Außerdem entsprach dies nicht den Gefühlen, von denen ich wusste, dass sie sie hatte. Noch problematischer ist die Angewohnheit, Dinge unter den Tisch zu kehren, oder der Anspruch, alles in ein positives Licht zu rücken. Ich habe Traumregen einmal dabei unterstützt, einen Text über ihre Familie zu schreiben. Sie wollte eigentlich über ihre Abscheu vor häuslicher Gewalt und ihre Ablehnung des Lebens, eingeengt in einer Familie auf dem Land, sprechen, aber nachdem sie den Stift aufs Papier gebracht hatte, geriet der Text zur bloßen Ermahnung: „Durch Nachsicht lassen sich Familienkonflikte friedlich lösen."

Ich mache Wertvorstellungen nicht aktiv zum Thema, aber bei einer Diskrepanz zwischen Kontext, Worten und Realität hake ich nach und stelle Fragen. Im vierten Kapitel schreibt Yanzi beispielsweise anschaulich über die Schwierigkeiten, ihr Kind in Shenzhen einzuschulen, die Schikanen des Vermieters und die hohen Wohnungspreise in Shenzhen. Trotzdem sprach sie in ihrem ersten Textentwurf nur in den allerwärmsten Worten über die Stadt Shenzhen. Dieser Ungereimtheit musste ich auf den Grund gehen: Yanzi war der Meinung, die Ursache ihrer Schwierigkeiten läge in ihrer eigenen Unzulänglichkeit begründet und nicht in der Unvernunft der Stadtpolitik Shenzhens. Ebenso dachte sie, sie habe nur deshalb keine gute Schulbildung erhalten, weil ihre Familie arm sei und sich das Schulgeld nicht leisten konnte. Sie wusste nicht, dass die Kommunalverwaltung ihrer Heimatregion dafür verantwortlich war, die Schulpflicht vollständig umzusetzen. Ich bin nicht der Meinung, dass ein solches Nachfragen gegenüber der anderen Person respektlos ist, sondern im Gegenteil eine Chance beinhaltet. Nachdem ich Yanzis Denken verstanden hatte, begann ich mit ihr über ihre individuellen Rechte und die Behandlung zu sprechen, die ihr als Stadtbewohnerin bzw. Steuerzahlerin zuteilwerden sollte. Danach habe ich ihr auch einige Artikel geschickt, die sich mit dem Zusammenhang zwischen Immobilienerwerb und Bildungsmöglichkeiten in China auseinandersetzen. Da sie es am eigenen Leib erfahren hatte, verstand sie schnell, worauf ich hinauswollte, und begann nun ihrerseits die Ursachen für ihre harten Lebensumstände zu hinterfragen.

Objektiv gesehen verstehe ich, dass sie nicht damit vertraut sind, Worte als Medium zu nutzen, um sich und die Welt besser zu verstehen. Sie versuchen auch nur selten, die verschiedenen Emotionen zu differenzieren und nachzuvollziehen. All das macht es schwierig, sich detailliert auszudrücken und eine eingehende Analyse (die oft von Vorteil sein kann) vorzunehmen. Wie man dorthin kommt, ist die entscheidende Frage. Der Realismus, auf den ich bestehe, bedeutet zum Beispiel nicht, dass ich versuche, der anderen Seite meine Ansichten aufzuzwingen. Auch liegt mir nicht daran, jederzeit meine eigenen Zweifel in die Verbesserung der Texte meiner Autorinnen und Autoren einfließen zu lassen. Oft weise ich lediglich auf Punkte hin, über die es sich nachzudenken lohnt, und ich bestehe nicht auf einer Antwort. In ihrem Text kommt Yang Mo zum Schluss, dass sie „wegen Liebe ihre Familie verlor". Aber, um fair zu sein (und wie sie selbst schreibt), ging es in ihrer Ehe gar nicht um Liebe, sie kannte die andere Person überhaupt nicht; für sie war die Heirat ein Ausweg und sie dachte, wenn sie ihre Ansprüche nur herunterschraubte würde sie Glück und Anerkennung bekommen. Konfrontiert mit einem Text, der so deutliche Widersprüche aufweist, sagte ich ihr ehrlich meine Meinung, aber ich verlangte nicht, dass sie ihr Manuskript ändert. Denn die Probleme gingen weit über meine Lösungsansätze hinaus. Aus dieser Ohnmacht heraus lud ich ihren Sohn Xiaoqi dazu ein, über seine Sicht auf das „miese Leben" der Mutter und dessen Anfänge zu sprechen. Das heißt, wenn ich Yang Mo nicht im Text helfen konnte, ermutigte ich sie außerhalb des Schreibens, unterschiedliche Perspektiven kennenzulernen. Gleichzeitig erwartete ich, dass durch diesen Prozess des Lesens und dem Fordern einer Antwort ihr Sohn Xiaoqi ihre Fehler vermeiden und außerdem seine Mutter und ihr Leid besser verstehen und sie mehr unterstützen würde. Wie wir alle in seinem Text lesen können, ging Xiaoqi tatsächlich bestimmten Tragödien bewusst aus dem Weg.

Im Großen und Ganzen verliefen nicht alle meine Nachfragen so reibungslos wie bei Yanzi und sehr oft wurde ich von den Arbeiterinnen gründlich missverstanden. Sie glaubten, wenn ihre Gefühle im Moment des Schreibens echt waren, dann war das, was sie beschrieben auch wahr. Aus Gewohnheit nahmen sie an: Wenn du meine Erzählung anzweifelst, dann ist das so, als ob mein Arbeitgeber mich des Diebstahls bezichtigt; du siehst auf mich herab und verleumdest mich. Diese Art der Wahrnehmung und Selbstempfindung wird auch von sozialen Organisationen gefördert und als Indikator eines erfolgreichen *empowerment* verstanden.

An dieser Stelle möchte ich einige Worte zum aktuellen chinesischen Diskurs ergänzen. Momentan kümmern sich vor allem lokale Wohltätigkeitsorganisationen um Wanderarbeiterinnen. Viele von ihnen haben „eine Stimme geben" zu ihrer Hauptaufgabe und -methode gemacht. Meiner Meinung nach hat dieses „eine Stimme geben" mehrere Bedeutungen: Erstens Mut, Können und Einsicht: Die Arbeiterinnen müssen sich trauen, ihre eigenen Bedürfnisse zu formulieren, müssen in der Lage sein, das ihnen angetane Unrecht anzusprechen, und müssen sich ihrer Rechte bewusst sein. Zweitens richtet es sich gegen die Ignoranz, die Vorurteile und sogar die Stigmatisierung ihrer Situation in der Gesellschaft. Drittens geht es darum, die politischen Entscheidungsträger anzusprechen. Die übergreifende Logik dabei ist, dass Arbeiterinnen nur dann Einfluss auf die gesellschaftliche Wahrnehmung haben können, wenn ihre Stimme präsent ist. All diese Bemühungen, sich Gehör zu verschaffen, finde ich sehr sinnvoll, und das Engagement zahlreicher Organisationen hat einen Einfluss auf das Leben vieler Arbeiterinnen. Meiner Meinung nach sollte es jedoch noch etwas anderes geben als die Erzählungen der Wohltätigkeitsorganisationen und jene, die sie versuchen zu bekämpfen. Die Geschichten von Arbeiterinnen sollten unabhängiger von spezifischen Zielvorstellungen und freier von Instrumentalisierung sein. Bei dieser Art des Schreibens möchte ich ihnen nicht nur eine Stimme geben, sondern auch fragen: Wem gegenüber erhebt ihr eure Stimme?

Dabei treffe ich immer wieder auf Paradoxien in ihrer Wahrnehmung und Erzählung. Einerseits bedauern die Arbeiterinnen das Fehlen einer positiveren und umfassenderen Berichterstattung über sie in den Leitmedien, andererseits sind sie von dem, was diese Medien über andere soziale Gruppen berichten, sehr überzeugt: So wird beispielsweise ihre Einstellung gegenüber Sexarbeiterinnen und sexuellen Minderheiten von den Leitmedien beeinflusst. Deshalb ist es auch hier wichtig, die Medien in ihrem Wesen genau zu betrachten und zu verstehen, wen sie ansprechen. Ein weiterer Widerspruch ergibt sich häufig aus der Diskrepanz zwischen der gelebten Erfahrung und der Identifikation mit kulturellen Symbolen. Um ein Beispiel zu verwenden: Eine Arbeiterin, die sich der Ausbeutung durch die Chefs und das Kapital bewusst ist, liebt den Pearl Tower in Shanghai; eine Arbeiterin, die unter dem Abriss ihrer Wohnung leidet, wünscht sich nichts sehnlicher als die belebte Fünfte Ringstraße in Beijing zu sehen. Es gibt auch verstecktere Asymmetrien: Das Geld, für das Traumregen so hart gearbeitet und ihre Freiheit geopfert hat, gibt sie in großen Mengen für eine in ihren Augen extravagante Hochzeit ihres Kindes aus. Und an ihren kostbaren Wochenenden nimmt sie Freizeitangebote der Wohltätigkeitsorganisationen war, wo in billigen Kostümen Folkloretänze aus Tibet eingeübt werden. Solche Widersprüche machen mich traurig. Als Slogan vermag man die „eigene Stimme" herauszuschreien, aber in der Kultur, insbesondere in der Alltagskultur, ist die „eigene Stimme" nur schwer zu finden. Und in meinen kompromisslosen Augen betrifft dieses Problem nicht nur Arbeiterinnen.

Wie oben erwähnt, besteht mein methodischer Ansatz darin, beim Schreiben eine Beziehung zwischen dem geschriebenen Wort, dem Denken und dem Leben herzustellen, und ich habe anhand von Beispielen meine Vorstellungen von „Realismus" erläutert. Häufig werde ich dann gefragt: Welchen realen Nutzen haben Ihr „Nachdenken" und Ihr „Realismus" für Arbeiterinnen? Hilft das, Probleme im Leben zu lösen? Können Arbeiterinnen damit kurzfristig den materiellen Herausforderungen begegnen?

Solche Fragen habe ich auch mir selbst gestellt und stelle sie mir immer noch. Wie auch viele Menschen aus gemeinnützigen Organisationen und Sozialarbeitende kann ich die Schwierigkeiten und materielle Armut der Arbeiterinnen nicht ignorieren, und stelle meine Ressourcen zur Verfügung. Die Unfähigkeit wegzusehen, drängt mich zum Handeln, und in der Praxis – wenn ich in die Feinheiten ihrer Lebenswelt eintauche – stelle ich fest: Was ihnen (wirtschaftlich) am meisten schadet, sind die unterschiedlichen Betrügereien und Fallstricke, die ihnen im Leben begegnen. Schreiben und Reflektieren kann ihnen tatsächlich wirksam helfen, seltener hereinzufallen. Denn hinter dieser Methode steckt nicht ein simples Beherrschen der Grammatik, geschweige denn das Streben nach literarischem Talent. Sie steht für die Verarbeitung von Informationen, die Beurteilung der Realität, die Dekonstruktion von Macht, die Aneignung von Rechten und den Gebrauch der verschiedenen „Werkzeuge", die sich ihnen bieten. Noch wichtiger ist die Erkenntnis, dass Texte auch zum „Feind" des Denkens werden können, wenn das geschriebene Wort nicht mit Reflektion verbunden ist. Dann können sie der größte Müllberg der Erde sein, das unsichtbarste Gift, das verführerischste Opium. Doch wenn sich Schreiben und Denken verbinden, dann wird all das hinausgekehrt.

Nachdem ich „wozu soll das gut sein?" beantwortet habe, ist die nächste Anschuldigung, die ich oft erlebe: „Wer bist du, dass du das Recht hast dich einzumischen?" Ich möchte diese Frage beantworten, indem ich auf die gegenwärtige Situation verweise, eine Situation in der Reflexion und Realismus nicht automatisch geschehen. Mehr noch, das System versucht davon abzubringen. In dieser Situation halte ich Einmischung für notwendig und wesentlich. Das ist jedoch nicht Konsens. In anderen Diskursen wird Einmischung automatisch als Arroganz verstanden. Mehr noch, die oben erwähnten, verinnerlichten Ideologien und impliziten Normen werden bewusst ignoriert und geleugnet.

Ich möchte dieser Kontroverse mit dreierlei Bemerkungen begegnen: Erstens gibt es im Allgemeinen keine „unberührten Texte". Der Unterschied liegt lediglich in der Intensität und Art der Intervention. Die Behauptung, die derzeitigen Texte der Arbeiterinnen seien unabhängig und authentisch, entspringt meiner Meinung nach wahrscheinlich einer (wohlgemeinten) Romantisierung. Für mich sind die Originaltexte der Arbeiterinnen wie Musiknoten aus einem ganz bestimmten sozialen Kontext – aber ohne Kontextbewusstsein. Sie liegen zerbrechlich und unsicher in einer Ecke. Sie sind in Gefahr zu verschwinden oder warten darauf, von anderen zu einer bestimmten Melodie zusammengesetzt zu werden. Weiter gefasst könnte man sagen, dass sich wahrscheinlich alle chinesischen Originaltexte (meine eingeschlossen) in einem solchen Zustand befinden. Und diese so komponierte Melodie kann für viele Bereiche benutzt werden: Sie kann zum Beispiel dazu dienen, staatliche Herrschaft zu rechtfertigen,[3] oder soziale Missstände für kommerzielle Zwecke zu missbrauchen. Sie kann aber ebenso dazu beitragen, Spenden für wohltätige Zwecke zu sammeln, zu inspirieren und die Moral zu stärken. Oder sie stellt schlicht eine relativ distanzierte Dokumentation der Gesellschaft dar. Bei der schwierigen Arbeit, die Originaltexte von Arbeiterinnen zu benutzen, um eine Aussage zu machen, sollte die Bewertung danach erfolgen, für welchen Zweck diese letztlich verwendet werden. Der Respekt für die Texte sollte nicht an dem oberflächlichen Kriterium festgemacht werden, ob jemand Einfluss genommen hat. Auch ich nutze die Musiknoten für meine Arbeit (während ich gleichzeitig weitere anregen und zusammentragen

---

3 Am weitesten verbreitet sind Erzählungen, die das Leiden der arbeitenden Bevölkerung als Beweis für die „Größe des Rückgrats der Nation" nutzen. Wenn sie gut sind, sind sie voller Pathos, und wenn sie schlecht sind, voller Hühnersuppe. Als ob eine Tragödie als großartig zu bezeichnen das Gleiche wäre, wie sie effektiv zu beenden.

möchte). Ich halte es ebenfalls für wichtig, dass Sammelbände mit einer geringen Einflussnahme herausgegeben werden. Aber das bedeutet nicht, dass das Schreiben, in das stärker eingegriffen wird, für die Entwicklung einer „Stimme" nicht förderlich ist. Es bedeutet auch nicht, dass eine kollaborative Stimme den individuellen Stimmen der Arbeiterinnen ihre eigene Bedeutung nimmt. Schließlich ist, sollte und wird das Publikum, an das sich die Stimmen richten, niemals nur derselben Gruppe angehören. Die „Stimmen" unterschiedlicher Schichten können sich wechselseitig unterstützen und beeinflussen, sodass eine neue Musik entsteht.

Zweitens habe ich nicht deshalb eingegriffen, weil ich mich für intelligenter halte oder mir der potenziellen Gefahr, mich in Streitigkeiten zu verlieren, nicht bewusst gewesen wäre. Ich mache das, weil ich überzeugt bin, dass es für sie von Vorteil ist, wenn ich ihnen ein Bewusstsein für Beweisführung und rationale Entscheidungsfindung vermittle, selbst wenn dieses Bewusstsein die Hilfe vieler braucht, bevor es allmählich entwickelt werden kann. Intellektuelle Herablassung ist vielmehr, sich nicht zu offensichtlichen Fragen zu äußern und nicht über die eigenen Ansichten zu sprechen, um dafür den Eindruck einer „Akzeptanz der Arbeiterin" zu erwecken. Wer keine Erfahrungen in diesem Feld hat, nimmt vielleicht an, dass ich, weil ich eine gute Bildung genossen und mit vielfachen Dingen in Berührung gekommen bin, innerhalb dieses Dialogs natürlicherweise die „Diskursmacht" besäße. Aber in Wirklichkeit ist es nicht so. Es gibt in einer solchen klassen- und branchenübergreifenden, „öffentlichen" und „privaten" Arbeitsbeziehung von Anfang an viele implizite und unterschiedlich dargestellte Diskurse: Dazu gehören die lang gehegten inneren Überzeugungen einiger Arbeiterinnen (beispielsweise, dass Geld das Wichtigste und Kunst elitär sei) und die von der „Identitätspolitik" geprägte Ansicht, dass „alles, was Arbeiterinnen sagen, ihre eigene Stimme sei". Dazu zählen auch konkurrierende Narrative wie „die Unterschicht ist am weisesten" versus „die Unterschicht hält sich gegenseitig klein" sowie die interne Politik. Diese bereits existierenden Diskurse, unbeweglich wie ein Stein, nehmen mir die Luft zu atmen. Objektiv gesehen sind meine kulturellen Ressourcen (die zuweilen leicht als elitär definiert werden, in Wirklichkeit aber äußerst begrenzt sind) und mein Fachwissen Fakt. Sie auszuradieren oder so zu tun, als wären sie nicht da, wäre ein lächerliches Vorhaben, und ich lasse mich nicht von Schuldgefühlen bestimmen. Ich entscheide mich stattdessen, meine Ressourcen zu teilen und zu nutzen, während ich mein Wissen ständig hinterfrage und neu evaluiere.

Drittens gab es neben meinen Interventionen in gleichem Maße Begleiten und diversen Austausch. Um zum Beispiel die Konflikte zwischen Yang Mo und ihrem Sohn Xiaoqi zu verstehen, besuchte ich sie einmal in Gansu. Damals weigerte sich ihr Mann, mehr Geld für eine andere Mietwohnung auszugeben. Wie in Yang Mos Text beschrieben, handelte es sich um eine heruntergekommene Wohnung ohne Toilette, Bad oder Küche und war für ein Kind vollkommen ungeeignet. Dieser Besuch machte mir klar, dass ich nicht über die psychologischen Möglichkeiten sprechen kann, die das Schreiben bietet, wenn ich die realen physischen Bedingungen ignoriere, unter denen man über sein Leben schreibt. Auch ich bedaure die geringe Wirksamkeit schriftlicher Projekte beim Aufzeigen und Lösen familiärer Konflikte – es gibt zu viele Facetten und Interpretationen und einiges gelangt auch nicht an die Öffentlichkeit. So erklärt obiges Beispiel wohl auch die Grenzen meiner Arbeit!

In passenden Momenten erteile ich auch Ratschläge. Als Yanzi endlich ihr Kind an einer öffentlichen Schule in Shenzhen anmelden konnte, riet ihr ihre Schwiegermutter wie gehabt, das Kind ins Heimatdorf zurückzuschicken. Als Yanzi mich nach meiner Meinung fragte, sagte ich ihr, dass ich es in ihrem Fall für besser hielte, wenn das Kind bei seinen Eltern bliebe und die Grundschule in einer großen Stadt besuchen würde. Am Ende überraschte mich Yanzis Reaktion, denn wie sie sagte, habe sie das schon immer so machen wollen, nur habe sie nie den Mut besessen, diesen Schritt tatsächlich zu gehen. Und da niemand in ihrem Umfeld sie unterstützte, fühlte sie sich in ihren Möglichkeiten eingeengt. Natürlich gibt es Grenzen, wenn es darum geht, Ratschläge zu erteilen, und ich unterscheide zwischen dem, was umsetzbar ist, und dem, was nur *Möglichkeit* ist. Wenn die Autorinnen einverstanden sind, sehen wir uns die Situation genau an und schätzen das Ergebnis ein. Ich bin auch sehr vorsichtig und gebe keine Empfehlungen, ohne zugleich die möglichen Konsequenzen zu bedenken.

Meine Ratschläge folgen nicht immer dem Narrativ, das mein Gegenüber gewohnt ist. Als Traumregen zum Beispiel anfing, sich gezwungenermaßen Sorgen um die Heirat ihrer Tochter zu machen, habe ich nicht versucht, sie damit zu trösten, dass „Kinder immer ihren eigenen Platz finden" werden. Ich zeigte ihr die Geschichte meiner Freundin Miaozi, wie sie ihre Hochzeit entwarf, wie sie entschied, eine unverheiratete Mutter zu sein und eine Patchwork-Familie zu gründen (das ist der Entstehungshintergrund des zweiten Kapitels). Dabei erwartete ich gewiss nicht (und ich hatte auch nicht das Recht, dies zu verlangen), dass Traumregen zustimmen würde oder Miaozis Geschichte gleich eine Wirkung zeigte. Auch wusste ich, dass ihr wahrscheinlich weniger Möglichkeiten als Miaozi zur Verfügung standen. Aber der entscheidende Punkt ist, dass ich Traumregen zeigen wollte, dass Miaozi – die finanziell nicht besser dasteht als Traumregen – aufgrund ihrer kulturellen Ressourcen ihr Leben und ihre kulturelle Welt trotzdem weitgehend selbst gestalten kann. Ich hoffe, dass Traumregen von nun an in der Lage sein wird, diese spezifischen Ressourcen zu erkennen und sich anzueignen, um sich selbst zu emanzipieren.

Ein weiteres Beispiel ist Traumregens Leben. Es zeigt ein übliches Paradox: Sie liebt das Einkommen und die finanzielle Unabhängigkeit, die ihr die Stadt bietet, sie mag die dortige Offenheit und die Wohltätigkeitsorganisationen, aber sie verabscheut ihren gefängnisartigen Job in der Stadt (obwohl sie sowohl gute als auch schlechte Arbeitgeber erlebt hat). Das ist aber nur die Oberfläche ihrer Widersprüche. Nach näherem Kennenlernen stellte ich fest, dass ihre Familie nicht gerade knapp bei Kasse war, zumindest nicht in dem Maße, dass sie ihre gesamte Freizeit verkaufen müsste. Sie verdient Geld vor allem mit dem Ziel, die Heirat ihrer beiden Söhne und das Geschäft ihrer Tochter zu finanzieren (obwohl diese dagegen sind, dass sie so hart arbeitet) und für ihr eigenes Alter vorzusorgen. Aber wenn wir diese Logik zugrunde legen, wird Traumregen nie ein freies Leben führen, denn später werden andere Dinge kommen – wie etwa Enkelkinder. Es wäre eine nicht enden wollende Kette an Verpflichtungen. Ein weiterer Faktor, den Traumregen nicht bedenkt, ist ihre Gesundheit. Im Moment schiebt sie ihre Arzttermine oft auf, weil sie als Kindermädchen arbeiten muss. Wenn sie nicht aufpasst, besteht eine gute Chance, dass sie ihr hart verdientes Geld letztendlich für Behandlungen ausgeben muss. Traumregens eigentliches Bedürfnis ist es also nicht, sich über ihren einengenden Job oder die finanzielle Belastung ihrer Familie zu beschweren, sondern der Frage nachzugehen, wie man das Geldverdienen mit der eigenen Freizeit vereinbaren kann. Noch wichtiger ist, dass sie begreift, dass ihre seit langem vertretene Ansicht – Geld sei das Wichtigste – zwar eine Lektion des wirklichen Lebens sein mag, aber eben auch ein Mittel der Gesellschaft, sie zu kontrollieren. Sie muss einen Vorgeschmack auf neue Möglichkeiten bekommen, darauf, wie sie in ihrer *eigenen Zeit* leben kann. Wenn sie sich kein anderes Leben vorstellen kann, wird sie nie eins haben. Diesen Standpunkt hat sie damals nicht verstanden, als ich mit ihr sprach. Aber zum Glück waren wir bereits daran gewöhnt, dass jeder von uns seine eigenen Ansichten vertrat, und sie fühlte sich nicht verletzt. Aber als ich sie ein Jahr später wiedersah, erzählte sie mir, dass sie nun neue Entscheidungen träfe: Beispielsweise schaue sie lieber zweimal hin, wenn sie einen neuen Arbeitgeber aussuche, auch wenn das vorübergehende Arbeitslosigkeit bedeute. Sie mietete sich nun auch eine eigene Wohnung und lachte darüber, dass sie jetzt eine Anomalie unter den Hausangestellten sei. Bei dieser Interaktion wurde mir klar, dass die Frage „was sind die Bedürfnisse einer Arbeiterin?" nicht so einfach zu beantworten ist und dass „die Entscheidung einer Arbeiterin zu respektieren" keine einfache Aufgabe sein kann.

Mit den Autorinnen stelle ich mich nicht nur gemeinsam den Schwierigkeiten des Lebens, sondern bemühe mich, wenn es die Situation erlaubt, das Leben mit ihnen zusammen zu gestalten. Das Leben ist dabei voller Metaphern. Als ich Yanzi zum Beispiel zum ersten Mal in ein Museum für zeitgenössische Kunst mitnahm, fiel ihr sofort auf, dass der Name des Ausstellungsraums sehr klein war, sodass man ihn fast übersehen konnte. Das erinnerte mich daran, dass schreibende Arbeiterinnen wichtige Gefühle mit intensiven Formen beschreiben, die sie mehrfach wiederholen. Also sagte ich zu ihr, dass die Stadt voll von offensichtlichen, großen, lauten Zeichen ist, die deine Aufmerksamkeit okkupieren, aber nicht wirklich viel Bedeutung haben. Wenn man genau hinschaut und auf die geschickt angeordneten Dinge achtet, findet man tatsächlich ein anderes System von „Zeichen" – und auch wenn dieses nicht unbedingt besser ist, so weiß man doch zumindest, dass die Welt nicht nur aus Plakaten und Slogans besteht. Bei einer anderen Gelegenheit lud ich sie ein, die Nacht im Atelier des Museums zu verbringen, wo ich meine Künstlerresidenz abhielt. Sie bemerkte, dass die Wände dieses Museums aus roten Ziegeln bestanden und die Oberflächen nicht gestrichen oder gefliest waren. Sie war verblüfft und sagte, dass in ihrer ländlichen Heimat rote

Ziegelwände ohne Anstrich ein Zeichen von Armut seien – reiche Leute achteten darauf, ihre Wände zu streichen, Porzellanfliesen anzubringen und so weiter. Sie sagte, sie habe zum ersten Mal erkannt, dass Mauerwerk allein so schön und „edel" sein kann. Nachdem ich verstanden hatte, was sie meinte, nutzte ich die Gelegenheit, um ihr zu sagen: „Wie du siehst, haben ein Museum und eine Künstlerresidenz nichts Geheimnisvolles an sich, in deiner Heimat wird lediglich mehr Wert auf die Gestaltung des Mauerwerks gelegt", „wer weiß, vielleicht kann auch dein Zuhause eine Kunstgalerie sein".

Neben dem Leben ist das Lesen ein sehr wichtiger Aspekt. Ich kaufe und empfehle den Arbeiterinnen gezielt Bücher. Als ich zum ersten Mal einen Schreibkurs gab, war ich überrascht, dass die Arbeiterinnen nicht wussten, dass man bei Büchern eine Auswahl treffen muss (staatliche Propaganda wird auch oft durch Bücher verbreitet), und dass sie der Meinung waren, dass Lesen unbedingt besser sei als Nichtlesen. Im Alltag werden die Arbeiterinnen ganz von praktischen Dingen und Schwierigkeiten eingenommen und vom Lesen abgehalten. Sie haben nur wenig Freizeit und nur selten einen Ort, wo sie nicht gestört werden. Wenn sie also etwas Zeit übrig haben, verwenden sie diese lieber für Freizeitaktivitäten, mit denen sie sich besser auskennen. Aber auch wegen dieses Zeitmangels wird die Entscheidung, was man letztlich tun soll, immer wichtiger. Einen „Filter" und Hilfswerkzeuge zu bieten, mag wie eine Kleinigkeit erscheinen, ist aber in Wirklichkeit eine sehr hilfreiche Maßnahme. Nicht nur die Auswahl der Bücher, auch das Lesen selbst muss erlernt werden. Ich ließ die Arbeiterinnen daher zunächst nach der Lektüre ihre Gedanken aufschreiben. Doch als ich ihre Texte erhielt, stellte ich fest, dass sie die grundlegendsten Fakten nicht erfasst hatten und oft das Gegenteil von dem verstanden hatten, was gemeint war. Diese Erfahrung hat mir gezeigt, dass der physische Akt des Lesens und das eigentliche Verstehen sich nicht notwendigerweise bedingen. Nachdem ich zu oft gesehen hatte, wie unbedachtes Lesen Indifferenz und Schaden mit sich brachte, stellte ich mich noch vehementer gegen allgemeine Schreibkurse. Ich achtete immer auf die Auswahl der Bücher und Inhalte und überprüfte das tatsächliche Leseverständnis der Schülerinnen. Generell gilt: Wenn man nach einer Katastrophe in Selbstvorwürfe verstrickt und unfähig ist Lösungen zu finden, dann kann Lesen den Teufelskreis durchbrechen.

Meine Eingriffe sind auch visueller Natur. Die Zeichnungen im vorliegenden Buch beispielsweise entstammen dem Projekt „Sweat!Stop!Rewrite!". Mit Ausnahme von Xiaoxi habe ich den beteiligten Künstlerinnen die Grundlagen beigebracht. Zeichnen ist eine Möglichkeit, die objektiv vorhandene Benachteiligung, die Arbeiterinnen beim Schreiben haben, auszugleichen und eröffnet uns gegenseitig den Blick für neue Arten der Intervention und der Kooperation. Ich bin der Ansicht, dass das Projekt sich durch den Einsatz des Visuellen noch einmal mehr von den moralisierenden Narrativen in den chinesischen Mainstream-Medien und den identitätsgesteuerten Narrativen der Wohlfahrtsorganisationen abhebt. Gleichzeitig versteht sich das Projekt durch seine ihm innewohnende Kreativität als Gegenbewegung: Indem es von etablierter Schreib- und Textästhetik abweicht, trägt es zu einer erhöhten Wahrnehmung dieser sozialen Gruppe bei. Mein Wunsch ist nicht nur, dass Frauen aus den unteren Gesellschaftsschichten ihren Blick erweitern und die Möglichkeit haben, anderer möglicher Ästhetik zu begegnen, sondern auch, dass ihre Werke die Mainstream-Ästhetik herausfordern.

Bewusst habe ich meine Begleitung so gestaltet, dass sich meine Unterstützung an Bedingungen knüpft: Ich verlange gegenseitigen Austausch und andauerndes kritisches Hinterfragen und Reflexion von meinem Gegenüber. Im Laufe der Arbeit habe ich festgestellt, dass die andere Person sich ohne diese Anforderungen immer mehr auf meine Unterstützung verlässt und dadurch eine Haltung entsteht, sich irgendwie „durchzuwurschteln". Das kann sogar in gegenseitiger Ausnutzung münden. Ich freue mich, dass nun diese Gegenseitigkeit allmählich in Gang gekommen ist. Nach ihrem „Lebensbericht" ist Yanzi schon weitaus selbstbewusster geworden, und heute ist sie eine Brücke für mich, um Arbeiterinnen besser zu verstehen. Beispielsweise habe ich erst durch Yanzis detaillierte Beschreibung mehr über Dinge wie prekäre Bildungseinrichtungen, Mobbing, Schikane von Seiten der Lehrer oder zwangsweisen Schulabbruch erfahren. Wenn Arbeiterinnen Texte von Personen lesen, die ihnen ähnlich sind, ermutigt sie das auch. Die Achterbahn der Gefühle in Honglis Text oder die gewissenhafte Überprüfung von Fakten durch Yanzi beispielsweise hinterließen bei anderen Arbeiterinnen einen lebhaften Eindruck. Sie begannen sich über ihre eigenen Möglichkeiten bewusst zu werden.

Ich muss gestehen, dass meine Methoden auch sehr vielen Einschränkungen unterworfen sind. Dazu gehört, dass sie nicht für alle Arbeiterinnen geeignet sind. Meine Methoden brauchen Zeit, ihre Wirkung zu entfalten und Raum, um Missverständnisse aufzuklären. Sie sind auch nicht geeignet für Institutionen, die eine starke Kontrolle auf ihre Mitglieder ausüben. Darüber hinaus kann ich in diesen Zeiten, in denen sich die Spannungen im öffentlichen Meinungsraum verschärft haben und das postfaktische Zeitalter volle Fahrt aufgenommen hat, nicht mehr wahllos Arbeiterinnen auf **WeChat** hinzufügen und mich mit ihnen treffen. Meinungen über die einfachsten Dinge sind im Zuge des wachsenden Populismus und Nationalismus polarisiert, und diese Situation verschlimmert sich täglich. Beispiele sind die Null-Covid-Strategie der Regierung, das Misstrauen gegenüber dem Ausland und Feindseligkeiten gegen Intellektuelle. Der Mangel an Transparenz in den Nachrichten und die post-faktische Situation machen Debatten und Austausch um einiges schwieriger. Im Moment kann ich in den künstlerischen Projekten nur Einzelfälle behandeln. Es liegt noch nicht im Rahmen meiner Möglichkeiten, die Nöte der Arbeiterinnen von einer „kollektiven Warte" aus anzugehen, wie es unschätzbare gemeinnützige Organisationen bereits tun.

Als Methode und als Hoffnung begrüße ich Xiaonas Vorschlag, den „Spielraum für die Vorstellungskraft" zu erweitern. Konfrontiert mit einer Situation, in der weder wirtschaftliche noch geistige Würde gewährleistet sind, begnügt sie sich nicht mit der Befriedigung oberflächlicher Grundbedürfnisse, sondern stellt eine höhere – vielleicht die wesentlichste – Forderung. Es ist wahr, auch im Angesicht der Armut dürfen wir nicht die Lösung aller materiellen Probleme abwarten, bevor wir uns um unsere Fähigkeiten, zu denken und zu reflektieren, sorgen. Unsere Vorstellungskraft beginnt nicht und wird niemals beginnen, wenn wir davon ausgehen, dass dies etwas ist, was wir nur entwickeln, wenn die Bedingungen reif sind.

Zum Ende möchte ich einen Auszug anfügen, in dem Yanzi über ihre Erfahrungen in meinem Schreibkurs berichtet[4]:

„Der Schreibkurs war unter allen Fortbildungen bisher die größte Herausforderung und erforderte am meisten Kopfarbeit. So eine Erfahrung

---

4 In diesem Bericht geht es um Erfahrungen aus meinen Schreibkurs bei der Organisation W im Frühjahr und Sommer 2020 und nicht um unsere spätere Beziehung.

hatte ich noch nie gemacht. In der ersten Stunde sagte die Lehrerin, das Schreiben erfordere keine Themenvorgabe und keine Techniken. Ich war damals sehr erstaunt und dachte bei mir: Das ist ja eine seltsame Lehrerin! Wie sollen wir denn ohne Thema schreiben? Früher, als wir in der Schule Aufsätze geschrieben haben, gab es keine Punkte, wenn man das Thema verfehlte! Wenn man keine Techniken braucht, wofür sollte man dann noch einen Schreibkurs besuchen? Sind wir nicht hier, um zu lernen, was es für Schreibtechniken gibt? Geht es im Kurs nicht darum, uns zu zeigen, wie man ein vorgegebenes Thema bearbeitet, den Aufsatz mit eleganten Formulierungen oder rhetorischen Kniffen ausschmückt und den Hauptgedanken herausarbeitet, um am Ende einen guten Text herauszubekommen?

In der ersten Stunde gab die Lehrerin uns auf, unsere Lektüreerfahrungen niederzuschreiben. Wir sollten die chinesische Version des Artikels ‚Learning to Speak Lingerie. Chinese Merchants and the Inroads of Globalization‘ des Journalisten Peter Hessler lesen. Der Artikel kam mir damals sehr lang vor, es tauchten lauter komplizierte Personen- und Ortsnamen auf, die ich nach mehrmaligem Lesen immer noch nicht auseinanderhalten konnte, dazu kam, dass mir das Verständnis für fremde Kulturen fehlte (in dem Artikel ging es hauptsächlich um chinesische Kaufleute in Ägypten). Ich fand, dass die Hausaufgaben, die die Lehrerin uns aufgegeben hatte, viel zu schwer waren. Beim Lesen des Artikels erfasste ich nur einige sogenannte ‚Schlüsselbegriffe‘ und schrieb meinen Text um ein paar Sätze in dem Artikel herum.

Danach wies die Lehrerin uns darauf hin, dass wir erstens über die Schlüsselbegriffe nicht die Struktur des Artikels aus den Augen verlieren sollten und dass zweitens der Journalist nicht unbedingt mit den Standpunkten, die er zitierte, übereinstimmen müsse: Es ginge darum, die Beziehungen zwischen den einzelnen Sichtweisen zu erkennen und wie diese zusammen den Kontext ausmachten. Ich verstand nicht, was die Lehrerin meinte und dachte, dass sie diese Ratschläge gab, weil mein Lektürebericht bestimmt das Thema verfehlt hatte.

Die zweite Aufgabe bestand darin, unsere Gedanken über den Dokumentarfilm American Factory aufzuschreiben. Ich erwähnte dabei das Problem des Überlebens und der Würde, im Mittelteil kam ich ein wenig auf die Produktionsindustrie zu sprechen, am Schluss fügte ich einen

Satz über die Schwierigkeit an, ohne festen Wohnsitz einen Schulplatz für ein Kind zu finden. Die Lehrerin kommentierte meinen Text mit den Worten, einige darin zum Ausdruck gebrachte Ansichten seien sehr gut, aber leider hätte ich die Verbindung zwischen ihnen nicht deutlich gemacht, weshalb sie mich anhielt, ihn noch einmal zu überarbeiten. Sie bat mich auch, die Beziehung zwischen Überleben und Würde, auf die ich zu sprechen gekommen war, deutlich zu machen. Damals dachte ich, es würde sich von selbst verstehen. Gehen Überleben und Würde nicht Hand in Hand? Was soll ich da noch schreiben?

Ist sie nicht mit mir einer Meinung und lässt mich deshalb den Text überarbeiten, bis er mit ihren Ansichten übereinstimmt? Ich war ein bisschen zornig und dachte, dass ich in diesem Kurs überhaupt nichts lernte und nur Kritik geübt wurde, wenn wir nicht einer Meinung waren. Später stellte die Lehrerin bei einem Videochat mit ein paar von uns Kursteilnehmerinnen erneut klar, dass alle Ansichten in Ordnung seien, aber man sie richtig begründen müsse. Sie sagte, dass wir nicht etwas aus der Luft Gegriffenes daherreden sollten, sondern uns dazu bringen müssten, mehr nachzudenken. Plötzlich begriff ich, dass sie meine Ansicht gar nicht ablehnte. Daraufhin überarbeitete ich schnell meinen Text und reichte motiviert die Aufgabe ein.

Als ich am nächsten Tag meinen dicht an dicht mit Anmerkungen übersäten Text sah, war es, als hätte man mich mit kaltem Wasser übergossen. Die Lehrerin antwortete mir auf **WeChat**, dass mein Text oft von vielen Beispielen plötzlich zu großen Konzepten sprang, ohne vermittelnde Erklärungen und Überleitungen. Sie sagte auch, dass ich mich an vielen Stellen nicht deutlich ausgedrückt hätte, zum Beispiel wie alt das Kind war oder um welche Klassenstufe es sich bei den Schwierigkeiten mit der Einschulung handelte. ‚Sie haben mein Kind doch gesehen, was fragen Sie mich da noch nach seinem Alter?‘, brummte ich. Wenn man keinen Wohnsitz in Shenzhen hat, ist es sehr schwer, einen Schulplatz zu bekommen, das ist allgemein bekannt, brauchte ich das noch zu erklären? Hatte ich mit meiner Ansicht etwa unrecht, dass die Frage, ob Kinder zur Schule gehen können, etwas mit Würde zu tun hat? Ich hatte das Gefühl, dass jede ihrer Anmerkungen mich in Frage stellte und mir widersprach und dass die Kommunikation zwischen uns fehlschlug!

Später hat die Lehrerin noch einmal zu mir gesagt, dass eine Begründung zum Beispiel beinhaltet, was ich mir jeweils unter ‚Überleben‘ und ‚Würde‘ vorstelle. Warum habe ich solche Konzepte? Wann sind diese Konzepte zum ersten Mal entstanden etc. All das sollte ich aufschreiben, sonst würden andere Leute, sie eingeschlossen, nicht wissen, was dieses ‚Überleben‘ und diese ‚Würde‘ seien, von denen ich sprach. Es fiel mir wie Schuppen von den Augen, dass Schreiben sich nicht nur an eine Person richtet und jeder Mensch unter ‚Überleben‘ und ‚Würde‘ etwas Anderes versteht und das ständige Nachhaken der Lehrerin dazu gedacht war, mich zu verbessern, damit ein Text daraus wurde, dessen Vorannahmen für alle verständlich waren. Ich dachte, dass die Art und Weise, über die die Lehrerin sprach, ein bisschen der evidenzbasierten, modernen Medizin ähnelte. Wenn sie sagte, man müsse seine Ansichten begründen, dann war das ähnlich wie Beweise in der Medizin durch eine große Anzahl klinischer Studien.

Als ich das erkannt hatte, ging mir die Überarbeitung des Textes schnell und leicht von der Hand. Ich hatte das Gefühl, durch die Überarbeitungen mehr gelernt zu haben als in allen vorangegangenen Lektionen. Nicht nur das, ich begann noch einmal meine Arbeitsmails dahingehend durchzulesen, ob irgendwo Probleme mit der Logik und der Strukturierung bestanden. Ich begann darüber nachzudenken, ob unsere normale Kommunikation nur aus Gerede besteht, das wenig mit Nachdenken und gegenseitigem Hinterfragen zu tun hat. Eine weitere Erkenntnis, die der Schreibkurs mir brachte, bezieht sich auf das Verständnis von ‚Kritik‘. Als die Lehrerin uns am Anfang aufforderte, die Texte von anderen Teilnehmerinnen zu kritisieren, dachte ich, sie wollte, dass ich die Fehler herauspicke. Als sie mir Kritik zu meinem Text gab, dachte ich auch, dass sie mir widersprach. Weil laut meinem Verständnis alle Dinge nur eine Standardantwort haben: Verneinungen und Rückfragen bedeuten falsch, allein Zustimmung bedeutet richtig. Später erst haben wir gelernt, uns gegenseitig Feedback zu geben und Fragen zu stellen, selbst, sich gegenseitig zu widersprechen, ist ein Erkenntnisprozess. Dieser Prozess bringt jeden dazu, sich selbst klarer, präziser und begründeter auszudrücken. Jetzt schätze ich mich sehr glücklich, dass ich mich damals nicht, weil ich die Lehrerin missverstand, direkt geweigert habe, die Aufgaben abzugeben, sonst hätte ich wahrscheinlich nicht die Gelegenheit gehabt, den Text

Schicht für Schicht zu überarbeiten und nie begriffen, wie viel Mühe sie sich mit uns gab!"

Es versteht sich von selbst, dass dieser Text nur Yanzis Meinung repräsentiert und auch nicht den Anspruch hat, für andere zu sprechen. Ich teile ihn hier nicht nur, weil er ein lebendiges Bild aus ihrer Perspektive zeichnet, sondern auch, weil er mir half, meine Herangehensweise zu verbessern. In diesem Sinne ist Yanzi meine Mentorin. Einen Prozess des wahren Schreibens und kreativen Schaffens zu erleben ist ein Geschenk für das wir kämpfen können und sollten. Ein wahrer kreativer Prozess wäre ein Moment der größten Offenheit, kritischen Reflexion und Gleichberechtigung, den ein Mensch mit der Welt haben könnte. Natürlich bietet sich diese Gelegenheit nicht für alle Menschen gleichermaßen und nicht einfach von selbst. Wenn wir davon ausgehen, dass wir „nicht gleich geboren" werden in der Welt, in der wir leben, dann ist die wichtigere Frage doch, ob wir Schritte in Richtung einer Welt mit gerechteren Lebenschancen unternehmen.

Glossar

996

Bezeichnung für die heutzutage in vielen Betrieben gängige Arbeitszeit von neun Uhr morgens bis neun Uhr abends, an sechs Tagen die Woche. Teils werden informell sogar noch längere Überstunden erwartet. Die 996-Arbeitswoche wird auch innerhalb Chinas kontrovers diskutiert.

Aufenthaltsgenehmigung → Hukou

Bildungssystem

Das Bildungssystem in China umfasst zunächst eine sechsjährige **Grundschule** gefolgt von einer dreijährigen unteren **Mittelschule**. Für diese insgesamt neun Jahre besteht eine Schulpflicht, und sie sind mittlerweile gebührenfrei (wobei Kosten für Schulmaterialien getragen werden müssen). Im Anschluss besuchen die meisten Schülerinnen und Schüler eine dreijährige obere **Mittelschule**, für welche eine Aufnahmeprüfung (*zhongkao* 中考) Voraussetzung ist, welche durch hohen Wettbewerb geprägt ist. Nur eine hohe Punktzahl ermöglicht den Zugang zu den als besser und prestigeträchtiger geltenden oberen Mittelschulen einer Stadt. Schwächere Schülerinnen und Schüler sehen sich hingegen oft schon nach der Pflichtschulzeit gezwungen, entweder auf sogenannte berufsbildende Schulen (z.B. **Fachoberschulen**) zu gehen, welche in China einen ziemlich schlechten Ruf genießen, oder sich direkt auf dem Arbeitsmarkt nach Jobs umzusehen. Für diejenigen, die es auf die obere Mittelschule geschafft haben, verschärft sich der Wettbewerb weiter. Die letzten Jahre der oberen Mittelschule sind ganz von den Vorbereitungen auf die **Hochschulaufnahmeprüfungen** geprägt. Im sogenannten *Gaokao* (高考), welche in China weitgehend als die wichtigste Prüfung im Lebensweg gilt, müssen möglichst viele Punkte erreicht werden, um auf prestigeträchtige Universitäten zu kommen – nicht wenige wiederholen sogar die Prüfung teils über mehrere Jahre mit dem Ziel, eine bestimmte Wunschuniversität zu erreichen. Die Universitäten sind in Rankings hierarchisch gestaffelt, und die Studienfachwahl ergibt sich meist ebenfalls aus den Ergebnissen des Gaokaos. Chinesische Eltern vor allem der städtischen Mittelschicht sehen den Besuch einer guten Universität für ihren Nachwuchs als extrem erstrebenswert an, so dass angefangen von (freiwilligen) Kindergärten und Vorschulen bis durch alle Stufen des formellen Schulsystems ein starker Lerndruck aufgebaut wird, der durch umfangreichen Nachhilfeunterricht ergänzt wird – auch wenn die Regierung letzteren mittlerweile zu regulieren versucht. Für Kinder von Wanderarbeitenden stellt sich noch ein anderes Problem: ohne lokalen städtischen → **Hukou** ist ein Zugang zu städtischen Schulen nicht oder nur sehr schwer möglich. Den Kindern bleibt nur der Besuch einer privaten **Migrantenschule** von meist minderer Qualität, oder die Rückkehr an den Ort ihrer Haushaltsregistrierung (→ **Zurückgelassene Kinder**).

Ein-Kind-Politik → **Geburtenplanung**

Fachoberschulen → **Bildungssystem**

Frühlingsfest

Das Frühlingsfest (*chunjie* 春节), auch als chinesisches Neujahrsfest bekannt, markiert den Jahreswechsel nach dem traditionellen chinesischen Mondkalender. Der eigentliche Neujahrstag fällt auf einen Neumond zwischen dem 21. Januar und 21. Februar, jedoch werden auch der letzte Tag des alten Jahres und die ersten fünfzehn des neuen Jahres gefeiert. Das Frühlingsfest ist das mit Abstand wichtigste Fest im chinesischen Jahreszyklus und wird traditionell im großen Familienkreis in der Heimat begangen. Während des Frühlingsfestes läuft die chinesische Wirtschaft auf Sparflamme: für viele Wanderarbeitende ist es die einzige Gelegenheit im Jahr, in die Heimat zurückzukehren (Urlaubstage wie in Deutschland sind nicht üblich). Dies führt zur großen Rückreisewelle zum Frühlingsfest, für welche es im Chinesischen sogar einen eigenen Begriff gibt: *chunyun* 春运, wörtlich Frühlingstransport. Tickets für Züge und Flüge sind in dieser Zeit oft kaum mehr zu bekommen.

Fünf Garantien → **Sozialleistungen**

Gaokao → **Bildungssystem**

Geburtenplanung

Nach anfänglichen Versuchen der Steuerung der Geburtenzahlen in den 1970er Jahren wurde von 1980 bis 2015 in China landesweit die „Ein-Kind-Politik" umgesetzt. Es gab Ausnahmen von der geforderten Beschränkung auf ein Kind pro Ehepaar, etwa für Angehörige offiziell anerkannter Minderheitengruppen und ländliche Familien, deren erstes Kind ein Mädchen war, aber ansonsten wurde die sogenannte Geburtenplanung zum Teil rigoros umgesetzt. Neben der Verbreitung der Politik durch Propagandakampagnen wurden auch Geldstrafen verhängt und Zwangsabtreibungen und Sterilisationen durchgeführt, um die Umsetzung zu gewährleisten. Die Ein-Kind-Politik wird unter anderem für das eklatante Geschlechterungleichgewicht in China mit weitaus mehr Männern als Frauen verantwortlich gemacht. 2015 wurde die Beschränkung auf zwei Kinder erhöht, und 2021 wurden die Begrenzungen aufgehoben.

Grundsicherung → Sozialleistungen

Hukou / Haushaltsregistrierung

Als Haushaltsregistrierung, chinesisch **Hukou** (户口) genannt, bezeichnet man ein System der Bevölkerungseinteilung nach Wohnort, sowie nach Status als Land- oder Stadtbewohner. Das System wurde 1958 während der sozialistischen Planwirtschaft eingeführt, um eine Landflucht in die Städte zu verhindern, jegliche Reisetätigkeit benötigte fortan eine Genehmigung. Nur der begehrte Status als Stadtbewohner garantierte den Zugang zu sozialen Sicherungs- und Versorgungsnetzen (wozu in den Mao-Jahren auch Lebensmittelmarken zählten). Landbewohner (Bauern) hatten diese Privilegien nicht, sondern wurden in ihren landwirtschaftlichen Kollektiven versorgt. Ein Hukou-Status galt in der Regel ein Leben lang, Kinder erhielten den Status der Mutter. Ein Wechsel der Haushaltsregistrierung war nur in wenigen Situationen möglich und dem Großteil der Bevölkerung verschlossen. Das System wurde im Zuge der Reform- und Öffnungspolitik seit den 1980er Jahren immer weiter aufgeweicht, insbesondere wurde die Freizügigkeit im Land erhöht. So migrierten hunderte Millionen an → **Wanderarbeitenden** mit ländlicher Haushaltsregistrierung in die Städte, wo sie mit temporären **Aufenthaltsgenehmigungen** geduldet wurden. Allerdings besaßen sie hier keinen

Hukou, und waren somit von den städtischen Sozialversicherungsnetzen und Bildungsangeboten ausgeschlossen. Mittlerweile ist der Wechsel des Hukou-Status in vielen kleineren und mittleren Städten mit relativ geringem Aufwand möglich, nur die großen Metropolen wie Beijing, Shanghai, Guangzhou oder Shenzhen halten die Hürden für den Erwerb eines Hukous oder einer dauerhaften Niederlassungserlaubnis weiter hoch. Eine Ausnahme stellt der sogenannte Kollektiv-Hukou dar, welcher z.B. an Studierende, Militärangehörige oder an Angestellte von staatlichen Firmen vergeben wird: hier erhalten Personen einen städtischen Hukou für die Dauer ihrer Zugehörigkeit zur Hochschule, Militäreinheit oder Firma. In Kapitel 3 überlegt die Autorin Yanzi, ob sie durch Beziehungen mit lokalen Personen einen solchen Hukou erhalten könnte, was sie jedoch letztendlich verwirft. Erwähnt werden sollte ebenfalls, dass auch landwirtschaftliche Haushaltsregistrierungen einen Vorteil besitzen. Diese beinhalten Anteile an Bodennutzungsrechten, für welche die Regierung im Falle einer Bebauung die Eigner der Nutzungsrechte finanziell entschädigen muss (→ **Städtisches Dorf**).

Kindespietät

Die Kindespietät (*xiao* 孝) bezeichnet ein zentrales konfuzianisches Konzept, welches das normative Verhältnis zwischen Kindern und Eltern beschreibt. Kinder sollen dabei ihre Eltern respektieren und im Alter pflegen und wenn nötig auch finanziell unterstützen. Auch wenn die konfuzianische Ethik im Laufe der Zeit zahlreiche Veränderungen erfahren hat, so ist die grundlegende Vorstellung von Kindespietät bis heute tief in der chinesischen Gesellschaft verankert und moralisch aufgeladen.

Migrantenschule → **Bildungssystem**

Mittelschule → **Bildungssystem**

Neue ländlich-kooperative Krankenversicherung → **Sozialversicherung**

Neujahrsfest → **Frühlingsfest**

Produktionsgruppe

Die Produktionsgruppen (*shengchan dui* 生产队) formten die grundlegende landwirtschaftliche Organisationsform innerhalb der sozialistischen Planwirtschaft. Ihnen übergeordnet waren die Produktionsbrigaden
(*shengchan dadui* 生产大队), die wiederum Teil der **Volkskommunen**
(*renmin gongshe* 人民公社) waren. Das System der Volkskommunen wurde
1958 im Zuge der Kollektivierung der Landwirtschaft eingeführt und
erst zu Beginn der 1980er Jahre im Laufe der → **Reform und Öffnung**
wieder abgeschafft. Innerhalb der Volkskommunen bestellten Bauern das
Land nicht mehr in den traditionellen Familienverbänden, sondern als
Kollektiv, auch das übrige Sozial- und Wirtschaftsleben fand innerhalb
der Kommunen statt.

Reform und Öffnung

Die als **Reform- und Öffnung** (*gaige kaifang* 改革开放) bezeichnete
politische Ära wurde im Dezember 1978 durch Deng Xiaoping eingelei-
tet. Sie stellte einen Bruch mit der bis dahin praktizierten sozialistischen
Planwirtschaft dar und führte schrittweise, und zum Teil lokal begrenzt,
marktwirtschaftliche Prinzipien ein. So wurden die kollektive Landwirtschaft beendet und unter dem Prinzip der „Haushaltsverantwortung"
Bodennutzungsrechte an die Familien vertraglich übertragen. Familien
konnten dadurch einen immer größeren Anteil ihrer landwirtschaftlichen
Erträge selbstständig auf dem Markt verkaufen. Des Weiteren wurden
durch die Gründung von Sonderwirtschaftszonen im Südosten des Landes
(die erfolgreichste dabei Shenzhen) auch wieder ausländische Investitionen
im Land ermöglicht und China somit in die globalen Produktions- und
Handelsketten integriert. Es folgte der bekannte rasante wirtschaftliche
Aufstieg Chinas, der mit erheblichen gesellschaftlichen und kulturellen
Umbrüchen verbunden ist. Anders als von einigen Beobachtern zunächst
erwartet, erfolgten die Reformen vorwiegend auf wirtschaftlicher Ebene
und weniger auf politischer: jegliche Hoffnungen auf eine Demokra-
tisierung Chinas nach westlichem Vorbild wurden spätestens seit der
Niederschlagung der Protestbewegung von 1989 begraben.

Soziale Medien

Die chinesischen sozialen Medien, welche durch entsprechende Apps mit teils vielen zusätzlichen Funktionen zugänglich sind, sind mittlerweile aus dem chinesischen Alltagsleben nicht mehr wegzudenken. Der Erfolg der chinesischen Programme wie **WeChat**, **Weibo** und Douyin (**TikTok**), hängt auch eng damit zusammen, dass andere global operierende Dienste wie WhatsApp, Facebook, Instagram o.ä. von staatlicher Seite blockiert werden. Neben ihrer ursprünglichen Hauptfunktion des Instant Messaging (Versenden und Empfangen von Kurznachrichten) und der sozialen Vernetzung wurde vor allem die App **WeChat** im Laufe der Zeit um zahlreiche Zusatzfunktionen ergänzt. Sie wird mittlerweile fast überall als mobiles Zahlungsmittel akzeptiert und von weiten Teilen der Bevölkerung auch dafür verwendet. Zudem sind mit ihr nahezu alle Transaktionen des Alltags, von der Flugbuchung bis zur Begleichung der Gasrechnung, durchführbar. So hat sich **WeChat** in China als „Super-App", die im Prinzip die Funktionen verschiedener Dienste in sich vereint, in nahezu allen gesellschaftlichen Schichten und Altersgruppen durchgesetzt. **Weibo** entspricht im Kern einer chinesischen Version von Twitter und ist zu einer Hauptplattform für verschiedenste Diskussionen, aber auch der Verbreitung propagandistischer und kommerzieller Beiträge geworden. **TikTok**, eine App auf der Nutzende kurze, oftmals humorvolle oder spektakuläre Videoclips teilen, heißt in seiner chinesischen Variante Douyin. Diese wird zwar vom gleichen Unternehmen betrieben, unterliegt jedoch der chinesischen Zensur.

Sozialleistungen

Staatliche Sozialleistungen sind in China an den → **Hukou** gebunden, und die meisten von ihnen standen lange Zeit nur der städtischen Bevölkerung zur Verfügung. Auf dem Land gab es lange Zeit nur die in den 1950er Jahren eingeführten **Fünf Garantien** (*wubao* 五保) für den ärmsten Teil der Bevölkerung (insbesondere alte und behinderte Menschen sowie Waisenkinder), welche Nahrung, Kleidung, medizinische Grundversorgung, Unterkunft und Beerdigungskosten abdecken sollten. Eine minimale **Grundsicherung** zur Sicherung des Existenzminimums (*dibao* 低保) für Haushalte mit einem Einkommen unterhalb der Armutsgrenze wurde 1993 erst in Shanghai, dann in anderen Städten und erst seit 2007 auch flächendeckend auf dem Land eingeführt. Allerdings ist die Armutsgrenze lokal weiterhin sehr unterschiedlich definiert, die Höhe der Grundsicherung niedrig, und ihr Empfang ist oft mit einem sozialen Stigma verbunden.

Sozialversicherung

Die Sozialversicherung in China beinhaltet Rentenversicherung, Krankenversicherung, Mutterschaftsversicherung, Betriebsunfallversicherung und Arbeitslosenversicherung. Sie werden zusammen als die „fünf Versicherungen" bezeichnet. Vor 2008 konnten die fünf Versicherungen getrennt gezahlt werden und viele Fabriken entschieden sich, den Arbeiterinnen und Arbeitern nur Betriebsunfallversicherung und Krankenversicherung zu zahlen. Der Prozentsatz der Zahlungen zur Rentenversicherung ist von den fünf Versicherungen der höchste, daher zahlten Unternehmen sie in der Regel nicht, seit 2008 hingegen müssen die fünf Versicherungen gleichzeitig gezahlt werden. An vielen Orten in China muss eine Person nachweisen, dass sie über einen bestimmten Zeitraum regelmäßig in die Sozialversicherung eingezahlt hat, um bestimmte Vergünstigungen zu erhalten. Auch um einen Hukou-Status in einer Stadt erhalten zu können, ist dies erforderlich. Ländliche Arbeitnehmerinnen und Arbeitnehmer in den Städten sind jedoch meist nicht in das lokale Sozialversicherungssystem eingebunden. Auf dem Land wurde seit den 1990er Jahren dagegen die **ländlich-kooperative Krankenversicherung** neugestaltet und ist mittlerweile weit verbreitet. Sie basiert auf einer Kombination von individuellen Beiträgen und staatlichen Zuschüssen, und die Teilnahme ist freiwillig. Das chinesische Sozialversicherungssystem wird von den lokalen Behörden verwaltet, was bedeutet, dass es an verschiedenen Orten unterschiedliche Sozialversicherungssysteme gibt. Wer an einen Ort zieht, der von einer anderen Behörde verwaltet wird, muss den gesamten Prozess des Erwerbs von regelmäßigen Sozialversicherungsbeiträgen von vorne beginnen.

Städtisches Dorf

Als städtisches Dorf, englisch „urban village", wörtlich aus dem Chinesischen eigentlich „Dorf in der Stadt" (*chengzhongcun* 城中村) wird ein vollständig oder teilweise von der Stadt umschlossenes Dorf bezeichnet. Bei der Beschreibung spielt nicht nur der räumliche, sondern auch der rechtliche Status eine Rolle, welcher auf die sozialistischen Bodenreformen der 1950er Jahre zurückgeht. Während städtischer Boden Staatseigentum ist, wurde ländlicher Boden den ländlichen Kollektiven übereignet. Zwar können Lokalregierungen ländlichen Boden enteignen und in städtischen Boden umwandeln, um darauf städtische Infrastruktur zu errichten, doch ist dieser Prozess mit Zahlungen von Kompensationen an die Dorfbewohner mit Haushaltsregistrierung (→ **Hukou**) und oftmals Widerstand und Konflikten verbunden. Während das Ackerland lange Zeit noch vergleichsweise leicht entschädigt und erschlossen werden konnte, ignorierten die Lokalregierungen oftmals die Dörfer oder schlossen individuelle Vereinbarungen mit den Dorfregierungen über die Bodennutzung. Im Zuge der rasanten Urbanisierung entstand somit eine Vielzahl solch „städtischer Dörfer". Die ursprünglichen Dorfbewohner errichteten oftmals Wohnungen als neue Einkommensquelle. Diese sind meist von niedriger Qualität und werden hauptsächlich an Wanderarbeitende von außerhalb vermietet. Da die Dörfer in der Stadt weiterhin dem alten Dorfkollektiv und nicht der Stadtverwaltung unterstehen, bilden sie Exklaven im Stadtgebiet, die als Anlaufstellen für neu ankommende Migrantinnen und Migranten dienen, von der Stadtbevölkerung aber oft als soziale Brennpunkte stigmatisiert werden. Dieser Effekt verstärkt sich dadurch, dass ein zukünftiger Abriss aufgrund politischer Vorgaben als wahrscheinlich gilt und die Vermieter somit wenig Interesse an größeren Investitionen in die Bausubstanz der Wohnungen haben.

TikTok → **Soziale Medien**

Urbanisierung

Chinas Gesellschaft war über Jahrtausende ländlich geprägt. Selbst im Jahr der Gründung der Volksrepublik 1949 lebten nur ca. 10,6% der Menschen in Städten – 89,4% waren Landbewohner. Dieses Verhältnis zwischen Stadt und Land veränderte sich während der ersten dreißig Jahre der Volksrepublik nur marginal, auch 1978 lebten noch 82,1% der Bevölkerung auf dem Land. Erst im Laufe der **Reform- und Öffnung** kam es zu einer immer rasanteren Urbanisierung: 2011 lebten erstmals mehr Menschen offiziell in Städten (51,83%) als auf dem Land, im Jahr 2020 waren es bereits 63,89%. Neben Chinas bekannten Megastädten wie Beijing, Shanghai oder Guangzhou gibt es mittlerweile über hundert weitere Millionenstädte im Land. Allerdings werden neben den städtisch bebauten Gebieten in der Regel auch noch umliegende, meist weiter ländlich oder kleinstädtisch geprägte Landkreise zu den Stadtgebieten gerechnet. Dies ist kein Zufall: Verstädterung gilt in China allgemein als modern, auch die ländlichen Bereiche sollen möglichst nach städtischer Logik entwickelt werden. Traditionelle Bauern gelten als rückständig und sind Ziel weitreichender Umsiedlungsmaßnahmen in neu entstandene Viertel mehrstöckiger Reihenhäuser. Chinas rasante Verstädterung innerhalb nur weniger Jahrzehnte hat somit nicht nur Auswirkungen auf die wirtschaftliche und ökologische Entwicklung des Landes, sondern geht auch mit massiven gesellschaftlichen und kulturellen Veränderungen einher.

Wanderarbeitende

Chinas wirtschaftlicher Aufstieg ist nur durch diese oft als größte Migrationswelle der Menschheitsgeschichte bezeichnete Arbeitskraftverlagerung vom Land in die Städte zu erklären. Im Zuge der Ende 1978 eingeleiteten Politik der → **Reform- und Öffnung** wurde anfangs vor allem in den Sonderwirtschaftszonen im Südosten Chinas mit ihren riesigen Fabriken eine große Zahl von Arbeitskräften benötigt. Das bis dahin sehr strikt gehandhabte → **Hukou-System** wurde durch die Ausgabe von temporären Aufenthaltsgenehmigungen in bestimmten Städten aufgeweicht, allerdings wurde der Hukou nicht umgewandelt – eine Teilhabe am sozialen System der Stadtbewohner blieb den sogenannten Wanderarbeiterinnen und Wanderarbeitern verwehrt. Die Wanderarbeitenden werden bis heute wörtlich als „arbeitende Bauern" (*nongmingong* 农民工) bezeichnet - auch wenn viele von ihnen bereits in der zweiten oder dritten Generation in den Städten leben. Als Gruppe werden sie aufgrund ihres angeblich nicht dauerhaften Aufenthalts an einem Ort und der zweitweisen Rückkehr an ihren Heimatort auch „umherziehende Bevölkerung" (englisch „**floating population**", vom chinesischen *liudong renkou* 流动人口) genannt. Mittlerweile wurde das einst strikte Hukou-System in den meisten Städten weiter aufgeweicht, jedoch bestehen auch heute noch Ungleichheiten bei der Sozialversicherung und dem Bildungszugang.

WeChat → Soziale Medien

Wochenbett

Als Wochenbett (chinesisch eigentlich „den Monat absitzen" *zuo yuezi* 坐月子) bezeichnet man den Monat nach der Geburt eines Kindes, in dem eine Frau sich nach traditionellen Vorstellungen erholen soll. Dabei soll sie nach Möglichkeit das Bett nicht verlassen und sich an genau bestimmte Ernährungs- und Pflegeregeln halten, um etwaige Folgekrankheiten vorzubeugen. In China wird die Tradition des Wochenbetts weiterhin sehr weitläufig praktiziert, auch wenn einige Regeln mittlerweile als medizinisch zumindest zweifelhaft gelten.

Weibo → **Soziale Medien**

Zurückgelassene Kinder

Auf dem Land zurückgelassene Kinder (chinesisch: *liushou ertong* 留守儿童, englisch: „left-behind children") wachsen meist bei den Großeltern oder anderen Verwandten auf dem Land auf, während ihre Eltern in der Stadt arbeiten. Grund hierfür ist in der Regel das Fehlen einer städtischen Haushaltsregistrierung (→ **Hukou**), so dass die Kinder nur die Option haben, entweder städtische Migrantenschulen minderer Qualität (→ **Bildungssystem**) zu besuchen oder aber an den in ihrer Registrierung eingetragenen Ort zurückzugehen. Die psychischen und gesellschaftlichen Folgen des Zurücklassens der Kinder werden bereits seit einigen Jahren auch in China breit diskutiert.

Kurzbiografien der Beteiligten

Huang Xiaona, geboren in den 1980er Jahren, stammt aus der Provinz Guangxi. Nach einem Abschluss in Rechtswissenschaften begann sie bei einer lokalen Wohlfahrtsorganisation zu arbeiten. Seit über zehn Jahren bietet sie Arbeitenden der Unterschicht rechtlichen Beistand an und unterstützt sie bei Kulturprojekten. Ihre hauptsächliche Zielgruppe sind junge, weibliche und alte Arbeitende sowie Migrantenkinder. 2011 gründete sie zusammen mit anderen musikbegeisterten Arbeitenden die Band *Zhong D Yin* (wörtlich „Heftige D-Stimme", was die Bedeutung der Stimme der Unterschicht anzeigen soll), die vornehmlich versucht, mit musikalischen Mitteln Leben, Gefühle und Gedanken der Arbeiterschaft aufzuzeichnen. Gleichzeitig hofft sie, durch die Kulturprojekte mit Arbeitenden Vorurteile und Grenzen abzubauen und dazu beizutragen, dass die Menschen am unteren Rand der Gesellschaft gesehen, gehört und anerkannt werden.

Miaozi, geboren 1991, absolvierte den Modestudiengang der Guangzhou Academy of Fine Arts. Nach ihrem Abschluss arbeitete sie freiberuflich und eröffnete einen Onlineshop auf Taobao (der größten chinesischen Onlinehandel-Plattform) namens „Doppelmond Mode". Nach der Geburt ihres Kindes kehrte sie in ihre Heimatstadt Jieyang (in der Provinz Guangdong) zurück und baute dort ein Produktionsteam mit lokalen Frauen, die nähen, auf. Sie selbst bietet Reparaturen und Änderungen für Second-Hand Kleidung an. Die Ausstellung „Mothers of Ultra" (Frankfurt, 2020/21) thematisiert Miaozis Schaffen im Umfeld ihrer Familie und ihres Projekts. Dokumentation und Publikation sind unter folgendem Link zu finden: https://synnika.space/events/mothers-ultra

Shi Hongli, geboren 1971, stammt aus dem Dorf Xiaowan in der Provinz Sichuan. Nachdem sie die Mittelschule abgebrochen hatte, arbeitete sie zu Hause in der Landwirtschaft. Als sie 20 Jahre alt war, heiratete sie und bekam eine Tochter. Seit 2004 arbeitet sie als Hausangestellte in Chengdu, weil ihr Mann an einer schweren chronischen Lungenerkrankung leidet. Im Jahr 2014 zog sie nach Peking, um als Hebamme zu arbeiten. 2017, als

Fan Yusu (eine Wanderarbeiterin, deren autobiographischer Essay online viral ging) berühmt wurde, erkannte sie zum ersten Mal, dass Kinderfrauen auch schreiben können. Danach nahm sie Kontakt mit der Schreibgruppe im Dorf Pi auf und besuchte dort mehrere Vorlesungen. Das erste Mal schrieb sie 2020, als sie einen Online-Schreibkurs bei Jing Y. in Beijing besuchte. Im September 2020 wurde bei ihr Brustkrebs diagnostiziert, und sie befindet sich derzeit in Behandlung.

Huimin, geboren 1972 in Anhui. machte 1990 ihren Schulabschluss an der oberen Mittelschule. Im Jahr 1992 ging sie nach Shanghai, um als Monteurin und Lageristin zu arbeiten. 1996 heiratete sie und kehrte 1997 in ihr Heimatdorf zurück, um ihre Kinder großzuziehen. 2001 ging sie nach Shenzhen und arbeitete bis 2019 in der Bekleidungsindustrie. 2019 verlor sie ihren Job, nachdem ihr Unternehmen aufgrund der Pandemie geschlossen wurde. Danach trat sie der Schreibgruppe der E Institution bei. Über den offiziellen Wechat-Account der Gruppe veröffentlicht sie Texte. 2021 besuchte sie einen von Jing Y. angebotenen Schreibkurs an der F Stiftung und begann, von ihr Malerei zu lernen.

Traumregen (Meng Yu), geboren 1966 in der Provinz Gansu, arbeitete nach ihrem Abschluss der unteren Mittelschule im Jahre 1985 in einer Teppichweberei und in der Landwirtschaft ihrer Heimatregion. 1990 heiratete sie und bekam in den folgenden Jahren drei Kinder. Nachdem ihr Mann sich bei einem Autounfall sein linkes Bein schwer verletzte, verließ sie 2007 ihr Dorf und begann, in unterschiedlichen Städten zu arbeiten. Seit 2017 ist sie hauptsächlich als Hausangestellte in Beijing tätig. 2018 nahm sie am Schreibkurs einer Literaturgruppe im Dorf Pi teil – ein städtisches Dorf, das als Wohn- und Lebensraum für Wanderarbeitende in Beijing bekannt ist. Gleichzeitig wirkte Traumregen bei verschiedenen Aktivitäten des Arbeitnehmer-Service-Zentrums H (der Name ist hier anonymisiert) in Beijing mit und wurde mit ihren Fähigkeiten im Singen, Tanzen, Schreiben und Präsentieren zum künstlerischen Rückgrat und wichtigen Mitglied der Gruppe. „Traumregen" ist ihr Künstlername.

Xiaoqi, geboren 1998 in der Provinz Gansu, studiert momentan an einer Hochschule in Tianjin.

Xiaoxi, geboren 1992 in der Provinz Guangxi, brach 2010 die Schule ab und arbeitete dann an verschiedenen Orten. Seit sie klein war, zeichnet sie gerne und liebte den Umgang mit Kindern. Sie hatte immer gehofft, eine Arbeit mit Kindern zu finden. Nach der Veröffentlichung der ersten Ausgabe von „Famile – Leben – Pandemie" stellte Jing Y. sie Duan Peng vor, dem Gründer einer alternativen Berufsschule. Xiaoxi erhielt schließlich ein Stipendium dieser Organisation und begann eine Ausbildung zur Architektin. Heute arbeitet sie in einem Architekturbüro.

Yang Mo, geboren 1971 in der Provinz Gansu, arbeitete nach dem Abschluss der unteren Mittelschule 1989 in einer örtlichen Textilfabrik. Nach dem Konkurs des Unternehmens im Jahr 2006 arbeitete sie als selbstständige und angestellte Verkäuferin, als Reinigungskraft und anderes. Seit 2018 ist sie als Haushaltshilfe tätig.

Yanzi (ihr Name bedeutet „Wildgans"), geboren 1987 in der Provinz Guangxi, ging nach ihrem Hochschulabschluss im Jahr 2009 nach Shenzhen, um dort zu arbeiten. Sie arbeitet derzeit als Sachbearbeiterin im Berichtswesen in einem Unternehmen.

Zou Shunqin, geboren 1967 im Dorf Ouyan in der Provinz Sichuan, half nach dem Abschluss der Grundschule ihrem Vater bei der Feldarbeit. Sie heiratete mit 16 Jahren und bekam später einen Sohn und eine Tochter. 1994 begann sie in Guangzhou zu arbeiten und hat bereits an verschiedenen Orten dort gelebt, wie Zhenlong, Baiyun, Luogang, Huangpu und Haizhu, und arbeitete als Kellnerin, in einer Wollspinnerei und verkaufte Kuchen und kalte Speisen. Nach ihrer Scheidung im Jahr 2008 heiratete sie in das Dorf Leming in Guangzhou ein und pflanzt dort derzeit Lotuswurzeln. 2020 nahm sie an einem Zeichenkurs von Jing Y. in Leming teil (unterstützt von der Stiftung „Grüne Sprossen" und der Longan-Künstlerresidenz) und begann zum ersten Mal zu zeichnen.